企业数据安全防护指南

杨 鹏◎编著

人民邮电出版社
北京

图书在版编目（CIP）数据

企业数据安全防护指南 / 杨鹏编著. -- 北京 : 人民邮电出版社, 2023.9
ISBN 978-7-115-58007-8

Ⅰ. ①企… Ⅱ. ①杨… Ⅲ. ①企业管理－数据管理－安全技术－指南 Ⅳ. ①F272.7-62

中国版本图书馆CIP数据核字(2021)第239807号

内容提要

当今时代，数据作为新型生产要素已经成为推动企业转型升级和高质量发展的新引擎。数据安全关系企业的核心利益，对于数据的有效保护和合法利用成为企业不可忽视的重要问题。本书系统化、实例化地介绍了企业数据安全防护的具体实践。

本书适合企业网络安全和数据安全管理者、安全运维技术人员、信息化建设部门的管理人员和技术人员阅读，还可供高等院校、研究机构的专业技术人员阅读和参考。

◆ 编　　著　杨　鹏
责任编辑　李　静
责任印制　马振武

◆ 人民邮电出版社出版发行　　北京市丰台区成寿寺路 11 号
邮编　100164　　电子邮件　315@ptpress.com.cn
网址　https://www.ptpress.com.cn
固安县铭成印刷有限公司印刷

◆ 开本：700×1000　1/16
印张：17.5　　　2023 年 9 月第 1 版
字数：320 千字　　　2023 年 9 月河北第 1 次印刷

定价：129.80 元

读者服务热线：(010)81055493　印装质量热线：(010)81055316
反盗版热线：(010)81055315
广告经营许可证：京东市监广登字 20170147 号

前言

数据作为新型生产要素，促进了数字基础设施的发展与产业的迭代升级，使数字经济成为我国经济高质量发展的新引擎。同时，随着大数据广泛应用于治理领域，国家治理能力与治理水平也得到有效的提升。数据对于国家发展的重要意义早已不言而喻，确保数据作为助力经济社会发展的正面因素，避免数据安全问题带来的安全隐患，是国家数据安全保障工作的关键所在。

数据安全是指相关单位通过采取必要的措施，保障数据得到有效保护和合法利用，并使数据持续处于安全状态。与网络安全不同，数据安全的核心在于保障数据安全、合法、有序流动。数据安全是国家安全的重要方面，也是促进数字经济健康发展、提升国家治理能力的重要议题。

一、国家强化数据安全保障能力

数据安全保障能力是确保数据发展优势的重要前提，也是国家竞争力的直接体现。围绕数据安全保障能力建设，应加强数据收集、汇聚、存储、流通、应用等全生命周期的安全管理，强化数据安全风险评估和监测预警，加强重要数据、企业商业秘密和个人信息的保护。近些年，我国更是在数据安全领域加快了立法工作，相继颁布实施了《中华人民共和国网络安全法》《中华人民共和国数据安全法》。目前，世界上一些主要经济体均发布了以发展数字经济、保护数据安全为核心的数据战略，例如，欧盟的《通用数据保护条例》《欧盟数据战略》，美国的《联邦数据战略与2020年行动计划》《数据战略》等。数据安全保障能力正在成为国家发展数字经济、维护数据安全的重要能力，多个国家都在积极进行数据安全保障领域的立法与战略规划。

二、数据安全已经成为国家安全的重要组成部分

2015年，国务院发布《促进大数据发展行动纲要》，该文件提出了“数据已成为国家基础性战略资源”的重要判断。数据安全与国家安全联系密切，保护数据安全这一任务随着数据的激增日渐紧迫。随着数据量激增和数据跨境流动日益频繁，有力的数据安全防护和流动监管成为国家安全的重要保障。数据与国家的经济运行、社会治理、公共服务、国防安全等密切相关，个人隐私信息、企业运营数据和国家关键数据的流出，可能造成个人信息曝光、企业核心数据甚至国家重要信息的泄露，给国家安全带来各种隐患。另外，在全球范围，以数据为目标的跨境攻击也越来越频繁，并成为挑战主权国家安全的跨国犯罪新形态。我国高度重视数据安全，2021 年 6 月发布的《中华人民共和国数据安全法》明确了数据安全保护的法律责任，为保障数据安全，更好地促进数据的开发与利用，保护公民、组织的合法权益，以及维护国家主权、安全和发展利益等夯实了法治根基。党的十九届五中全会审议通过的《中共中央关于制定国民经济和社会发展第十四个五年规划和二〇三五年远景目标的建议》明确了未来我国将更加注重“保障国家数据安全，加强个人信息保护”。我国高度重视数据安全问题，将其置于当下发展和未来建设的重要位置。

三、数据安全有序是数字经济健康发展的基础

随着新一轮科技革命和产业变革的加快推进，数字经济为各国经济发展提供了新动能，并且已经成为世界各国竞争的新高地。当前，我国数字经济获得了新的发展空间，并深刻融入国民经济的各个领域，例如，直播带货、在线游戏、在线教育和在线办公等新业态迅速发展壮大，数字经济显示出拉动内需、扩大消费的强大带动效应，促进了我国经济的复苏与增长。而在数字经济蓬勃发展的过程中，数据安全是关键所在。除了数据本身的安全，对数据的合法合规使用也是数据安全的重要组成部分。滥用数据或进行数据垄断，将大大削弱数字经济的发展活力与动力。因此，如何进一步保障数据安全及合法有序流动将成为我国数字治理的施策重点。2021 年 2 月，国务院反垄断委员会制定出台了《国务院反垄断委员会关于平台经济领域的反垄断指南》，该文件多处提及数据的安全和合法使用问题，为预防和制止平台经济领域的垄断行为、引导平台经济领域经营者依法合规经营、促进线上经济持续健康发展指明了方向。数据安全是数字经济健康发展的基础，我们要确保数据安全及合法有序地流动，促进以数据为关键要素的数字经济持续蓬勃发展。

随着企业信息化和网络化不断深入，数据已经逐渐成为与物质资产和人力资本同样重要的基础生产要素，被广泛认为是推动经济社会创新发展的关键因素。企业拥有数据的规模和运用数据的能力，不但与个人消费、个人属性特征隐私等问题息息相关，是企业或组织业务发展的核心驱动力，而且也成为国家经济发展的新引擎，是国家综合国力的重要组成部分。然而，数据在体现和创造价值的同时，也面临严峻的安全风险：一方面，数据流动打破安全管理边界，导致数据管理主体风险控制力减弱；另一方面，数据资源因具有价值而引发的数据安全威胁持续蔓延，数据窃取、泄露、滥用、劫持等攻击事件频发。

数据安全是一项系统工程，需要经济发展与安全管理并重，要积极发挥政府机关、行业主管部门、组织、企业和个人等多元主体的作用，企业作为数据安全保障的重要主体，应依据国家法律法规要求，共同参与到我国网络与信息安全保障体系建设工作中来，做到知法守法，认真履行有关数据安全风险控制的义务和职责，增强数据安全可控意识，共同维护国家安全秩序。

本书主要分成4篇。

第一篇　企业数据安全简介：介绍不断演化的数据安全的定义及内涵；介绍企业数据安全保护思路的转变；介绍国家强化数据安全保护提出的法律法规、政策与标准，并梳理了与数据安全相关的合规要求。

第二篇　企业数据安全架构：运用整体的思想，构建数据安全体系，提升全局思维；企业数据安全防护框架的总体设计思路以“数据为中心”，基于系统工程理论全生命周期的保护，在技术和管理并存的情况下建立数据安全防护体系。

第三篇　企业数据安全保护关键技术：按照技术框架，介绍数据安全防护的关键技术。

第四篇　企业数据安全场景化保护建设案例：介绍一些典型项目的数据安全保护案例，从企业数据出发，分析数据安全保护需求及保护方法。

本书是在企业面临数字化转型机遇与挑战的时候应运而生的，希望能够启发企业保护数据安全，指导企业数据安全建设。企业解决数据自身的安全问题，需要切换到“以数据为中心”的安全思路上，目标是“让数据使用更安全，保障数据的安全使用和共享”。数据安全防护建设需要以数据为中心，聚焦数据生态，构建数据安全防护体系。

在此，感谢程娜、郭莉、李砚锋、喻英为本书编写做出的贡献，正是她们的辛勤付出使这本书得以呈现在大家面前。由于作者水平有限，书中难免有疏漏和不足，恳请广大读者指正。

目 录

第一篇 企业数据安全简介

第二篇 企业数据安全架构

第一篇

企业数据安全简介

第1章 数据安全的本质

要想做好企业数据安全防护工作，应理解数据保护针对的实体到底是什么。本章主要介绍数据安全的本质。

- 理解数据、数据安全相关的概念。
- 理解数据与信息的关系，以及我们到底是在保护数据安全还是信息安全。
- 理解数据安全与信息安全、网络安全的关系。
- 理解数据安全和大数据安全的关系。

只有理解了数据相关的概念，我们才会知道如何实现对数据资产的保护。

1.1 数据安全相关概念

企业要想做好数据安全防护，首先要了解什么是数据、数据保护针对的实体是什么、数据和信息的区别、我们是在保护数据安全还是信息安全等，只有这样，我们才能做好数据的保护、数据安全的规划建设。

1.1.1 数据的概念

国际标准化组织（International Organization for Standardization，ISO）对数据的定义：数据是对客观存在的事实、概念或指令的一种可供加工处理的特殊的表达形式，它可以通过人工或自动化装置进行通信、翻译和处理。数据本质上是一种表示方法，是人为创造的符号形态，是它所代表的对象的解释。数据对事物的表示方式和解释方式必须是权威、标准、通用的，只有这样，才可以达到通信（传输、共享）、解释和处理的目的。因此，我们必须围绕数据制定一系列标准。

维基百科对数据的定义：早在 1946 年，“Data”一词就首次被用于明确表示“可传输和可存储的计算机信息”。根据维基百科，数据的含义已不再局限于计算机领域，而是泛指所有定性或者定量的描述。

国际数据管理协会对数据的定义：数据是以文本、数字、图形、图像、声音和视频等格式对事实的表现。这意味着数据可以表现事实，但需要注意的是，数据不等于事实，只有在特定的需求下，符合准确性、完整性、及时性等一系列特定要求的数据，才可以表现特定事实。

数据的特征：数据可以是连续的值，例如，声音、图像，称为模拟数据；也可以是离散的值，例如，符号、文字，称为数字数据。在计算机系统中，数据以二进制信息单元 0 和 1 的形式表示。

《中华人民共和国数据安全法》强调的数据是指任何以电子或者其他方式对信息的记录。

《中华人民共和国网络安全法》强调的网络数据是指通过网络收集、存储、传输、处理和产生的各种电子数据。《中华人民共和国网络安全法》强调的是对电子数据的保护。

1.1.2 信息和数据的关系

信息是人脑对现实世界事物的存在方式、运动状态及事物之间联系的抽象反应，信息是客观存在的。人类有意识地对信息进行采集、加工、传递，从而形成各种消息、情报、指令。信息是经过加工（处理）后的能对接收者产生影响的有一定含义的数据。

信息的特征如下。

① 信息源于物质和能量，信息不可能脱离物质而存在，信息的传递需要物质媒介，信息的获取和传播需要消耗能量。

② 信息是可以感知的，不同的信息源有不同的感知形式。

③ 信息是可存储、加工、传递和再生的。

数据是由用来记录信息的可识别符号组成的，是信息的具体表现形式。给符号赋予特定语义后，就转换为可传递的信息。由此可见，数据和它的语义不可分割。

数据的形式：可以用多种不同的数据形式表示同一信息，而信息不随数据形式的变化而改变。

数据和信息的关系如图 1-1 所示。

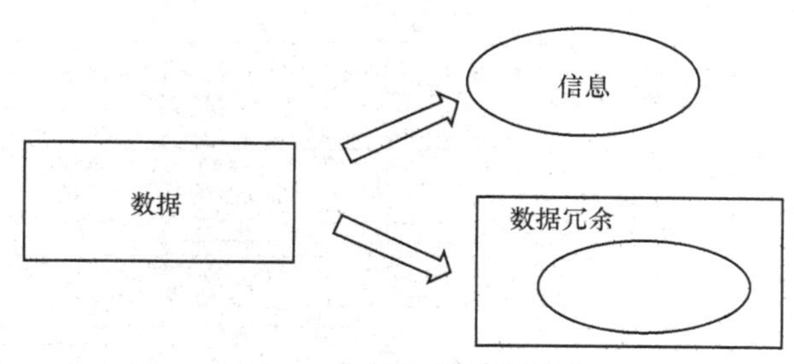

图 1-1　数据和信息的关系

1.1.3　数据安全的概念

在《中华人民共和国数据安全法》中，数据安全是指通过采取必要措施，确保数据处于有效保护和合法利用的状态，以及具备保障持续安全状态的能力。

《中华人民共和国数据安全法》强调，数据要被有效保护，具体体现为保护数据的保密性、完整性、可用性。数据安全保护需要建立在技术、管理、工程过程的基础上，围绕数据全生命周期开展相关保障活动。由于数据本身与业务相关，数据安全保护应围绕业务开展具体工作。

《中华人民共和国数据安全法》要求数据合法利用，是要求数据处理活动应合法合规，应遵循国家相关法律法规，保护个人、组织、国家的利益。例如，App 违规收集个人信息就属于不合法行为。

1.2　数据安全、网络安全、网络空间安全和信息安全的关系

安全发展趋势经历了信息安全、网络安全、网络空间安全和数据安全 4 个阶段。本节主要讨论这 4 个阶段数据安全保护的特点。

随着时代和技术的发展，在企业安全工作中，信息安全、网络安全、网络空间安全和数据安全都是工作重点，且存在交集。因此，网络安全、网络空间安全和数据安全的概念可以根据不同的组织机构、场合灵活选用。从根本上看，网络空间安全与数据安全之间的区别仅在于关注点不同，而从安全本质上讲，数据安全更接近信息安全防护的核心目标。数据是组成信息的基本元素之一，数据安全是信息安全的“核安全”。保证数据的安全，则可以保证信息的安全。数据安全需要强调全生命周期中的数据保护，或数据作为生产力，或强调数据主权、数据主体权利、长臂管辖权、隐私保护等。4 个阶段数据安全保护的特点如图 1-2 所示。

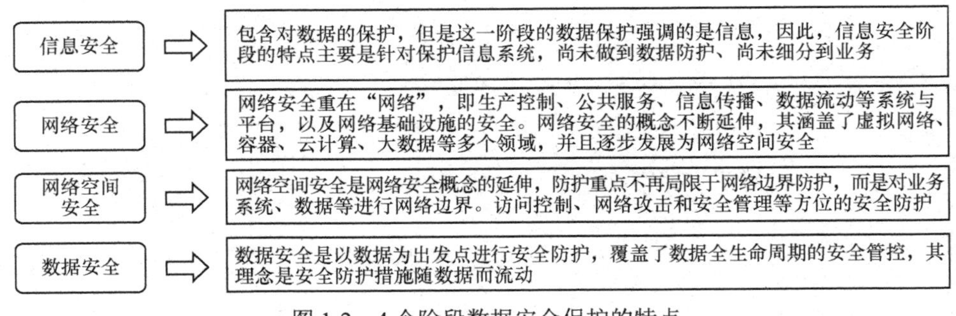

图 1-2　4 个阶段数据安全保护的特点

1.2.1　信息安全

信息安全是指为数据处理系统建立和采取的技术和管理的安全保护，保护计算机硬件、软件和数据不因偶然和恶意而遭到破坏、更改和泄露。

"信息安全"一词最早出现于 20 世纪 60 年代美国军队的通信保密与作战文献中。信息安全重在"信息"本身，即信息在处理、制作、获取、传播、交换、应用、存储等方面的安全。

信息安全阶段包含对数据的保护，但是这一阶段的数据保护强调的是信息，因此，信息安全阶段的特点主要是针对信息系统的防护，尚未做到数据防护、尚未细分到业务。

信息安全阶段的数据安全防护：一是数据本身的安全，主要是指采用现代密码算法对数据进行主动保护，例如，数据保密、数据完整性、双向强身份认证等；二是数据防护的安全，主要是指采用现代信息存储手段对数据进行主动防护，例如，通过磁盘阵列、数据备份、异地容灾等手段保证数据的安全，需要注意的是，数据本身的安全必须基于可靠的加密算法与安全体系。

1.2.2　网络安全

在《中华人民共和国网络安全法》中，网络安全是指通过采取必要的措施，防范对网络的攻击、侵入、干扰、破坏和非法使用及意外事故，使网络处于稳定可靠运行的状态，以及保障网络数据的完整性、保密性、可用性的能力。

"网络安全"一词是 20 世纪 90 年代提出的。网络安全重在"网络"，即生产控制、公共服务、信息传播及数据流动等系统与平台，以及网络基础设施的安全。

网络安全大致可以分为 3 个阶段。其中，第一阶段以病毒、木马、蠕虫的兴起泛滥为主要特征，该阶段不法分子以入侵、破坏等为主要目标实行恶意攻击行为，防护手段以网络边界防护描摹为主，一般有网络安全域、隔离、访问控制等。第二阶段以干扰正常经营、窃取数据及牟取经济利益为主要特征，入侵手段通常比较隐蔽，业界常用的防护手段有抗分布式拒绝服务（Distributed Denial of Servece，DDoS）、入侵检测、入侵防护等。第三阶段是不法分子以“薅羊毛”等方式游走在合法与非法的边缘，利用技术、非法或合法的手段获取“羊毛”信息，其扰乱市场经济秩序、牟取非法巨额经济利益，此类活动通常更加隐蔽或者往往处于法律监管的盲区，其中以高级可持续威胁攻击（Advanced Persistent Threat，APT）为主要代表。

1.2.3　网络空间安全

随着时代和信息技术的快速发展，网络安全的概念不断延伸，其涵盖了虚拟网络、容器、云计算、大数据等多个领域，并且逐步发展为网络空间安全。网络空间安全名称相对较长，为遵循简便和习惯原则，所以一般业内仍然称之为网络安全。

此时网络空间安全的防护重点不再局限于网络边界防护，而是以网络、网格的方式对业务系统、数据等进行网络边界、访问控制、安全通信、网络攻击、入侵和安全管理等全方位的安全防护。这时的网络安全含义随着技术发展、认知加深，其概念和外延不断扩展和丰富，形成了立体、纵深的网络空间安全防御体系，因此，网络安全可以泛指整个信息安全体系。

1.2.4　数据安全

数据安全是以数据为出发点的安全防护理念，覆盖了数据全生命周期的安全管控，其理念是安全防护措施随着数据流动走。网络空间安全涵盖了数据安全防护，是从访问使用的数据角度出发，对数据进行安全防护；数据安全则是以数据为出发点进行安全防护。从本质上分析，网络空间安全是从数据的外围对数据安全进行保护，数据安全则从防护目标（数据）和数据生命周期使用流转角度出发，提出安全防护措施随着数据“走”的思路。因此，网络空间防护和数据安全防护二者基本的防护目标是一致的，即保证数据的完整性、机密性、可用性。

信息安全发展的不同阶段，信息安全、网络安全、网络空间安全和数据安全 4 个不同的说法，体现了人们对信息安全认知的演变历程，也展现了人们在信息安全立足点、视角的变化。

1.3　数据安全与大数据的关系

1.3.1　大数据时代下的数据安全

和过去相比，如今我们讨论的数据安全有了很大不同。如今数据本身的存在形式、产生方式及使用模式都和过去完全不同。在过去个人手里的数据可能仅属于个人，数据的使用方式也比较简单，数据本身也只是用来做一些存储或者信息化的内容。因此，过去我们在保护数据的时候所涉及的仅仅是保证数据的完整性、可用性及保密性。

但随着科学技术和数字应用的发展，数据的形式和种类变得更加多样，数据呈现碎片化的形式。而且我们要保护的数据不仅有自己的，还可能有属于合作伙伴的数据、涉及用户的个人信息。因此，只保证个人数据的安全是远远不够的，还要解决这些数据不被非法滥用和盗取等问题。

在大数据时代，数据不断分散并且快速流动，在这个过程中，数据发挥的价值和过去也不尽相同。过去，使用计算机技术提高工作效率，但在今天，数据可以改变生产模式和流程，通过数据化的加工，企业实现精准服务，提供个性化服务。在此过程中，是否侵犯了他人的权益、是否侵犯了个人隐私，这都是以前从未遇到过的问题，用一句话比喻就是“旧瓶装新酒”。我们今天所探讨的数据安全，既不是大数据本身的安全，也不是传统数据安全的概念，而是一个全新的安全内容。

对大数据产业的发展来说，安全才是产业发展的前提。但今天大多数人在解决数据安全问题的方法和思路上存在一定的误解。大数据时代下的数据安全是一个全新的问题，无法简单地用原来的安全方法来解决。这主要体现在以下两个层面。

1. 不能用“以系统为中心”的安全思路解决问题

“以系统为中心”的安全是大家熟悉的安全方法，例如，检验某个软件、某个服务器或某个手机终端是否安全，主要是测试这些系统在各种人为干预下是否会出现与预期设计不符合的功能，从而导致运行状态失控。如今，数据要在不同的系统之间流动，如果某个系统出现问题，则可能影响到当时在这个系统中的数据，导致数据发生窃取等安全风险。但是，即使这个系统不存在风险，但是数据从该系统流入其他系统时，也可能其他系统存在安全风险而导致数据存在安全风险。数据本身并不存在运行状态，数据出问题和系统出问题两者的概念也不尽相同。单个系统的安全并不等于数据的安全，系统被入侵也不等于数据一定会被“偷”走，系统即便再固若金汤也不等于数据就不会被滥用或误用。解决数据自身的安全问题，需要切换到“以数据为中心”的安全思路上来。

2. 不能用传统的“数据安全”方法解决问题

数据安全很早就被提出，但是原来的概念和方法已经远远不适应于今天的情况。因此，在解决数据安全问题的方法上，需要我们重新对数据安全建立真正地理解，我们所要解决的是数据防内外部窃取，以及数据本身如何使用等问题。但如今，我们更多的是试图把过去保护信息系统的方法用来保护数据安全，这样的方法其实是不对的。我们需要将重心真正转移到“以数据为中心”上，而不能套用过去的方法。

从策略和规则的制定上，企业需要认真考虑。数据是重要的资源，大家要真正改变对数据安全的认知，在新的轨道上进行研究。如何在管理方法上、技术和产品应用上找到真正适合于当前要解决的数据安全问题的方法和路径，是最迫切的问题。

1.3.2　从数据安全到大数据安全的发展

目前，人们对数据安全的认知还不统一，从数据安全到大数据安全的转变，基本上经历了 3 个阶段。

第一阶段：2012 年以前，人们认为数据安全就是信息安全，传统数据安全的本质是信息安全在数字载体上的静态资产的属性安全。

第二阶段：2012—2015 年，大数据安全发展到利用大数据技术解决网络安全中面临的威胁，可以有效实现对网络威胁的自动化、智能化响应和处置，例如，网络安全态势感知等。

第三阶段：2015 年至今，大数据的价值逐渐得到体现，数据开始流动，数据流动所带来的安全问题日益突出。因此，当前数据安全需要关注流动中的业务过程风险，并有效保护动态生产资料。

第 2 章

数据安全保护思路的演变

企业数据安全保护工作并非从零开始，此前大部分组织基本上利用传统数据安全架构开展安全保护工作。目前，传统数据安全保护理念已经到了需要变革的时候，我们从数据作为新型生产力、数据流动安全、新环境下数据安全、数据安全一体化和协同防御 4 个方面介绍新形势下数据安全保护的方向。同时，企业数据安全体系要与企业原有安全体系进行深度融合。

2.1 传统数据安全保护理念

2.1.1 传统数据安全保护

1. 传统数据安全保护 5 个核心元素

无论进行安全架构设计还是安全规划、安全建设，传统数据安全保护都离不开 5 个核心元素。安全架构 5 个核心元素包括以下内容。

① 身份认证：用户的主体是谁？

② 授权：授予某些用户主体允许或拒绝访问课题的权限。

③ 访问控制：控制措施及是否放行的执行者。

④ 审计：形成可供追溯的操作日志。

⑤ 资产保护：资产的保密性、完整性、可用性保护。

安全体系架构如图 2-1 所示。

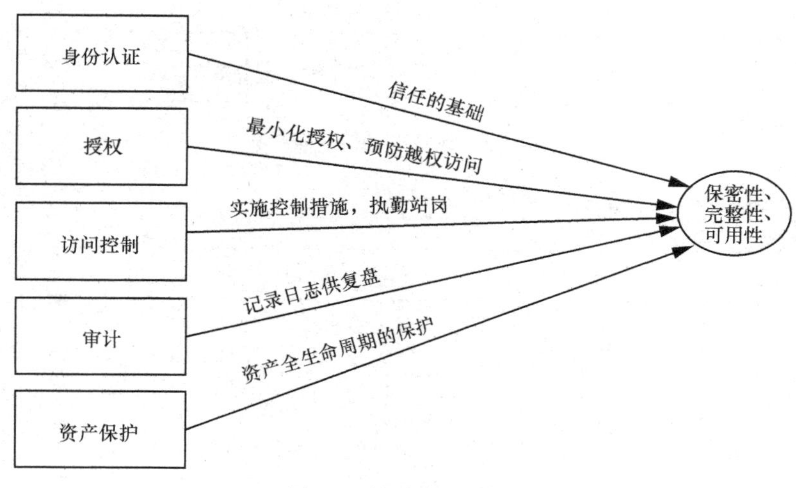

图 2-1　安全体系架构

2. 数据安全体系架构二维模型

数据安全体系架构二维模型是在安全架构方法论 5 个核心元素的基础上进一步的扩展。

① 主体范围不局限于人，将其扩展到所有人员、设备和系统。

② 安全架构从应用层扩展到空间立体，覆盖物理和环境层、网络和通信层、设备和主机层、应用和数据层。数据安全体系架构的二维模型如图 2-2 所示。

	身份认证	授权	访问控制	审计	资产保护
应用和数据层	SSO/PKI DB 认证	权限管理	RBAC/ABAC/应用网关	操作审计/日志平台/应用日志审计	加密/隐私保护/WAF
设备和主机层	运维认证设备登录	运维授权	运维通道内部源	运维审计	补丁/防病毒/HIDS
网络和通信层	接入认证	动态授权	防火墙/NAC	流量审计	抗DDoS
覆盖物理和环境层	门禁认证/人脸识别	授权名单	门禁开关	视频监控/来访记录	防火防盗

图 2-2　数据安全体系架构的二维模型

3. 数据安全控制层次

数据安全如何防护，需要先探讨企业信息系统传统数据安全控制层次和数据安全体系架构。信息系统逻辑架构有 3 层架构、B/S 架构、C/S 架构等。其中，3 层架构是从安全角度分析比较推荐的一种逻辑架构，我们可以通过架构了解系统的访问关系。典型的系统 3 层架构如图 2-3 所示。

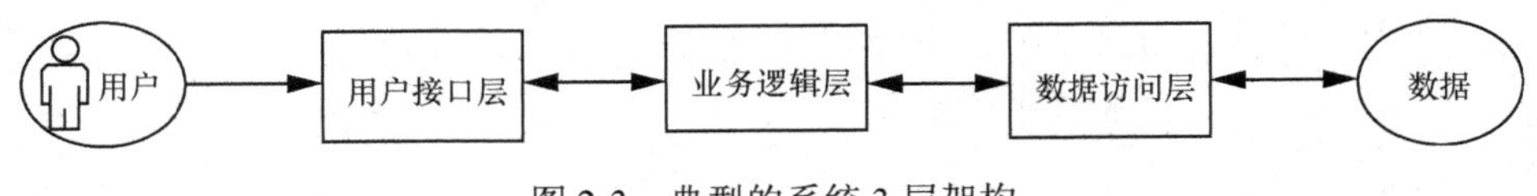

图 2-3　典型的系统 3 层架构

数据安全的控制层次如图 2-4 所示。

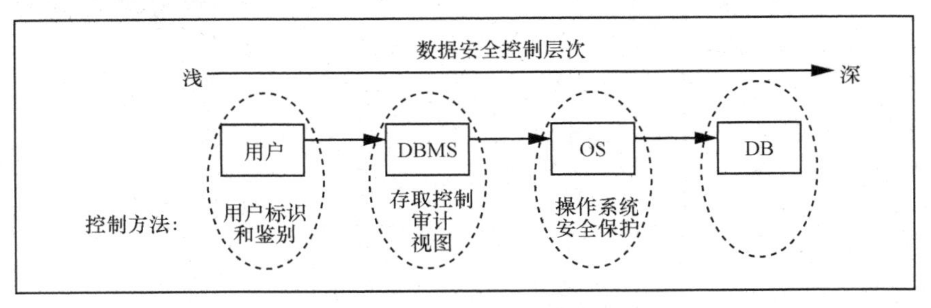

图 2-4　数据安全的控制层次

2.1.2　对传统数据安全的思考

在 Facebook 公司信息泄露事件中，Facebook 网站上超过 5000 万用户的信息被一家名为“剑桥分析”（Cambridge Analytica）的公司泄露。这起事件的焦点在于，数千万名 Facebook 用户的信息在用户本人不知情的情况下，被政治数据公司“剑桥分析”获取并利用，向这些用户精准投放广告内容，帮助总统竞选。而且 Facebook 在两年前就知晓该事件，却并未及时对外披露。

Facebook 信息泄露事件让我们看到数据的可复制性和非消耗性，数据一旦离开组织边界进行流动，就极易出现组织失去对数据控制的局面，传统数据安全保护理念已经到了需要变革的时候。

企业强调了对数据自身安全的保护，漠视了对数据流动风险的控制。从风险的角度来看，有 3 个核心要素：受影响的资产、不确定事件概率、潜在不确定损失。应对风险一般有 3 种手段：安全保护、风险控制、风险转移。其中，安全保护应更多地从资产自身角度出发化解风险，适合较静态的场景，对于动态变化的场景，成本、效率和可落地性较差。风险控制是站在危害事件和危害影响的角度，降低事件发生概率或者事件发生后的影响程度。对于业务、数据这样动态的场景更多需要的是风险控制手段。

企业重视数据的资产价值属性而漠视了数据的业务价值属性，对企业而言，数据资产是要转化为生产要素才能产生价值，生产资料的属性（业务价值）远大于资产属性，保护业务价值的核心是控制业务过程风险，而非仅仅控制数据资产自身损失的风险。从 Facebook 信息泄露事件可知，该事件不是数据泄露而是数据滥用，是一种业务过程风险而非数据资产风险。

企业强调了数据的静态安全策略和保护手段，漠视了对数据使用流动各环节风险的实时动态性感知，数据风险的一个典型特征是可关联推理，很难事前完全枚举风险的可能性。例如，Facebook 事件中，点赞的数据用于选举广告，采集数据种类和以前 Facebook 许可的商业采集是一样的，只是通过关联分析用于其他用途，因此，用户很难预判到这样的风险，即使知道这个风险出现了，如果只是不再许可这种数据的采集，那很多有价值的商业模式就会受到影响。

企业强调了外部的威胁，漠视了内部、合作伙伴及生态链的威胁与风险。数据是企业内部的基层生产要素，在产业链里流动，已经获得授权的人对这些数据并非基于可信，而是基于生产和业务需要。很多企业建立了很多防御外部威胁的体系，而内部基本失控，例如，Facebook 事件的问题来自生态体系，并在 Facebook 规则内获取数据。

企业强调了对数据安全的存储访问层安全，漠视了数据应用层和治理层安全。以数据为中心是因为数据流动带来的保护边界的消失，但流动最多的数据来自应用层，对应用层的安全保护也是缺失的。站在数据风险治理角度，数据分类分级、数据责任人、数据细粒度权限、数据来源去向和授权用途等，这些动态风险控制的基础层信息也是缺失的。例如，Facebook 事件是在数据应用层出现的问题。

企业缺乏对数据安全事件的溯源体系的建设，事前预防很重要，但是事后可溯源更经济。企业需要建立可溯源追责机制，事件的损失虽然不能靠溯源弥补，但大事件之前一定有很多小事件，通过对小事件溯源追责形成威慑力，可以大大降低整体事件包括大事件的发生概率，在我们的现实生活，依赖这样的体系实现了成本更低廉、更易接受的安全管理。Facebook 如果具备这种处理能力，并能对每次数据违规使用行为进行追责惩处，那么发生这种数据泄露的概率就会低很多。

企业缺乏对数据的传递追踪能力（一个是不同系统之间数据的传递，一个是授权访问的传递）。a 授权 b，b 可以访问 a 的数据，b 再授权 c，c 可以访问 b 看到 a 的数据，b 是否有资格授权是一个法理问题，但 a 能否知道其他人员使用数据和是否能够控制数据是一个技术问题。是采用技术监管措施，加强对用户隐私数据的保护。

2.2　数据是新型生产力，需要重新评估其价值、考虑其安全问题

2020 年 3 月，中共中央、国务院发布了《关于构建更加完善的要素市场化配置

体制机制的意见》(以下简称《意见》),《意见》的第六章就数据作为生产要素提出了明确意见。

我们以往对数据的保护,从等级保护体系到风险评估体系,从国内到国际,普遍持有对"资产"的保护态度,侧重以保险柜模式进行保护。因此,我们在数字经济新阶段要面对和解决新问题,例如,传统数字资产保护思路是否适应数据作为"生产要素"的模式,是否需要建立一个适应数据作为"生产要素"的保护体系等。

2.2.1 数据作为生产要素的思考

1. 数据与其他生产要素的关系

"生产要素"概念的提出可以追溯到马克思历史唯物主义对生产力与生产关系的论述,生产力具有以下 3 个要素。

① 劳动力(或劳动能力),是人的身体即活的人体中存在的、每当人生产某种使用价值时就运用的体力和智力的总和。

② 劳动资料(也称劳动手段),是劳动过程中所运用的物质资料或物质条件。

③ 劳动对象,即劳动过程中能加工的一切对象,包括自然物和加工过的原材料。

生产力主要由五大生产要素构成,包括人、物(土地)、财(资本)、技(知识)、数。其中,劳动力指人,劳动资料指物、财、技、数,劳动对象指物、财、技、数,只有当社会发展到一定阶段才会单列出来。例如,狩猎时代的生产要素只有人;农耕时代突出了土地要素;工业时代突出了资本和技术要素;而数字经济时代突出了"数据"要素,所以《意见》中的观点本质上是人类社会发展到新阶段的"生产力范围延伸"。

作为生产要素的数据,既有劳动资料的属性,即在生产过程中运用的物质资料和物质条件,同时也是劳动对象,即对数据本体进行加工和再生产。

从这五大要素来看,其他四大要素都具有相对的独立性,并且这些要素会随着时间的变化而改变,这一般是渐变的过程,不会发生改变。

数据与其他要素之间,既具备独立性的特点,也会产生相互作用。一方面,其他四大要素可以作为数据的来源;另一方面,数据又可以对其他四大要素产生反作用,同时,这种作用可以是渐变的,也可以是突变的。

2. 作为生产要素的数据的类别与场景分析

数据作为生产要素具有广义的特点,因此,对于社会的服务与治理,也可以认为数据是一个生产过程。

(1)数据的类别分析

数据作为生产要素,可以分为若干类别,首先从国民经济行业划分。

第一产业（例如农业）：气象、水利、土地、种子、肥料、劳动力状况、农业机械、相关能源、产业政策、粮食价格、国际形势及粮食价格、医疗卫生等领域产生的数据，这些数据可能直接用于统计决策，对从事农业生产的各类主体会产生比较大的影响。对于相应的安全需求，我们可以将原始数据和统计、分析的结果作为资产进行保护，应该特别关注的是原始数据的准确性。

第二产业（例如制造业）：制造业从整体上可以分为离散制造业和流程制造业，这两大类制造业在将数据作为生产要素时，数据的应用过程、数据对产品的影响及生产出的新数据产品会各有不同，应根据具体的生产情形进行相应的安全需求分析。需要注意的是，工业类企业数据的复杂度并不是特别高，这些数据往往与产品的技术、销售、企业管理等相关，一般不会包含企业之外涉及个人隐私的数据。

第三产业（例如服务行业）：政务、公共服务业、专门从事某一类服务的产业，之所以把政务也纳入服务性产业中，是因为政府是为人民服务的，尽管政务也包含对社会的管理和治理，但是这对大多数人来说也是服务；具体包括：具有公共服务性质的事业机构，例如，医疗、教育等；在政府指导下的公共服务类行业，例如，公共交通、水、电、气、暖等；还有一类是属于纯产业性质的企业，例如，软件的定制开发、网络运营商、电商、物流、商品零售业等。各种类型的服务，大到对其他企业和政府部门的服务，小到对个人的服务。这一产业饮食的数据是最为复杂的，既包含大量的个人数据，也包含企业和政府自身的数据、具有合作关系的其他机构的数据等。这个行业的数据作为生产要素也最为复杂的，对其安全需求的分析难度也较大。

当然，还有其他不同的分类方法，进一步研究数据分类角度，对深入理解数据要素是很有意义的。我们不仅要考虑数据当前的资产价值，还要考虑数据的增值空间（未来价值）。而对数据增值的分析和评估，也是我们对数据安全保护的措施之一。

（2）数据的生产场景分析

数据作为生产要素形成的产品可以分为两大类：一类是将数据作为物质资料和物质条件生产的实体类产品；另一类是再生的数据类产品。二者组合后会有以下 4 种情况。

① 输入数据，数据不改变。数据直接服务于生产，包括对传统产业的改进，或直接作用于某一种传统的产品，而这种产品的产出，并不会使数据产生任何改变。在这样的情况下，数据体现出来的是资产属性，只不过这是对数据的直接应用。

② 输入数据，数据改变。数据应用到生产，作用于某种产品，同时根据生产过程中的反馈，导致数据也要进行修改。从这一点来说，数据体现的是资产属性，

修改数据的权限，赋予数据生产过程。生产过程是主体，可以利用智能手段或者人工手段对数据进行修改。

③ 输入旧数据，生成新数据。通过对原有数据进行综合、分析、挖掘等，生产出新的数据（包括预测分析、语义引擎、聚类、分类、统计、可视化、描述性分析、诊断性分析、指令性分析等），而这些新的数据可以带来价值的增值。在这种情况下，原有的数据，既有资产的属性，也有作为生产原料的属性，同时还有劳动对象的属性，对其保护思路是要改变的。而新生产出来的数据，仍然体现的是资产的属性。

④ 数据的共享与协同。数据共享不产生新的数据产品，也不会生产出其他的产品，但是可以避免重复性工作，提高效率，降低费用。降低社会成本也被认为是增值，减少投入等同于提高收益。

例如，病人在一个医院的检查结果，共享到其他医院，对病人来说降低了费用，对医院来说，则提高了服务的效率。一个人从生到死，政府部门都要掌握相关的数据，例如，公安的人口管理、社会保障部门的服务、民政部门的服务、其他相关部门的服务等。

在数据共享中，有些数据之间必然相关，有些数据之间根据使用场景随机相关。有些数据属于基础数据，而有些数据是具有情报意义的，特别是一些商业性企业，不断对各类数据进行情报分析，这对企业相应的销售行为意义重大。

2.2.2 对数据保护的思考

企业完善的数据保护体系，必须建立在对安全需求充分理解的基础上。数据作为新型生产力，需要重新评估其价值、考虑其安全问题。这一时期的安全需求需要我们从数据作为新型生产力的角度，对安全事件及其影响进行充分识别。

1. 数据本身的安全需求分析

从风险分析的观点出发，与风险相关的 3 个因素是数据资产价值、数据威胁和数据脆弱性。

（1）数据资产价值分析

对于作为生产要素的数据，我们不仅要考虑其作为资产的当前价值，还要衡量其如何增值。在风险评估中，对资产价值的赋值以数据当前的安全属性作为依据，根据其保密性、完整性的安全要求，决定对其进行相应的赋值。在等级保护中也明确提出，依据业务信息（指数据）的机密性和完整性进行赋值，以决定数据的安全等级，进而确定所承载系统的安全等级。无论是风险评估，还是等级保护，我们都是对单个数据客体进行分析，从中取最高值。

当数据作为生产要素后，我们对数据的赋值，既要保证对当前数据安全赋值，还要考虑这些数据的增值效应。增值效应具有一定的不确定性，由于运用数据作为“资料和条件”的劳动力（或劳动力团队）的知识水平、分析判断能力、使用加工工具等因素的不同，增值结果往往也会不同，其价值也会不同。

数据资产价值的评估不应该仅依赖于数据的保密性、完整性，还要考虑增值结果的其他价值，例如，对国计民生的意义、对国防的意义等。如何衡量增值价值，则需要结合具体的数据集群、劳动力集群等进行分析评估，也需要给出一个相应的指导方法。

在将数据作为资产来保护时，我们对单个数据进行赋值，而作为生产要素的数据往往是一个数据集群，单个数据的价值并不大。

数据的增值价值还体现在共享数据劳动力（或者劳动力团队）。需要分析的是，数据共享出去以后，其增值价值对当前团队的意义是什么，对当前团队的意义是积极的，还是消极的。因此，这就涉及共享范围和对共享对象的评估问题。

（2）数据威胁分析

风险的第二个因素是数据威胁，威胁源与应用场景是密不可分的。在对作为资产的数据进行保护时，我们可以用隔离的办法隔离一部分威胁源。而对于作为生产要素的数据，隔离是不容易实现的，并且由于共享团队的加入，会导致威胁源的攻击入口增加。

（3）数据脆弱性分析

风险的第三个要素是数据的脆弱性。传统的结构化数据保护由于数据量小，一台独立的服务器及这台服务器的操作系统、数据库和应用程序所构成的计算环境，可以提供对数据的基本保护（授权机制），但是对于作为生产要素的数据，会有大量的非结构化数据，某些应用数据已经达到 TB 级别，未来可能会达到 PB 甚至更高的级别，此时，一台服务器及相关的计算环境是无法对这个数据进行基本保护的。同时，在生产过程中，数据处于流动状态，动态化、多用户都会造成数据的脆弱性。

2. 数据技术衍生的安全风险

数据技术可能会产生安全风险，安全风险主要有两个方面：一是个人隐私信息的泄露；二是敏感信息的泄露。

利用已知推导未知是大数据的普遍分析方法，也是一个生产过程。利用导航定位数据对一个人的活动进行调查，并不是一件困难的事情；通过手机联系人的关联，很容易分析一个人的朋友圈等。如果这些行为仅仅是为了商业利益，并且有适度的管控，问题并不大，但是如果被恶意利用，则可能导致重大的安全问题。

同样利用已知的公开数据，有可能推导出一个机构的未知数据，如果推导出的求知数据是这个机构的敏感数据，那么就会对这个机构造成威胁。

2.3 在无边界状态下考虑数据流动的安全问题

大数据时代，数据从资产上升到生产资料，数据只有流动，才能实现更大的价值，这一理念已经达成业界共识。数据流动可以被定义为，某些信息系统中存储的数据作为流动对象，按照一定规则从供应方传递到需求方的过程。数据在流动中会面临更多的风险，既有数据泄露造成的所有者权益损失的风险，也有其他风险。因此，这种流动的数据环境对数据安全体系提出了新要求，很难再用传统的系统安全保护体系通过静态的隔离保护措施来防御数据在流动中的风险。数据是流动的价值，需要在无边界状态下动态考虑其安全问题。

云计算、大数据技术的发展提升了存量数据资源的加工效率，降低了处理成本。在此背景下，存储于某个系统中为完成业务目标的存量数据可能成为其他外部信息系统所需的数据资源，并且其价值可以在流动后被再次应用，从而产生更多的应用价值。数据流动使数据脱离了原有的使用场景，变更了使用目的，从数据产生端转移至其他数据应用端，优化了资源配置，成为释放数据价值的重要环节，此过程就是数据资源价值传递的途径。

数据的核心价值在于数据在流动的过程中参与分析与计算带来的增值，而非已有的信息价值。数据流动带来的风险很难只在载体这个维度看到或解决。

从数据层面分析，数据的流动是物理层的载体传输，这本身可能导致安全风险。但更重要的是，从管理层面看，数据流动可能发生在不同组织、部门和业务之间，这可能带来更大的风险。

2.3.1 数据流动面临的问题与挑战

目前，数据流动在数据资源、数据质量、流动合规性、敏感数据安全性、数据流动安全监管等方面存在一些问题与挑战。

1. 数据资源

数据流动首先需要保证数据资源在符合使用方质量要求的前提下高效流动。高效流动需要数据资源标准化、产品化，数据资源实时在线，可按需查询，数据资源覆盖度能满足需求方的业务需求，以及相同需求的数据资源具备多个可供应的数据源。目前，由于数据需求方的个性化需求，实际流动数据多以单一供应方按需定制加工的方式处理，对需求方来说，不能获得持续多源的、标准化的数据资源，将会阻碍数据流动效率的提升。

2. 数据质量

数据质量评估也是数据流动需要解决的重要问题。由于数据资源的特殊性，很多情况下必须在实际使用后才可以验证数据质量，质量评估检验的难度较大。再加上不同数据源的数据质量参差不齐、质量衡量标准不一、质量评估体系不完备等问题逐渐显露，需求方难以在流动之前评估供应源的数据质量，这是困扰大数据产业与行业应用发展的难点之一。

3. 数据合规性

如何确保数据流动过程的安全、合法是大数据行业发展遇到的另一个难点，尤其在保护个人隐私信息方面，这是必须解决的问题。现有法律法规的约束使大数据产业在发展中存在诸多不确定因素和法律风险。例如，不当收集、使用或滥用个人信息，有可能被用以实施各种犯罪，流动过程中的数据监听、截获隐患，超出初始收集目的和业务范畴的再使用，包括提供给合同之外的第三方使用等，都会危害公民的人身和财产安全。同时，流动中的数据资源也需要考虑可流动范围、流动对象的合法性、流动过程的安全保障、使用授权等一系列安全问题。

4. 敏感数据安全性

数据在未知中流动是普遍现象，大量的敏感数据正在源源不断地流动到不相关的人和区域中。

5. 数据流动安全监管

数据流动给安全监管带来了挑战，需要强化数据的流动安全监管，满足不同场景下的数据安全监管要求，实现数据全程可视、状态可察、权益可管、权限可控、流动追溯。

2.3.2　数据流动技术需求

安全保障是数据流动的关键屏障，必须通过技术手段保障流动数据安全与用户安全。

企业可以从风险的不同阶段入手，形成层次化的手段来控制数据流动安全风险，风险阶段可分为风险的诱因（脆弱点）、风险事件、风险影响和风险追溯改进 4 个环节。敏感数据的暴露面就是一种风险诱因；有人绕过边界企图盗取信息，这是风险事件；数据是否丢失，丢失了多少，给客户和业务带来多大的隐患，这是风险影响；对事件的追责和溯源调查，准确找到风险阶段各个环节的问题并进行改进，这是风险追溯。

数据流动在技术实现上有诸多需求，可以从以下 4 个方面来构思数据流动安全风险的解决方案。

① 敏感数据发现和分级分类：发现敏感数据并进行分级分类。

② 源端控制或者数据内置的安全性：在数据流动之前采取安全措施进行保护，使其在流动中保持安全性。源端控制的主要手段有脱敏、加密、水印。

③ 制度性检查和审计：数据提供方通过制度性审计检查推动数据接收方合规使用数据。

④ 数据流动可视化：通过流动可视化更好地发现可能存在的数据流动风险。

2.4 大数据、物联网、共享数据等新环境下的数据安全问题

新环境下，实体经济创造数据价值，数据经济促进实体建设。业务模式的改变导致 IT 架构新环境的诞生；IT 架构的变化引发数据使用的变化，数据使用的变化促使 IT 架构不断更新，两者相辅相成。业务模式带动大数据、物联网、共享数据等新数据安全环境发展，业务模式的改变必将导致数据安全的变革，数据时代来临，数据将以更灵活复杂的方式进行流动。

2.4.1 大数据安全挑战

传统的安全机制不足以保障大数据的安全。传统的保护措施是为了保护小规模、静态信息的文件，大数据是存储在云计算等平台上的大规模信息，必须采取灵活和快速的安全保护措施。

大数据的弱点不同于传统数据，需要考虑的风险挑战如下。

① 安全计算的分布式编程框架。执行多个计算阶段的程序必须有双重保护，一个用于保护程序，另一个用于保护程序中的数据。

② 非关系数据存储的安全性，也被称为非关系型数据库（Not only SQL，NoSQL）。非关系型存储不断进化，安全必须随着它们的进化而发展成熟。

③ 安全数据存储。在过去，当数据在层间移动时，IT 管理人员可以对其直接控制，但对大数据却很难进行直接控制，自动分层需要额外的安全机制。

④ 端点输入验证。当一个系统接收到数以百万的输入数据时，必须确保每一个输入数据是可信的和有效的。

⑤ 实时安全监控。到目前为止，实时的安全监控并不能查明全部的安全威胁，每天仍会产生数以千计的假信息。

⑥ 数据挖掘和隐私保护。大数据距离真实的数据只有一步之遥，因为它可以不经过用户，随意编辑私人信息。

⑦ 加密访问控制和安全通信。为了数据安全起见，终端到终端的数据必须加密。

⑧ 细粒度访问控制。不是所有的数据都要保密，企业要筛选安全数据，尽可能多地分享，同时对信息安全保持高度的敏感性。

⑨ 可扩展的审计技术。必须有详细的审核信息可供审查，然而由于大数据的规模庞大，需要提供适用于大数据的审计技术。

⑩ 数据源。数据源的出处具有复杂性，但分析源图表已经满足计算能力的要求。

在大数据新环境下构建数据安全技术架构，需要迭代更新，运用统一认证、分类分级管理、数据监控、实时安全访问、审计溯源、数据安全分析、数据行为分析等大数据安全技术，提供更加合理、更加具有针对性和保障性的解决方案。

2.4.2　物联网数据安全挑战

随着物联网设备激增，物联网使信息管理的各个方面变得更复杂，例如，有更多的设备、更多的漏洞、更多的流动信息。

物联网数据安全风险挑战包括以下 6 个方面。

① 应用系统安全。操作系统平台百花齐放，广义的物联网系统包含 Android Things、FreeRTOS、DuerOS、ApolloOS、ConTIki、LiteOS、Riot 等，对开发者来说虽然选择更多，但也分散了开发者对安全漏洞的发现及防范，使不同系统出现安全隐患的可能性增大。

② 传输过程的安全。物联网可以通过蓝牙、Wi-Fi、4G、5G、窄带物联网及 Lora 无线技术等传输，无线传输相对有线传输更容易被拦截和窃取。如何在传输过程加密以保证数据安全，是企业需要关注的问题。

③ 数据采集的安全。数据采集的结果，通过实时传送和定时传送的方式反馈给服务器，在这个过程中的数据安全要得到保障。

④ 黑客攻击带来的影响。假如有一天，因为黑客的攻击，自动驾驶的汽车突然失灵、家里的智能灯泡突然开启、家里的智能冰箱突然断电、正在洗澡的时候水突然变冷、家里的摄像头自动开启，那将是非常糟糕的事情。

⑤ 利用 DDoS 攻击。如果有一天物联网的网络突然大面积瘫痪，所有的设备不受控制，企业物联网设置也会任人摆布。

⑥ 物联网设备标识问题。物联网中有些设备不能配置 IP 地址，当海量感知层设备接入时，没有 IP 等标识，会给管理和调度带来一定的难度，无法保证数据安全交换。物联网中感知层设备主要有射频识别技术标签、普通传感器、传统传感器、智能传感器、摄像头、光纤周界、模拟摄像机、智能家居终端等，能否配置 IP 地址，要看具体设备，有些读卡是可以配置 IP 地址的，有 IP 的多数是中控、网关设备和一些功能强大的终端，例如，智能控制器、网络摄像头等，一些传感器则没有 IP。

2.4.3 共享数据安全挑战

按照国家大数据发展战略，推动数据共享是大势所趋，有利于充分调动社会力量参与社会治理，深化大数据创新应用，发挥数据价值，释放数字红利。保障安全是推动数据共享发展的前提和基础，重点解决数据共享的合法化和合规路径问题，形成政策法规、管理制度、标准规范和技术保障统筹协调的数据安全治理体系，能够为数据共享创造良好的生态环境，推动数据共享持续发展。

在国内数据的共享交换、交易流动过程中，存在法律法规不完善、行业发展良莠不齐、数据开放程度较低、安全风险日益突出、技术应用创新滞后等问题。

基于对国内数据共享安全现状的分析，为推进数据共享的健康发展，需要加强政策、法律、管理制度、标准规范和技术体系的统筹协调，因此，《数据共享安全框架研究》提出数据共享安全框架，框架分为 4 个层次，从上到下依次为法律法规、安全管理制度、标准体系及安全技术。数据共享安全框架如图 2-5 所示。

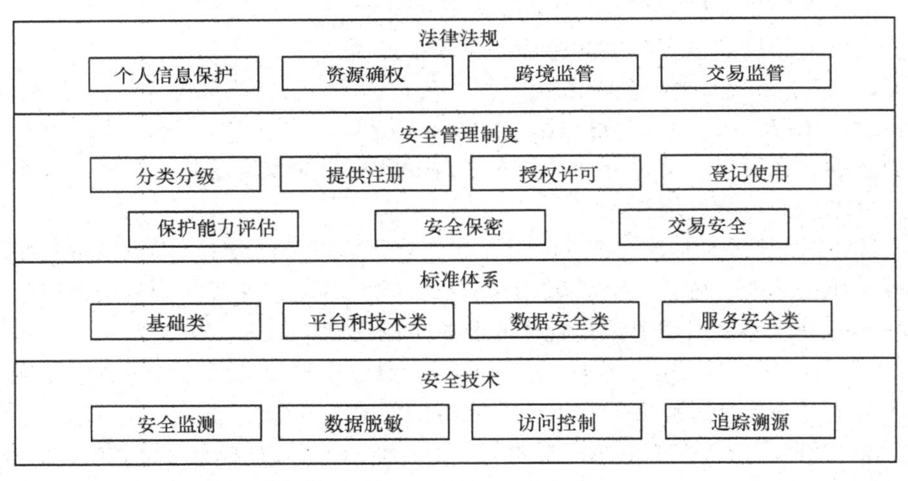

图 2-5 数据共享安全框架

2.5 数据安全防护需一体化、协同防御

2.5.1 一体化平台

企业建设一体化大数据中心是从数据汇聚到数据融合的过程，实现数据集中和共享，企业既要有云计算平台的建设能力，又要具备大数据的整合能力。

企业实现数据的集中共享包括深度挖掘，而这需要一个过程。从物理层面或者技术层面，要想实现数据的集中，需要有企业级的大数据中心，按照规定的格式把数据集中，然后在企业之间进行共享。通过建设一体化的大数据中心，强化在信息基础设施方面的优势，能够让企业在安全可控的环境下实现数据的交换、应用和共享。

企业建设一体化大数据中心后，数据安全防护在统一认证、数据监控、审计溯源、数据安全分析、数据行为分析、大数据安全态势感知等方面就可以通过一体化的防御方式实现。

数据安全管控平台可以进行集中的数据安全标准化、规范化、常态化管理，全面掌握全域数据资产分类、分级及分布情况，有效监控重要数据流转路径和动态流向，通过集中化的数据安全管控策略管理，实现数据分布、流转、访问过程中的态势呈现和风险识别，为数据的安全管控和数据的安全监控提供能力保障，实现数据的全生命周期管理。

2.5.2　协同防御机制

企业安全从单纯的政府监管向企业和政府部门协同治理转变，从单向管理转向双向互动，从线下转向线上线下融合，数据资源（安全事件、安全漏洞、威胁情报）共享、安全防御协同、应急协同等可以带来企业安全能力的提升，协同带来的利益是双向的，一旦实现这种协同，企业的数据安全防御能力会更加强大。

第3章

数据安全法律法规与标准

3.1 国际数据安全法律法规

3.1.1 欧盟数据安全相关法律

1.《通用数据保护法案》

2018年5月，欧盟正式生效了堪称史上最严格的数据保护法案，即《通用数据保护法案》（General Data Protection Regulation，GDPR）。该法案设立的目的是建设现代化的个人数据治理规范机制、确保欧盟公民和居民对自身数据享有充分的控制权，同时通过协调、简化现行的“数字单一市场”体系，在欧盟内建设统一的规范框架，进一步改善监管环境，以降低个人数据处理主体的合规风控成本，进而助力包括跨国企业在内的商业主体的业务运营。

（1）基本框架

GDPR共11章99条，通过对公民权利、经济自由、数据主权、公共安全等多样化的利益诉求进行动态平衡，强化了个人权利的内容，突出了欧盟内部市场的价值，提升了规范落实的保障能力，并改进了个人数据跨境传输的流程管控及构建全球数据保护标准。

（2）制度要点

GDPR适用于处理欧盟公民和居民个人数据的所有外国主体，并详细规定了个人信息处理的基本原则，例如，最少够用、目的限定、存储期限最小化等，赋予了个人对自身信息非常广泛的控制权利，例如，数据可携带权、被遗忘权、反对自动化决策机制权利等。对于大规模处理个人信息的企业，则要求设立数据保护官。GDPR 贯彻了风险管理的路径，即企业应当主动评估处理个人信息对个人基本权利和自由可能造成的侵害，据此采用相应的管理和技术措施，并定期更新保护策略。当个人数据处理存在高风险时，强制事先进行个人数据保护影响评估，并要求各类组织机构遵循从设计着手隐私保护和默认隐私保护原则，即要求其在产品和服务的初始设计阶段及整个过程中将数据隐私保护考虑在内。企业如果发生数据泄露问题，需要在发现泄露问题的 72 小时内通知执法部门，一旦遭到处罚，其额度可高达 2000 万欧元或年收入的 4%，二者取其高。GDPR 完善了数据跨境管理举措，规定除非满足特定条件，欧盟公民的个人数据不得转移至不能达到与欧盟同等保护水平的国家，并规定了跨境数据流动的合法路径。

（3）GDPR 对我国的启示

① 数据保护立法先行，构建相关法律体系。早在 1981 年，欧洲议会就通过了《个人数据自动处理中的个人保护公约》，这是世界上首个有约束力的有关规范数据使用、保护个人隐私、促进数据交流的国际公约。为应对互联网时代个人数据保护的新挑战，并确保数据能够高效和安全流通，欧盟在 2016 年又对 1995 年的《个人数据保护指令》进行了修订，出台了 GDPR。

② 设立独立数据保护机构，加强数据保护监管。在 GDPR 框架下，欧盟将实施“一站式”投诉服务，以便处理消费者在欧盟内的跨境投诉，并专门成立了欧盟数据保护理事会。鉴于个人数据保护工作的专业性极强，建议在我国设立独立的数据保护机构，同时，应当高度重视处罚权的配置，并做到监督法律法规实施，提供合规与认证建议，提供投诉受理、资料审查和数据风险宣传等“一站式”服务。

③ 积极参与制定国际规则，有效应对数据跨境。各国聚焦跨境数据流动的安全性，竞相实施数据中心本地化、云服务器本地化、数据境内存储等“数据驻留”举措。我国也出台了一系列法规政策，积极应对数据跨境管理。

2.“电子隐私”条例

2017 年 1 月，欧盟委员会提出改革于 2002 年生效的“电子隐私”指令，旨在将“电子隐私”指令上升为条例，统一欧盟各成员国对电子通信服务的隐私保护监管规则，服务于“数字单一市场”发展战略，同时与 GDPR 做好衔接和配套，并计划与其同期生效。主要变革如下。

① 扩展了“电子通信服务”的概念，将 OTT[1]业务纳入监管范畴。旧版指令的规制对象主要是话音等传统电信业务，但随着技术发展，欧盟委员会认为 VoIP、即时通信、电子邮件等 OTT 业务已经成为用户主要的通信方式，需要纳入监管范围，从而实现全方位的保护。需要特别强调的是，浏览具体的网站或网页也被定

1　OTT（英文全称为 Over The Top，主要是指互联网公司运营商发展基于开放互联网的各种视频及数据服务业务）。

义为“电子通信服务”类型之一。

② 重新调整细化 Cookies 限定规制，明确浏览器负责提供统一隐私规则设置的义务。旧版指令在实施过程中引发的一个主要问题是：每当用户访问一个新的网站时，都要被询问是否同意使用 Cookies，这对用户造成了很大的干扰。因此，新版条例将管理重点聚焦于浏览器，认为浏览器应当拒绝所有第三方 Cookies。另外，新版条例还明确了 Cookies 使用的例外情形，例如，用于网站访问量统计、记录用户购物车内商品等，Cookies 无须经过用户同意即可使用。

③ 将电子通信元数据和内容数据视为同等重要，在保护机密性的同时严格限制使用。新版条例的立法依据之一来自《欧盟基本权利宪章》第七款“尊重私人生活”，映射到电子通信服务，即保护自然人电子通信的机密性。欧盟委员会认为电子通信元数据包含敏感的、涉及个人隐私的信息，例如，被叫号码、访问的网页、地理位置等，应采取与电子通信内容同等的保护力度。对于电子通信数据的处理、存储、删除，新版条例在 GDPR 的基础上进行了具体化要求。

3.1.2 美国数据安全相关法律

美国涉及数据安全的法律法规较多，例如，《消费者隐私权利法案》，之前还有各行业和各州的法律法规，包括《儿童在线隐私保护法》《电子邮件隐私法案》《健康保险可携带性和责任法案》《金融服务现代化法案》《加州隐私法》等。美国联邦贸易委员会（Federal Trade Commission，FTC）是美国国家隐私法律的主要执行者。2014 年，美国总统执行办公室发布全球大数据“白皮书”——《大数据：抓住机遇，保存价值》，该白皮书显示，美国在平衡技术进步与个人数据保护关系中更突出对数据自由流动、技术进步与经济发展的价值取向。但 2018 年爆发的美国 Facebook 公司涉及 8700 万用户个人信息泄露的重大安全事件，引发了各国对用户隐私保护制度新的思考。

同时，美国的数据主权战略十分清晰。一方面，通过积极推行亚太经济合作组织（Asia Pacific Economic Cooperation，APEC）的“跨境隐私保护规则”体制，通过要求各参与国同意基于低水平保护的个人信息保护规则，促进数据流入美国，使美国企业掌握全球数据；另一方面，2018 年 3 月通过《澄清海外合法使用数据法》（the Clarifying Lawful Overseas Use of Data Act，CLOUD Act），该法案授权美国联邦调查局可以从美国企业获取其在境外收集的电子邮件和任何个人信息。

1. *澄清海外合法使用数据法*

2018 年 3 月 23 日，美国出台了 CLOUD Act，这项可跨境调取公民海外信息的法案，授权美国联邦调查局可收集来自海外的电子邮件和任何个人信息。

（1）法案要点

CLOUD Act 授权美国与符合条件的国家签订双边数据共享协议，根据该协议，美国同意解除企业或组织向协议国执法机构披露信息的禁令，协议国也需要同意企业或组织向美国执法机构披露信息。CLOUD Act 明确双边数据共享协议是双方共享数据的前提，美国云服务商禁止向未签署协议的外国政府披露信息。这项规定意味着以下权利。

① 如果美国政府和某国政府签订了双边数据共享协议，那么只要法院的一纸传票，美国政府就可以要求服务商提供该国公民在服务商上存取的所有信息。

② 如果美国没有和某国政府签订双边数据共享协议，那么美国政府也可以要求服务商拒绝向该国政府提供本国公民在服务商上存取的所有信息。

（2）法案分析

事实上，CLOUD Act 使美国政府将美国企业打造成自己在网络空间的“国土”。美国的数据主权会扩展到美国互联网公司业务覆盖的国家。同时，通过允许少部分国家“进入”自己的“网络空间的国土”，以换取“进入”这些少部分国家的“网络空间的国土”。美国同时还保有单方面裁量是否开启、随时关闭进入“网络空间的国土”的通道的权力。

① 针对美国跨境盗取数据，CLOUD Act 采用“数据控制者”的方式，无论通信、记录或其他信息是否存储在美国境内，通信服务提供者都应当按照本章所规定的义务要求，保存、备份、披露通信内容、记录或其他信息。

② 针对境外调取美国数据，CLOUD Act 允许“符合资格的外国政府”在与美国政府签订行政协定后，向美国境内的组织直接发出调取数据的命令。

“符合资格的外国政府”认定工作需要由美国总检察长会同国务卿向国会提交报告，其认定标准包括以下内容。

- 外国政府在网络犯罪和电子证据方面，是否拥有足够的实质性和程序性法律，是否加入了布达佩斯《网络犯罪公约》，或其国内法是否与公约第1章和第2章相吻合。
- 体现出对法治和平等原则的尊重。
- 遵守国际人权义务，或展现出对国际基本人权的尊重。
- 对允许通过行政协定获取数据的外国政府机关有清晰的法律要求、程序和监管要求。
- 有足够健全的机制能对外国政府收集和使用电子数据提供问责及提供适当的透明度。

- 展现出对全球信息自由流动和维护互联网开放、分布式、互联本质的决心和承诺。

③ 除了资格认定，法案对外国政府向美国企业发出的命令本身，也提出了一系列限制性条件。

2.《健康保险携带和责任法案》

《健康保险携带和责任法案》（Health Insurance Portability and Accountability Act，HIPAA）是美国关于健康保险携带和责任的法案。HIPAA 的提出旨在改革健康医疗产业，降低费用，简化管理过程，增强隐私保护和个人信息安全保护。可以说，HIPAA 是美国健康卫生领域的基础法，也是整个相关后续政策的基石。自从 1991 年 HIPAA 被正式提出后，该法案经历了 5 次比较重要的更新，分别对医疗卫生领域在保险和医疗管理方面的工作进行了一系列逐渐细致化和现代化的制约。

法案主要分为 5 个主题，合并为两个部分，分别是简化管理和保险改革。这两个部分分别对应了 HIPAA 的两个关键要求，前者对应管理责任，后者对应可携带。通常大家所说的 HIPAA 是指管理责任这部分 HIPAA 将安全标准分为 4 类，以保护信息系统的保密性、一致性和可用性。①管理流程一建立和落实安全策略；②物理保护—保护计算机系统实体和相关的环境及设备；免受自然灾害或人为破坏；③技术安全服务—对数据访问进行保护和监控；④技术安全机制—保护网络中的信息和限制数据访问的机制。其中，隐私保护是法案最著名的一部分。HIPAA 背后的含义是保障病人有隐私权，病人能拿到自己的电子病历，能带到其他医疗机构和保险公司。这就是为什么法案的要点有“保险携带”4 个字。如今这个法案已是国际上关于医疗健康信息隐私保护的黄金标准，国际影响非常大。

PHI 包含所有个人可辨识的健康信息，包含任何形式的过去、现在和未来可能的健康情况。其中，有一个非常重要的部分是个人可辨识信息，主要包括姓名、住址、电子邮件、日期、账户号、证书号、驾照、车证、社会保险号、病历号、健康医疗保险号、面部信息、电话号码、网络地址、网络 IP 地址、生物身份识别、其他独立识别码。

ePHI 最重要的是技术安全访问控制、审计控制、数据完整性、认证、传输安全 5 个方面。

关于法案中的隐私和安全的区别，隐私关注个人受保护健康信息的控制和使用权力。任何形式的隐私信息不得在未经授权的情况下进行暴露。安全是指电子受保护健康信息的防护标准，防止该信息在未经授权的情况下被暴露、破坏或丢失。

3.1.3　其他国家数据安全相关法律

1. 俄罗斯

俄罗斯的数据保护监管部门是电信信息技术和大众传媒联邦监管局，俄罗斯颁布了《俄罗斯联邦个人数据法》等法律，这些法律规定数据运营商必须使用境内服务器存储公民的个人数据，并严格控制向境外发送数据，否则可能面临网络封锁的情况。俄罗斯大力保护数据安全，尤其注重对核心、敏感数据出境的管制。

2. 澳大利亚

澳大利亚成立了专门的机构——澳大利亚信息专员办公室，并设立了信息专员作为执行《联邦隐私法案》的关键角色，该机构有权接受并处理个人对隐私的相关控诉，信息专员的权利范围包括调查违规行为、促进合法行为等。同时，澳大利亚对政府数据、个人数据等的保护，均由不同的法律法规进行规定。

3. 新加坡

新加坡强调数据分类立法保护。新加坡成立了个人信息保护委员会（Personal Data Protection Commission，PDPC）来承担《个人数据保护法》（Personal Data Protection Act，PDPA）的制定和实施工作。PDPA 特别要求机构在收集、披露和使用个人数据时应征求个人的同意，同时，针对公共与私营领域的个人信息进行分类立法管理，构建较为完善的个人信息保护法体系。

为落实新加坡网络安全战略，新加坡通过了《网络安全法 2018》，旨在建立关键信息基础设施所有者的监管框架，这个监管框架包括网络安全审查和风险评估机制、网络安全服务许可机制、网络安全事件响应和预防机制、网络威胁检测机制等，为新加坡提供综合、统一的网络安全法。

3.2　我国数据安全重要法律法规

面对严峻的数据安全保护态势，我国颁布了一系列与数据安全及个人信息保护相关的法规、制度标准，数据安全相关法规呈爆炸式增长。

我国正逐步加强公民数据安全与个人信息保护方面的顶层立法工作，不断健全数据安全与个人信息保护法律体系。

根据相关网络安全法律法规，我们对一些涉及数据安全的重要法律法规进行了梳理。

3.2.1 《中华人民共和国网络安全法》关于数据安全的解读

1. 数据安全保护的3个层次

（1）数据安全

数据安全是指保障信息或信息系统免受未经授权的用户访问、使用、披露、破坏、修改、销毁等。公式可表示为：数据安全=保密性+完整性+可用性。

（2）个人数据保护

随着信息技术的不断发展，人们逐渐认识到技术运用可能给个人带来各种风险，“个人数据自决理论”应运而生。该理论认为，为保障人格的自由发展，个人应当能自由地决定以何种方式实现人格发展，人格的形成主要是在人与外界，特别是在人与人的交往过程中实现，因此，个体需要掌控对外自我披露或表现的程度，以便合理地维持自身与他人之间的人际关系，个人应当能自由、自主地决定如何使用个人数据。也就是说，个人数据保护赋予个人有权控制个人数据出于何种目的、面向何种对象范围、通过何种途径扩散和披露，即“个人依照法律控制自己的个人信息并决定是否被收集和利用的权利”。与单纯的、被动的防御性隐私权不同，以“个人数据自决理论”为基础的个人数据保护是一种管理信息扩散和披露的机制，是一种面向外部的控制。如今，欧美等国家和地区在个人数据保护方面的立法基本超越了隐私权这个相对狭窄的内涵，转而以个人数据自决为理论基础。

因此，个人数据保护主要在于“保护个人数据的自主使用，要求他人不得以违反本人意愿的方式对个人数据进行处理”，这是因为非经本人同意而对数据进行处理会在社会中造成超出本人预期的结果，并对本人的人格发展造成不可预料的影响，使本人人格塑造的结果偏离了原本的预期。

数据安全和个人数据保护的区别包括两个方面：第一，没有数据安全，肯定没有个人数据保护，因为信息系统被攻破，数据遭到泄露，数据保护要求的授权和控制扩散的机制就无从谈起；第二，实现了数据安全，并非一定做到了对个人数据的保护，例如，数据很安全地存储在组织机构的信息系统中，但如果没有根据个人授权的范围来处理数据，那就忽视了个人的数据保护权利。

这也是为什么在各国的个人数据保护立法中，数据安全部分的规定独立成章，以欧盟的《通用数据保护条例》为例，立法的重心在于规定个人数据处理的基本原则、数据主体的权利、数据控制者和处理者的义务配置等，保障数据安全仅仅是数据控制者和处理者众多义务之一，其更重要的义务是在数据的收集、存储、使用、共享、公开、跨境传输等环节中提供各种机制，使数据主体能够行使其个人数据的“自决权”，例如，充满争议的被遗忘权，是GDPR的一大创新，被遗忘权无关乎数据安全，它赋予了个人在特定情况下删除与其相关的个人数据的权利。

表达数据保护与数据安全之间关系的公式为：个人数据保护=数据安全+个人

数据自决权利+数据控制者等相关方满足个人数据自决权利的义务。

（3）国家层面的数据保护

当今时代，很多互联网平台掌握着大量公民的隐私数据，例如，电商、互联网金融、物流等平台掌握着包括姓名、身份证号、手机号、地址、银行账号等在内的公民基础信息。从某种程度上说，对于掌握着海量公民信息的大型互联网平台，其信息已经可以称为国家人口基础信息。因此，国家层面的数据保护首先应要求这些大型互联网平台保障其掌握的数据安全，也就是前文讲到的保密性、完整性、可用性。

除了数据安全，因为某些特定数据，例如安全风险数据，对国家来说具有基础性、战略性的作用和意义，国家应当对其具有一定的支配权。对于企业掌握的敏感数据，国家层面还应控制其出于何种目的、面向何种对象范围、通过何种途径进行扩散和披露。

2.《中华人民共和国网络安全法》关于数据的主要规定

《中华人民共和国网络安全法》对数据安全的主要规定见表3-1。由表3-1我们可以看出，《中华人民共和国网络安全法》对数据安全保护的3个层次均有涉及，但对数据安全和个人数据保护这两个维度着墨最多。

在数据安全方面，保障数据完整性、保密性和可用性，在《中华人民共和国网络安全法》的总则部分第十条就予以明确。其中，《中华人民共和国网络安全法》的第二十一条规定了网络运营者（包括关键信息基础设施的运营者）的安全保护义务，明确提出“防止网络数据泄露或者被窃取、篡改”是安全保护的目的之一。《中华人民共和国网络安全法》的第二十七条要求任何人不能提供专门用于窃取网络数据的程序和工具。《中华人民共和国网络安全法》的第三十一条更是从数据泄露可能造成的危害的角度来界定关键信息基础设施的范围。

表3-1　《中华人民共和国网络安全法》对数据安全的主要规定

维度	条文
数据安全	第十条：“维护网络数据完整性、保密性和可用性”
	第二十一条：“防止网络数据泄露或者被窃取、篡改”
	第二十七条：“不得提供专门用于从事侵入网络、干扰网络正常功能及防护措施、窃取网络数据等危害网络安全活动的程序工具”
	第三十一条：“国家对公共通信和信息服务、能源、交通、水利、金融、公共服务、电子政务等重要行业和领域一旦遭受破坏、丧失功能或者数据泄露，可能严重危害国家安全、国计民生、公共利益的关键信息基础设施，在网络安全等级保护制度的基础上，实行重点保护”
个人信息保护	第四十条至第四十五条
	第四十条：“网络运营者应当对其收集的用户信息严格保密，并建立健全用户信息保护制度”

（续表）

维度	条文
网络层面的数据安全保护	第三十七第：“关键信息基础设施的运营者在中华人民共和国境内运营中收集和产生的个人信息和重要数据应在境内存储”
	第五十一条：“国家网信部门应当统筹协调有关部门加强网络安全信息收集、分析和通报工作”
	第五十二条：“负责关键信息基础设施安全保护工作的部门，应当建立健全本行业、本领域的网络安全监测预警和信息通报制度，并按照规定报送网络安全监测预警信息”

在个人数据保护方面，《中华人民共和国网络安全法》不但继承了我国现有法律关于个人信息保护的主要条款内容，而且根据新的时代特征、发展需求和保护理念，创造性地增加了部分规定，例如，第四十条明确将收集和使用个人信息的网络运营者，设定为个人信息保护的责任主体；第四十一条增加了最少够用原则；第四十二条增设了个人信息共享的条件；第四十三条增加了个人在一定情形下可以删除、更正其个人数据的权利；第四十四条在法律层面首次给予个人信息交易一定的合法空间。可以说，这 5 条关于个人数据的规定，注重保障个人对自己信息的自主权和支配权，且条条有创新，与现行国际规则及欧美国家个人信息保护方面的立法实现了理念上的接轨。

《中华人民共和国网络安全法》第五十一条、第五十二条对网络安全信息做出了规定，但规定的对象仅是国家网信部门、负责关键信息基础设施安全保护工作的部门，并要求前者加强安全大数据的收集，后者及时报送安全信息。

《中华人民共和国网络安全法》第三十七条要求关键信息基础设施的运营者在境内运营中收集和产生的个人信息和重要数据应当在境内存储。

3.2.2 《中华人民共和国数据安全法》解读

《中华人民共和国数据安全法》全文共七章五十五条，从数据安全与发展、数据安全制度、数据安全保护义务、政务数据安全与开放的角度对数据安全保护的义务和相应法律责任进行规定。本节将对《中华人民共和国数据安全法》的立法沿革和重点条款进行解读，帮助企业及时做好数据安全建设，降低合规风险。

1.《中华人民共和国数据安全法》的立法沿革

2020 年 6 月 28 日，第十三届全国人大常委会第二十次会议对《中华人民共和国数据安全法（草案）》进行了初次审议。2021 年 4 月 29 日，中国人大网公布了《中华人民共和国数据安全法（草案）》的二审稿。该二审稿的主要亮点在于，将数据分类分级制度作为数据安全的基本核心制度，强化了等级保护的基础作用，提出明确数据安全负责人和管理机构的要求，明确关键信息基础设施的运营者在重要数据的出境方面的义务和责任，调整数据处理服务的资质要求，加强向涉外司法机构提供数据监管，大幅加重不履行数据安全保护义务的法律责任及拒不配合数据调取的法律责任等。

2021 年 6 月通过最终三审稿，与二审稿相比，三审稿主要的亮点和变化体现在，明确了国家机关在数据安全管理上的职责和配合机制，强调对重要数据进行重点保护，强调智能化公共服务对老年人的适用性，加强和完善政务数据安全保障，并进一步加大对违法行为的处罚力度。

2.《中华人民共和国数据安全法》重点条款解读

第一章　第五条　中央国家安全领导机构负责国家数据安全工作的决策和议事协调，研究制定、指导实施国家数据安全战略和有关重大方针政策，统筹协调国家数据安全的重大事项和重要工作，建立国家数据安全工作协调机制。

第一章　第六条　各地区、各部门对本地区、本部门工作中收集和产生的数据及数据安全负责。工业、电信、交通、金融、自然资源、卫生健康、教育、科技等主管部门承担本行业、本领域数据安全监管职责。公安机关、国家安全机关等依照本法和有关法律、行政法规的规定，在各自职责范围内承担数据安全监管职责。

国家网信部门依照本法和有关法律、行政法规的规定，负责统筹协调网络数据安全和相关监管工作。

《中华人民共和国数据安全法》作为数据安全领域最高位阶的专门法，与 2017 年 6 月 1 日起施行的《中华人民共和国网络安全法》一起补充了《中华人民共和国国家安全法》框架下的安全治理法律体系，更全面地保障了国家安全在各行业、各领域有法可依。就监管机构而言，国家安全机构、公安机关、网信部门及工业、电信、交通、金融等主管部门均有权在各自的职权范围内对数据安全进行监督和管理。因此，《中华人民共和国数据安全法》延续了《中华人民共和国网络安全法》生效以来的“一轴两翼多级”的监管体系。其中，“一轴”是指国家安全机关，“两翼”是指公安机关和网信部门，“多级”是指在行业横向范围方面主要体现在工业、电信、交通、金融等行业主管部门的共同参与，在行政架构方面主要体现在各地区、各部门对工作中收集和产生的数据进行安全管理。

第三章　第二十一条　国家建立数据分类分级保护制度，根据数据在经济社会发展中的重要程度，以及一旦遭到篡改、破坏、泄露或者非法获取、非法利用，对国家安全、公共利益或者个人、组织合法权益造成的危害程度，对数据实行分类分级保护。国家数据安全工作协调机制统筹协调有关部门制定重要数据目录，加强对重要数据的保护。

关系国家安全、国民经济命脉、重要民生、重大公共利益等的数据属于国家核心数据，实行更加严格的管理制度。

各地区、各部门应当按照数据分类分级保护制度，确定本地区、本部门及相关行业、领域的重要数据具体目录，对列入目录的数据进行重点保护。

《中华人民共和国网络安全法》第二十一条首次提出了数据分类分级保护制度，《中华人民共和国数据安全法》进一步明确了相关部门在分类分级保护和重要数据保护中的职能。《中华人民共和国数据安全法》原则性地规定了数据分类分级的依据为数据在经济社会发展中的重要程度和遭到篡改、泄露等情形时的危害程度。由于不同行业、不同地区数据分类分级的具体规则和考虑因素差异巨大，《中华人民共和国数据安全法》将重要数据具体目录和具体分类分级保护制度的制定权限下放到行业主管部门和各地区国家机关，充分平衡了法律规定的普适性和灵活性。我们建议企业关注《工业数据分级分类指南（试行）》、YD/T 3813—2020《基础电信企业数据分类分级方法》、JR/T 01711—2020《个人金融信息保护技术规范》等行业数据分级分类的标准，也需要密切关注地方行业主管部门发布的数据分类分级目录等要求。

第三章　第二十二条　国家建立集中统一、高效权威的数据安全风险评估、报告、信息共享、监测预警机制。国家数据安全工作协调机制统筹协调有关部门加强数据安全风险信息的获取、分析、研判、预警工作。

第三章　第二十三条　国家建立数据安全应急处置机制。发生数据安全事件，有关主管部门应当依法启动应急预案，采取相应的应急处置措施，防止危害扩大，消除安全隐患，并及时向社会发布与公众有关的警示信息。

第三章　第二十四条　国家建立数据安全审查制度，对影响或者可能影响国家安全的数据处理活动进行国家安全审查。依法做出的安全审查决定为最终决定。

《中华人民共和国数据安全法》提出建立数据安全风险评估、安全事件报告制度、监测预警机制、应急处置机制和安全审查等制度，有望在后期逐步推出具体机制的主管机构、适用范围、评估审查模式等配套制度。需要注意的是，国家依法做出的数据安全审查决定为最终决定，这意味着相关具体行政行为将无法通过行政复议、行政诉讼等形式进行救济。

第三章　第二十五条　国家对与维护国家安全和利益、履行国际义务相关的属于管制物项的数据依法实施出口管制。

第三章　第二十六条　任何国家或者地区在与数据和数据开发利用技术等有关的投资、贸易等方面对中华人民共和国采取歧视性的禁止、限制或者其他类似措施的，中华人民共和国可以根据实际情况对该国家或者地区对等采取措施。

在国际竞争逐步蔓延到数据、网络领域后，各国之间的摩擦频发。例如，2020年8月，美国以保护国家安全为由，要求字节跳动出售TikTok应用程序及业务。《中华人民共和国数据安全法》一方面明确了维护国家安全和利益、履行国际义务可作为禁止相关数据出口的合法依据，另一方面明确了对外国在数据领域的投资、贸易歧视可采取对等反制措施的立法主张，充分体现了我国在网络数据空间主张数据主权的立法思想。

第四章　第二十七条　开展数据处理活动应当依照法律、法规的规定，建立健全全流程数据安全管理制度，组织开展数据安全教育培训，采取相应的技术措施和其他必要措施，保障数据安全。利用互联网等信息网络开展数据处理活动，应当在网络安全等级保护制度的基础上，履行上述数据安全保护义务。

重要数据的处理者应当明确数据安全负责人和管理机构，落实数据安全保护责任。

第四章　第二十九条　开展数据处理活动应当加强风险监测，发现数据安全缺陷、漏洞等风险时，应当立即采取补救措施；发生数据安全事件时，应当立即采取处置措施，按照规定及时告知用户并向有关主管部门报告。

第四章　第三十条　重要数据的处理者应当按照规定对其数据处理活动定期开展风险评估，并向有关主管部门报送风险评估报告。

风险评估报告应当包括处理的重要数据的种类、数量，开展数据处理活动的情况，面临的数据安全风险及其应对措施等。

第四章　第三十一条　关键信息基础设施的运营者在中华人民共和国境内运营中收集和产生的重要数据的出境安全管理，适用《中华人民共和国网络安全法》的规定；其他数据处理者在中华人民共和国境内运营中收集和产生的重要数据的出境安全管理办法，由国家网信部门会同国务院有关部门制定。

《中华人民共和国数据安全法》明确开展数据处理活动的企业应当建立完善的数据安全管理制度，进行安全教育培训、风险监测和报告，采用技术手段落实内部制度的规定。因此，数据安全合规制度的建设已成为企业应当履行的法律义务。《中华人民共和国数据安全法》延续《中华人民共和国网络安全法》的规定，对重要数据提出更高的数据保护要求，具体的法律义务包括明确数据安全负责人和管理机构，开展风险评估并报送报告，符合数据出境安全管理要求等。就风险评估本身而言，评估的具体主体、报告报送的对象、评估的频率有待后续立法进一步明确。

《中华人民共和国数据安全法》也在法律责任部分明确了不履行第二十七条、第二十九条、第三十条规定的数据安全保护义务但尚未造成数据泄露等后果的，主管部门也可以采取责令改正、警告、罚款等行政处罚措施。在相关制度不健全且拒不改正或造成大量数据泄露等严重后果的，主管部门可以采取责令暂停相关业务、停业整顿、吊销许可证或营业执照和罚款的措施。

3.2.3　《中华人民共和国个人信息保护法》解读

《中华人民共和国个人信息保护法》全文共八章七十四条，除了总则、附则及法律责任，还包括“两个规则”（个人信息处理规则和跨境提供规则）和“三个主体”（个人权利、处理者义务和监管职责）。

1. 健全个人信息处理原则和规则

1）六大处理原则

本法确立了处理个人信息应遵循的6个主要原则：方法合法正当、目的明确合理、最小必要、处理公开透明、准确完整、安全保障。

2）“告知+同意”处理规则

处理规则以“告知+同意”为核心，体现了对个人权益的尊重，也与方法合法正当和处理公开透明两个原则相呼应。

（1）“告知”义务

本法第十四条将“充分知情”作为“同意”的前提条件。本法第十七条具体列举个人信息处理者应当告知的事项。这些事项主要包括处理者基本信息、信息处理的目的和方式、行使本法权利的方式和程序。本法第十八条规定了告知的例外情形，在法律、行政法规规定应当保密或不需要告知的情况下，可以免除告知义务，但是该义务在紧急情况下无法及时履行时并不免除，而是将前置改为后置，体现了告知义务的重要性。

在以上普遍适用原则的基础上，本法还规定了以下4类需要履行告知义务的情况。

① 承继转移和向第三方传输。承继转移是指处理者在合并、分立、解散、破产等情况下转移数据，第三方传输是指向第三方提供数据。这两种情况虽然均需履行告知义务，但内容略有不同，前者仅需告知接收方的基本信息，而后者还需提供处理目的、方式、信息种类等信息，差别在于前者的接收方承继了处理者的原有业务，处理目的和方式等在一般情况下不会有变化，而后者的接收方是独立的第三方，处理目的和方式等很可能会发生变化，需要额外告知。

② 处理敏感个人信息。需要告知处理的必要性及对个人的影响。

③ 履行法定职责。

④ 信息出境。

（2）“同意”义务

除了本法第十三条列举的情形，在其他情形下处理个人信息要取得个人同意。本法第十四条明确了“同意”需基于个人“充分知情”“自愿”“明确”的前提。第十五条、第十六条则赋予个人撤回权，并禁止处理者以不同意或撤回同意为由拒绝提供非必需的产品或者服务。

在以上普遍适用原则的基础上，本法还规定了以下5类需要取得“单独同意”的情况。

① 向第三方提供。

② 公开。

③ 收集个人图像、身份特征信息用于公共安全之外的目的。

④ 处理敏感个人信息。

⑤ 向境外提供。

《中华人民共和国个人信息保护法》中将"单独同意"作为重要的同意形式，在此之前，"单独同意"的类似概念曾作为《信息安全技术个人信息安全规范》中要求个人信息控制者收集生物识别信息前获取用户同意的形式要件。

2. 跨境提供规则

1）域外适用

本法第三条赋予了机构或个人一定的域外适用效力。虽然《中华人民共和国数据安全法》第二条也有类似规定，但本法的适用范围更加明确，即"以向境内自然人提供产品或者服务为目的"和"分析、评估境内自然人的行为"，与 GDPR 第 3 条的"提供产品或者服务"及"行为监控"相对应。这意味着境外机构或个人即使在中国没有任何商业行为存在，只要符合所列情况，便受本法的管辖。

2）个人信息的跨境提供

关于个人信息出境的安全评估要求，首见于《中华人民共和国网络安全法》第三十七条，不过该条仅适用于关键信息基础设施运营者，而《个人信息出境安全评估办法》将适用范围扩大至所有网络运营者。《中华人民共和国个人信息保护法》第四十条在以上两种法规之间找到一个平衡，将安全评估的适用范围局限于"关键信息基础设施运营者"和"处理个人信息达到国家网信部门规定数量的处理者"。

另外，鉴于安全评估在某些情况下可能无法满足跨境流动对时效性的要求，本法第三十八条为处理者提供了另外两个明确的出境途径：经专业机构认证、与境外接收方订立标准合同。这体现了在安全有序的前提下，促进个人信息跨境自由流动的立法态度。

3）向外国司法或者执法机构提供个人信息

本法第四十一条明确，在应外国司法或者执法机构要求向境外提供个人信息的情况下，需要取得主管部门事先批准，《中华人民共和国数据安全法》第三十六条也有相同规定。这与《中华人民共和国民事诉讼法》第二百七十七条关于司法协助情况下外国机关或者个人在国内调查取证的立法精神一致，体现了我国的司法主权。而此次将"执法机构"加入规范之列是回应了近年来其他国家出台的《澄清境外数据合法使用法》《外国公司问责法》等法律法规。

4）反制和限制措施

依据《国际法》的对等原则，本法第四十三条就国外采取个人信息保护方面的歧视性措施，赋予我国采取反制措施的权利。

与《中华人民共和国数据安全法》相比，本法第四十二条增设了“黑名单”制度，即从事侵害我国权益的境外主体将被列入限制或禁止提供个人信息的清单，并采取限制或禁止措施。在表述上，第四十二条适用的范围比第三条的域外适用范围更加广泛。

3. 个人权利与处理者义务

1）个人权利

本法第四章专门明确了个人在信息处理中的各项权利，这些权利包括知情和决定权、查阅和复制权、可携带权、更正和补充权、删除权、请求解释说明权、逝者近亲属的行使权。这与《中华人民共和国民法典》第一千零三十七条规定的查阅权、复制权、更正权、删除权等相衔接，并进行了丰富和细化。同时本法也要求处理者建立个人权利的申请受理和处理机制。

2）处理者义务

个人在个人信息保护方面的权利实现，很大程度上依赖于处理者对义务的履行。本法第五章主要从“明确措施、落实人头、平台责任”3 个方面强化处理者的责任。

（1）明确措施

本法对处理者提出了事前、事中、事后全流程的保障义务要求。

① 事前影响评估要求企业在进行对个人有重大影响的个人信息处理活动之前进行个人信息保护影响评估。其列举的适用情况与上文须取得“单独同意”的情况类似，背后的共同逻辑是法律对处理者的义务要求须与处理活动本身的风险程度相匹配。该设计借鉴了 GDPR 规定的“数据保护影响评估”制度。

② 事中保护措施和合规审计详细列举了处理者在日常运营过程中应采取的安全保护措施，这些安全保护措施包括制度制定、分级管理、技术措施、权限确定、定期培训、应急预案等，而且要求处理者定期进行合规审计。

③ 事后补救和通知义务要求处理者在发生个人信息泄露等情况下采取补救措施，并通知监管部门和个人。这与《中华人民共和国民法典》第一千零三十八条补救措施和报告制度相衔接。

（2）落实人头

本法第五十二条规定，处理个人信息达到网信部门规定数量的处理者应当指定“个人信息保护负责人”，负责人对处理活动和保护措施等进行监督，同时担任联系人和沟通人的角色。

本法第五十三条要求，境外处理者在分析、评估境内自然人行为的情况下，在境内设立“专门机构或者指定代表”。该要求与《中华人民共和国出境入境管理法》第二十条中要求收集境内用户个人信息的境外机构在境内设立“法定代表人或者机构”的逻辑一致，不过其表述比后者更加清晰明了。

（3）平台责任

本法第五十八条创造性地引入了个人信息保护“守门人”的概念，即要求超大型平台（提供重要互联网平台服务、用户数量巨大、业务类型复杂的处理者）承担起个人信息保护的“闸门”作用，具体义务包括成立外部独立机构、制定平台规则、停止违规者服务、定期发布社会责任报告等。由此可见，这些超大型平台企业，不仅应尽到一般处理者的义务，还应承担起更高意义上的平台治理责任。

3.2.4　其他法律制度关于个人信息保护的规定

我国正逐步加强公民个人信息保护方面的顶层立法工作，陆续在《中华人民共和国网络安全法》《中华人民共和国刑法》等基本法中加入个人信息保护的内容，不断完善个人信息保护法律体系。

1.《中华人民共和国网络安全法》关于个人信息保护的规定

《中华人民共和国网络安全法》第四十条至第四十五条对个人信息保护做出有关规定，明确了我国个人信息保护的基本原则和框架。第四十条是对网络运营者保护用户信息义务的原则规定，要求网络运营者对其收集的用户信息严格保密，建立健全用户信息保护制度。第四十一条对网络运营者收集、使用个人信息应遵守的规则进行了规定，这些规定与国际通行规则是一致的。第四十二条是关于个人信息安全原则、个人信息匿名化处理和个人信息泄露通知报告义务的规定，首次明确提出建立数据泄露通知报告机制。第四十三条是关于个人信息删除权和更正权的规定，规定信息主体在具备法定理由的情形下，拥有请求删除其个人信息的权利；在个人信息不完整或不准确时，拥有要求及时改正、补充的权利。第四十四条是关于禁止非法获取、非法出售、非法提供个人信息的规定。第四十五条是关于负有网络安全监督管理职责的部门及其工作人员的保密义务的规定。

2.《中华人民共和国刑法》关于个人信息保护的规定

我国正逐步加大威胁个人信息安全行为的刑事罪责，利用法律的强制性加强个人信息保护。

2009 年 2 月 28 日，第十一届全国人民代表大会常务委员会第七次会议通过《中华人民共和国刑法修正案（七）》，在第二百五十三条中增加一项：“国家机关或者金融、电信、交通、教育、医疗等单位的工作人员，违反国家规定，将本单位在履行职责或者提供服务过程中获得的公民个人信息，出售或者非法提供给他人，情节严重的，处三年以下有期徒刑或者拘役，并处或者单处罚金”。《中华人民共和国刑法修正案（七）》的出台具有重大意义，我国第一次将个人信息保护写入《中华人民共和国刑法》，规定了国家机关与金融、电信等领域工作人员出售或非法提供个人信息的法律后果。

2015 年 8 月 29 日，第十二届全国人民代表大会常务委员会第十六次会议通过《中华人民共和国刑法修正案（九）》，对第二百五十三条中的一项做出修改，将“出售、非法提供公民个人信息罪”和“非法获取公民个人信息罪”整合为“侵犯公民个人信息罪”。与《中华人民共和国刑法修正案（七）》相比，《中华人民共和国刑法修正案（九）》从 3 个方面完善了对公民个人信息保护的规定：一是扩大犯罪主体的范围，规定任何单位、组织、个人违反有关规定，出售或向他人提供公民个人信息，情节严重的都将构成犯罪；二是严打“内部人”犯罪，明确规定任何单位、组织、个人违反国家有关规定，将在履行职责或者提供服务过程中获得的公民个人信息，出售或者提供给他人的，从重处罚；三是提高量刑标准，规定侵犯公民信息罪情节特别严重的，处三年以上七年以下有期徒刑，并处罚金。《中华人民共和国刑法修正案（九）》施行以来，公检法机关办理的侵犯公民个人信息案件显著增加，这在一定程度上遏制了侵犯公民个人信息行为快速增长的趋势。

《中华人民共和国刑法修正案（九）》施行一段时间后，相关人员在司法实践中发现侵犯公民个人信息罪的定罪量刑标准与实际情况有所差别，不易把握；另有一些法律适用问题存在认识分歧，影响案件办理。为保障法律正确、统一适用，2017 年 5 月 9 日，最高人民法院会同最高人民检察院联合发布《最高人民法院、最高人民检察院关于办理侵犯公民个人信息刑事案件适用法律若干问题的解释》，该文件在《中华人民共和国刑法修正案（九）》的基础上列出了十三条具体的司法解释，明确了公民个人信息的范围包括身份识别信息和活动情况信息，细化了非法获取、提供公民个人信息的认定标准，对侵犯公民个人信息犯罪的定罪量刑标准和有关法律适用问题做了全面、系统的规定，为司法实践中开展公民个人信息保护提供了强有力的支撑。

3.《全国人民代表大会常务委员会关于加强网络信息保护的决定》关于个人信息保护的规定

2012 年 12 月 28 日，第十一届全国人民代表大会常务委员会第三十次会议通过了《全国人民代表大会常务委员会关于加强网络信息保护的决定》，有关个人信息保护的关键要求如下。

① 国家能够识别并保护公民个人身份和涉及公民个人隐私的电子信息，任何组织和个人不得窃取或者以其他非法方式获取公民个人电子信息，不得出售或者非法向他人提供公民个人电子信息。

② 网络服务提供者和其他企事业单位在业务活动中收集、使用公民个人电子信息，应当遵循合法、正当、必要的原则，明示收集、使用信息的目的、方式和

范围，并经被收集者同意，不得违反法律、法规的规定和双方的约定收集、使用信息。网络服务提供者和其他企事业单位收集、使用公民个人电子信息，应当公开其收集、使用规则。

③ 网络服务提供者和其他企事业单位及其工作人员对在业务活动中收集的公民个人电子信息必须严格保密，不得泄露、篡改、损毁，不得出售或者非法向他人提供。

④ 网络服务提供者和其他企事业单位应当采取技术措施和其他必要措施确保信息安全，防止在业务活动中收集的公民个人电子信息泄露、损毁、丢失。在发生信息泄露、损毁、丢失的情况时，应当立即采取补救措施。

⑤ 网络服务提供者应当加强对其用户发布的信息的管理，发现法律、法规禁止发布或者传输的信息，应当立即停止传输该信息，采取消除等处置措施，保存有关记录，并向有关主管部门报告。

⑥ 公民发现泄露个人身份、散布个人隐私等侵害其合法权益的网络信息，或者受到商业性电子信息侵扰，有权要求网络服务提供者删除有关信息或者采取其他必要措施予以制止。

⑦ 任何组织和个人对窃取或者以其他非法方式获取、出售或者非法向他人提供公民个人电子信息的违法犯罪行为及其他网络信息违法犯罪行为，有权向有关主管部门举报、控告；接到举报、控告的主管部门应当依法及时处理。被侵权人可以依法提起诉讼。

⑧ 有关主管部门应当在各自职权范围内依法履行职责，采取技术措施和其他必要措施，防范、制止和查处窃取或者以其他非法方式获取、出售或者非法向他人提供公民个人电子信息的违法犯罪行为，以及其他网络信息违法犯罪行为。有关主管部门依法履行职责时，网络服务提供者应当予以配合，提供技术支持。

4.《中华人民共和国消费者权益保护法》关于个人信息保护的规定

《中华人民共和国消费者权益保护法》修订案增加了个人信息保护的相关内容，我国消费者的个人信息受保护权益正式被确认。2013 年 10 月 25 日，第十二届全国人民代表大会常务委员会第五次会议修正通过了新版《中华人民共和国消费者权益保护法》，并于 2014 年 3 月 15 日正式实施。该法第二十九条对个人信息保护做出明确规定：“经营者收集、使用消费者个人信息，应当遵循合法、正当、必要的原则，明示收集、使用信息的目的、方式和范围，并经消费者同意。经营者收集、使用消费者个人信息，应当公开其收集、使用规则，不得违反法律、法规的规定和双方的约定收集、使用信息。”

2016 年 11 月，国家市场监督管理总局公布《消费者权益保护法实施条例（征求意见稿）》。该条例第二十二条规定：“经营者收集、使用消费者个人信息应当遵循合法、必要、正当的原则，明示收集、使用信息的目的、方式和范围，并征得消费者同意，经营者不得收集与经营业务无关的信息或者采取不正当方式收集信息。消费者明确要求经营者删除、修改其个人信息的，除法律法规另有规定，经营者应当按照消费者的要求予以删除、修改。"《消费者权益保护法实施条例》对消费者个人信息保护做出明确规定，成为《中华人民共和国消费者权益保护法》的护航者，对保障个人信息安全起到重要作用。

3.2.5　数据安全国家相关标准

数据安全国家标准是开展数据安全监管、规范行业数据安全要求、指导网络运营者提升数据安全能力的重要抓手，对促进数据应用规范化、提升数据活动安全性有着重要意义。

为落实《中华人民共和国网络安全法》中"国家鼓励开发网络数据安全保护和利用技术，促进公共数据资源开放"及"国家建立和完善网络安全标准体系"等要求，响应《促进大数据发展行动纲要》中"健全大数据安全保障体系，强化安全支撑；完善法规制度和标准体系，科学规范利用大数据，切实保障数据安全"的号召，2016 年，全国信息安全标准化技术委员会成立大数据安全标准化特别工作组，主要负责数据安全、云计算安全等新技术、新应用的标准研制，成功启动了第一批大数据安全标准编制和预研工作。全国信息安全标准化技术委员会目前主要围绕数据安全和个人信息保护两个方向展开工作。现有数据安全国家标准已初成体系。数据安全国家标准见表 3-2。

表 3-2　数据安全国家标准

序号		标准类型	标准序号	标准名称	标准类型
1	传统数据安全	国家标准	GB/Z 28828—2012	《信息安全技术　公共及商用服务信息系统个人信息保护指南》	实施指南类
2		国家标准	GB/T 20273—2006	《信息安全技术　数据库管理系统安全技术要求》	安全要求类
3		国家标准	GB/T 20009—2005	《信息安全技术　数据库管理系统安全评估准则》	检测评估类
4	个人信息安全	国家标准	GB/Z 28828—2012	《信息安全技术　公共及商用服务信息系统个人信息保护指南》	实施指南类
5		国家标准	GB/T 35273—2020	《信息安全技术　个人信息安全规范》	安全要求类
6		国家标准	GB/T 39335—2020	《信息安全技术　个人信息安全影响评估指南》	检测评估类
7		国家标准	GB/T 37964—2019	《信息安全技术　个人信息去标识化指南》	实施指南类
8		国家标准	GB/T 41817—2022	《信息安全技术　个人信息安全工程指南》	实施指南类
9		国家标准	GB/T 41391—2022	《信息安全技术　移动互联网应用程序（App）收集个人信息基本要求》	安全要求类
10		国家标准	征求意见稿	《信息安全技术　个人信息告知同意指南》	实施指南类

（续表）

序号		标准类型	标准序号	标准名称	标准类型
11	大数据安全	国家标准	GB/T 35274—2017	《信息安全技术　大数据服务安全能力要求》	安全要求类
12		国家标准	GB/T 37973—2019	《信息安全技术　大数据安全管理指南》	检测评估类
13		国家标准	GB/T 37988—2019	《信息安全技术　数据安全能力成熟度模型》	检测评估类
14		国家标准	GB/T37932—2019	《信息安全技术　数据交易服务安全要求》	安全要求类
15		国家标准	GB/T 36073—2018	《数据管理能力成熟度评估模型》	检测评估类
16		国家标准	已报批	《信息安全技术　数据出境安全评估指南》	检测评估类
17	其他	国家标准	GB/T 39477—2020	《信息安全技术　政务信息共享　数据安全技术要求》	安全要求类
18		国家标准	草案	《信息技术　安全技术　个人可识别信息（PII）处理者在公有云中保护 PII 的实践指南》	实施指南类
19		国家标准	GB/T 3925—2020	《信息安全技术　健康医疗数据安全指南》	实施指南类
20		国家标准	草案	《信息安全技术　电信领域大数据安全防护实现指南》	实施指南类
21		国家标准	草案	《数据安全管理认证规范》	安全要求类

3.2.6　企业数据安全合规梳理

外部的法律法规、标准多种多样，是无法在企业内部作为合规基线的，为了对企业内部的数据进行规范化管理，我们需要把各种外部要求转化为内部文件，将这些内部文件作为开展数据安全保护工作的依据。

1. 梳理合规清单

通过对数据安全法律法规、标准进行梳理，筛选出以下重要法律法规和标准并进行合规分析，数据安全合规清单见表 3-3。

表 3-3　数据安全合规清单

序号	梳理的法规标准
1	《中华人民共和国网络安全法》
2	《中华人民共和国密码法》
3	GB/T 22239—2019 《信息安全技术　网络安全等级保护基本要求》
4	GM/T 0054—2018《信息系统密码应用基本要求》
5	GB/T 35273—2020《信息安全技术　个人信息安全规范》
6	GB/T 35274—2017 《信息安全技术　大数据服务安全能力要求》
7	GB/T 37988—2019《信息安全技术　数据安全能力成熟度模型》

2. 数据安全的合规要点

数据安全的合规要点以数据安全生命周期为主线，按照数据安全生命周期各环节的要素，分三级对法律法规和技术标准中的安全要求进行提炼整合，清晰地刻画企业需要重点关注的数据安全防护要点，指导企业进行数据安全建设及防护。数据安全合规要点见表 3-4。

表 3-4 数据安全合规要点

序号	一级分类	二级分类	三级分类	安全要求	合规出处
1	数据采集安全	数据分类分级	分类分级策略	① 组织基于法律法规及业务需求确定组织内部的数据分类分级策略或方法。 ② 对不同类别和级别的采集数据实施相应的访问控制、数据加解密、数据脱敏等安全管理策略和保障措施	《中华人民共和国网络安全法》第二十一条 数据分类；GB/T 35274—2017《信息安全技术 大数据服务安全能力要求》6.1.1 数据分类分级；GB/T 37988—2019《信息安全技术 数据安全能力成熟度模型》PA01 数据分类分级
2			分类分级标识	① 按照数据资产分类分级策略对采集数据进行分类分级标识。 ② 应建立数据分类分级打标或数据资产管理工具，实现对数据的分类分级自动标识、标识结果发布、审核等功能	GB/T 35274—2017《信息安全技术 大数据服务安全能力要求》6.1.1 数据分类分级；GB/T 37988—2019《信息安全技术 数据安全能力成熟度模型》PA01 数据分类分级
3			分类分级变更	明确数据分类分级变更审批流程和机制，通过该流程保证数据分类分级的变更操作及其结果符合组织的要求	GB/T 35274—2017《信息安全技术 大数据服务安全能力要求》6.1.1 数据分类分级；GB/T 37988—2019《信息安全技术 数据安全能力成熟度模型》PA01 数据分类分级
4		数据采集安全管理	数据采集安全管理	① 制定数据采集原则，明确采集数据的目的和用途，确保数据收集和获取的合法性和正当性。 ② 明确数据收集和获取源、数据收集范围和频度，确保数据收集和获取仅限于数据业务所需的数据，且与其数据服务相关。 ③ 制定数据收集和获取操作规程，规范数据收集和获取的渠道、流程和方式。 ④ 对数据收集和获取的环境（例如，采集渠道）、设施和技术采取必要的安全管控措施。确保采集数据的完整性、一致性和真实性。 ⑤ 明确数据收集和获取的过程中个人信息和重要数据的知悉范围和安全管控措施。确保采集数据的合规性、完整性和真实性。 ⑥ 采取必要的技术手段和管理措施保证数据收集和获取过程中个人信息和重要数据不被泄露。 ⑦ 采取必要的技术手段或管理措施，对收集和获取的数据进行完整性和一致性校验。 ⑧ 跟踪和记录数据收集和获取过程，支持对数据收集和获取操作过程的可追溯性	GB/T 35274—2017《信息安全技术 大数据服务安全能力要求》6.1.2 数据收集与获取；GB/T 37988—2019《信息安全技术 数据安全能力成熟度模型》PA02 数据采集安全管理
5		数据源鉴别及记录	数据源鉴别及记录	① 对产生数据的数据源进行身份鉴别和记录，防止数据仿冒和数据伪造。 ② 对关键追溯数据进行备份，并采取技术手段对追溯数据进行安全保护	GB/T 35274—2017《信息安全技术 大数据服务安全能力要求》6.1.3 数据清洗、转换与加载；GB/T 37988—2019《信息安全技术 数据安全能力成熟度模型》PA03 数据源鉴别及记录

（续表）

序号	一级分类	二级分类	三级分类	安全要求	合规出处
6	数据采集安全	数据质量管理	数据质量监控	① 建立数据采集过程中的质量监控规则，明确数据质量监控范围及监控方式。 ② 明确采集数据质量要素建立异常事件处理流程和操作规范，指定处理对应质量监控项的责任部门或人员	GB/T 35274—2017《信息安全技术　大数据服务安全能力要求》6.1.4 质量监控；GB/T 37988—2019《信息安全技术　数据安全能力成熟度模型》PA04 数据质量管理
7			数据质量评价	① 定义数据源质量评价要素，制定数据采集质量管控措施和标准。 ② 建立数据质量管理体系，保证数据采集过程中收集/产生的数据的准确性、一致性和完整性	GB/T 35274—2017《信息安全技术　大数据服务安全能力要求》6.1.4 质量监控；GB/T 37988—2019《信息安全技术　数据安全能力成熟度模型》PA04 数据质量管理
8		个人信息采集管理	个人信息保护制度	网络运营者应当对其收集的用户信息严格保密，并建立健全用户信息保护制度	《中华人民共和国网络安全法》第四十条；GB/T35273—2020《信息安全技术　个人信息安全规范》5.5 个人信息保护政策
9			个人信息收集管理	① 网络运营者收集、使用个人信息，应当遵循合法、正当、必要的原则，公开收集、使用规则，明示收集、使用信息的目的、方式和范围，并经被收集者同意。网络运营者不得收集与其提供的服务无关的个人信息，不得违反法律、行政法规的规定和双方的约定收集、使用个人信息，并应当依照法律、行政法规的规定和与用户的约定，处理其保存的个人信息。 ② 收集个人信息的合法性应符合个人信息安全保护规范对个人信息控制者在合法收集、最小必要、多项业务功能的自主选择、收集个人信息时的授权同意、个人信息保护政策、征得授权同意的例外要求	《中华人民共和国网络安全法》第四十一条；GB/T 22239—2019《信息安全技术　网络安全等级保护基本要求》8.1.4.11 个人信息保护 GB/T 35273—2020《信息安全技术　个人信息安全规范》5 个人信息的收集
10	数据传输安全	传输安全策略和规范	传输安全策略和规范	应明确数据传输安全策略和规范，明确数据传输安全要求（例如，传输通道加密、数据内容加密、签名验签、身份鉴别、数据传输接口安全等），确定需要对数据传输加密的场景	GB/T 35274—2017《信息安全技术　大数据服务安全能力要求》6.2 数据传输；GB/T 37988—2019《信息安全技术　数据安全能力成熟度模型》PA05 数据传输加密
11		传输安全管理	网络身份鉴别	① 具备在构建传输通道前对两端主体身份进行鉴别和认证的能力。 ② 应在通信前基于密码技术对通信双方进行身份认证，使用密码技术的机密性和真实性功能来实现防截获、防假冒和防重用，保证传输过程中鉴别信息的机密性和网络设备实体身份的真实性。 ③ 当进行远程管理时，应采取必要措施，防止鉴别信息在网络传输过程中被窃听	《中华人民共和国密码法》第十四条

（续表）

序号	一级分类	二级分类	三级分类	安全要求	合规出处
12	数据传输安全	传输安全管理	传输加密	① 根据组织内部和外部的数据传输要求，采用适当的加密保护措施，保证传输通道、传输节点和传输数据的安全，防止传输过程中数据泄露。 ② 应采用密码技术保证重要数据在传输过程中的保密性，包括但不限于鉴别数据、重要业务数据和重要个人信息等。 ③ 使用密码加密功能实现机密性，信息系统中保护的对象为： （a）传输的重要数据、敏感信息数据或整个报文； （b）存储的重要数据和敏感信息数据； （c）身份鉴别信息； （d）密钥数据	GB/T 35274—2017《信息安全技术　大数据服务安全能力要求》6.2 数据传输；GB/T 37988—2019《信息安全技术　数据安全能力成熟度模型》PA05 数据传输加密；GM/T 0054—2018《信息系统密码应用基本要求》7.2 网络和通信安全
13			传输完整性	① 应采用校验技术或密码技术保证重要数据在传输过程中的完整性，包括但不限于鉴别数据、重要业务数据、重要审计数据、重要配置数据、重要视频数据和重要个人信息等。 ② 应采用校验技术或密码技术保证通信过程中数据的完整性。 ③ 使用消息鉴别码或数字签名实现完整性，信息系统中保护的对象为： （a）传输的重要数据、敏感信息数据或整个报文； （b）存储的重要数据、文件和敏感信息数据； （c）身份鉴别信息； （d）密钥数据； （e）日志记录； （f）访问控制信息； （g）重要信息资源敏感标记； （h）重要程序； （i）采用可信计算技术建立从系统到应用的信任链； （j）视频监控音像记录； （k）电子门禁系统进出记录。 ④ 应对传输数据的完整性进行检测，并具备数据容错或恢复的技术手段	《中华人民共和国网络安全法》第二十一条；GB/T 22239—2019《信息安全技术　网络安全等级保护基本要求》8.1.2.2 通信传输；GB/T 22239—2019《信息安全技术 网络安全等级保护基本要求》8.1.4.8 数据保密性；GB/T 35274—2017《信息安全技术　大数据服务安全能力要求》6.2 数据传输；GB/T 37988—2019《信息安全技术　数据安全能力成熟度模型》PA05 数据传输加密；GM/T 0054—2018《信息系统密码应用基本要求》6.1 机密性；GB/T 35273—2020《信息安全技术　个人信息安全规范》6.3 个人敏感信息的传输和存储
14			审计与监控	建立机制对数据传输安全策略进行审核和监控，包括对通道安全配置、密码算法配置、密钥管理等保护措施的审核及监控	GB/T 22239—2019《信息安全技术　网络安全等级保护基本要求》8.1.4.7 数据完整性；GM/T 0054—2018《信息系统密码应用基本要求》6.2 完整性

（续表）

序号	一级分类	二级分类	三级分类	安全要求	合规出处
15	数据传输安全	网络可用性管理	网络可用性	① 数据服务提供者应建立数据传输线路冗余机制，保证数据传输可靠性和网络传输服务可用性。 ② 通过网络基础设施及网络层数据防泄露设备的备份建设，实现网络的高可用性，从而保证数据传输过程的稳定性	GB/T 35274—2017《信息安全技术　大数据服务安全能力要求》6.2 数据传输；GB/T 37988—2019《信息安全技术　数据安全能力成熟度模型》PA06 网络可用性管理
16	数据存储安全	存储架构安全	存储位置	关键信息基础设施的运营者在中华人民共和国境内运营中收集和产生的个人信息和重要数据应当在境内存储。因业务需要，确需向境外提供的，应当按照国家网信部门会同国务院有关部门制定的办法进行安全评估，法律、行政法规另有规定的，依照其规定	《中华人民共和国网络安全法》第三十七条
17			存储架构	① 建立开放的可伸缩的数据存储架构，以满足数据量持续增长、数据分类分级存储等需求。 ② 制定与数据存储架构相关的管理规范和安全规则，包括访问控制规则、监控预警规则、审计规则、存储转移安全规则、存储完整性和多副本一致性管理规则等。 ③ 采用必要的技术和管控措施，保证数据存储架构安全管理规则的实施，确保数据存储的完整性和多副本一致性真实有效。 ④ 确保存储架构对个人信息和重要数据等加密存储的能力。 ⑤ 确保存储架构具备数据存储跨地域的容灾能力。 ⑥ 建立满足应用层、数据平台层、操作系统层、数据存储层等不同层次数据存储加密要求的数据存储加密架构	GB/T 35274—2017《信息安全技术　大数据服务安全能力要求》6.3.1 存储架构
18			存储加密	应采用密码技术保证重要数据在存储过程中的保密性，包括但不限于鉴别数据、重要业务数据和重要个人信息等	GB/T 22239—2019《信息安全技术 网络安全等级保护基本要求》8.1.4.8 数据保密性；GM/T 0054—2018《信息系统密码应用基本要求》6.1 机密性
19			存储完整性	应采用校验技术或密码技术保证重要数据在存储过程中的完整性，包括但不限于鉴别数据、重要业务数据、重要审计数据、重要配置数据、重要视频数据和重要个人信息等	GB/T 22239—2019《信息安全技术　网络安全等级保护基本要求》8.1.4.7 数据完整性；GM/T 0054—2018《信息系统密码应用基本要求》6.2 完整性
20			存储媒体	① 针对组织内需要对数据存储媒体进行访问和使用的场景，提供有效的技术和管理手段，防止媒体的不当使用造成的数据泄露风险。存储媒体包括终端存储设备及网络存储设备。 ② 应对数据存储媒体性能进行监控，包括存储媒体的使用历史、性能指标、错误或损坏情况，对超过安全阈值的存储媒体进行预警。 ③ 应对存储媒体的访问和使用行为进行记录和审计	GB/T 37988—2019《信息安全技术　数据安全能力成熟度模型》PA07 存储媒体安全

（续表）

序号	一级分类	二级分类	三级分类	安全要求	合规出处
21	数据存储安全	逻辑存储	安全规范	① 建立数据逻辑存储管理安全规范和机制，以满足不同数据类型、不同数据容量和不同业务需求的逻辑存储安全管理要求。 ② 建立数据分片和分布式存储安全规范和规则，以满足分布式存储下分片数据存储完整性、一致性和机密性的保护要求。 ③ 明确数据逻辑存储隔离授权与操作规范，确保具备多租户数据存储安全隔离能力。 ④ 大数据服务提供者应建立分层的逻辑存储授权管理规则和授权操作规范，具备对数据逻辑存储结构的分层和分级保护能力	GB/T 35274—2017《信息安全技术　大数据服务安全能力要求》6.3.2 逻辑存储
22			安全控制	① 基于组织内部的业务特性和数据存储安全要求，建立针对数据逻辑存储、存储容器等的有效安全控制。 ② 内部的数据存储系统应在上线前遵循统一的配置要求，进行有效的安全配置，对使用的外部数据存储系统也应进行有效的安全配置。 ③ 应提供数据存储系统配置扫描工具，定期对主要数据存储系统的安全配置进行扫描，以保证符合安全基线要求。 ④ 应利用技术工具监测逻辑存储系统的数据使用规范性，确保数据存储符合组织的相关安全要求	GB/T 37988—2019《信息安全技术　数据安全能力成熟度模型》PA08 逻辑存储安全
23		访问控制	访问控制	① 建立存储系统安全管理员的身份标识与鉴别策略、权限分配策略及相关操作规程。 ② 利用存储访问控制模块实施大数据用户标识与鉴别策略、数据访问控制策略、数据扩容及复制策略等，并实现相关安全控制措施。 ③ 具备数据分布式存储访问安全审计能力，建立受保护的审计信息存储机制和管控措施。 ④ 建立面向大数据应用的安全控制机制，包括访问控制时效的管理和验证，以及应用接入数据存储的合法性和安全性取证机制。 ⑤ 大数据服务提供者应建立数据存储安全主动防御机制或措施，例如基于用户行为或设备行为的安全控制机制	GB/T 35274—2017《信息安全技术　大数据服务安全能力要求》6.3.3 访问控制

（续表）

序号	一级分类	二级分类	三级分类	安全要求	合规出处
24	数据存储安全	数据备份和恢复	数据备份和恢复	① 应明确数据存储时效性管理规程，明确数据分享、存储、使用和删除的有效期，以及有效期到期时对数据的处理流程、过期存储数据的安全管理要求。 ② 应明确过期存储数据的安全保护机制，对超出有效期的存储数据应具备再次获取数据控制者授权的能力。 ③ 应建立数据备份与恢复的统一技术工具，保证相关工作的自动执行。 ④ 应建立备份和归档数据安全的技术手段，包括但不限于对备份和归档数据的访问控制、压缩或加密管理、完整性和可用性管理，确保备份和归档数据的安全性、存储空间的有效 利用、安全存储和安全访问。 ⑤ 应定期采取必要的技术措施查验备份和归档数据的完整性和可用性。 ⑥ 应建立过期存储数据及其备份数据彻底删除或匿名化的方法和机制，能够验证数据已被完全删除、无法恢复或无法识别到个人，并告知数据控制者和数据使用者。 ⑦ 应通过风险提示和技术手段避免非过期数据的误删除，确保在一定时间窗口内的误删除数据可以手动恢复。 ⑧ 应确保存储架构具备数据存储跨机柜或跨机房容错部署能力。 ⑨ 应提供重要数据的本地数据备份与恢复功能。 ⑩ 应提供异地实时备份功能，利用通信网络将重要数据实时备份至备份场地。 ⑪ 应提供重要数据处理系统的热冗余，保证系统的高可用性	GB/T 37988—2019《信息安全技术　数据安全能力成熟度模型》PA09 数据备份和恢复；GB/T 22239—2019《信息安全技术　网络安全等级保护基本要求》8.1.4.9 数据备份恢复
25		个人信息存储保护	个人信息存储时间最小化	① 个人信息存储期限应为实现个人信息主体授权使用目的所必需的最短时间，法律法规另有规定或者个人信息主体另行授权同意的除外。 ② 超出上述个人信息存储期限后，应对个人信息进行删除或匿名化处理	GB/T 35273—2020《信息安全技术　个人信息安全规范》6.1 个人信息存储时间最小化

（续表）

序号	一级分类	二级分类	三级分类	安全要求	合规出处
26	数据存储安全	个人信息存储保护	去标识化处理	收集个人信息后，个人信息控制者应立即进行去标识化处理，并采取技术和管理方面的措施，将可用于恢复识别个人的信息与去标识化后的信息分开存储并加强访问和使用的权限管理	GB/T 35273—2020《信息安全技术　个人信息安全规范》6.2 去标识化处理
27			个人敏感信息存储	① 存储个人敏感信息时，应采用加密等安全措施，采用密码技术时应遵循密码管理相关国家标准。 ② 个人生物识别信息应与个人身份信息分开存储。 ③ 原则上不应存储原始个人生物识别信息（如样本、图像等）	GB/T 35273—2020《信息安全技术　个人信息安全规范》6.3 个人敏感信息的传输和存储
28			个人信息控制者停止运营	当个人信息控制者停止运营其产品或服务时，应：及时停止继续收集个人信息；将停止运营的通知以逐一送达或公告的形式通知个人信息主体；对其所持有的个人信息进行删除或匿名化处理	GB/T 35273—2020《信息安全技术　个人信息安全规范》6.4 个人信息控制者停止运营
29	数据处理安全	数据脱敏	数据脱敏	① 根据相关法律法规、标准的要求及业务需求，给出敏感数据的脱敏需求和规则，对敏感数据进行脱敏处理，保证数据可用性和安全性的平衡。 ② 应明确组织的数据脱敏规范，明确数据脱敏的规则、脱敏方法和使用限制等。 ③ 应明确需要脱敏处理的应用场景、脱敏处理流程、涉及部门及人员的职责分工。 ④ 组织应提供统一的数据脱敏工具，实现数据脱敏工具与数据权限管理系统的联动，以及数据使用前的静态脱敏。 ⑤ 应提供面向不同数据类型的脱敏方案，可基于场景需求自定义脱敏规则。 ⑥ 数据脱敏后应保留原始数据格式和特定属性，满足开发与测试需求。 ⑦ 应对数据脱敏处理过程中相应的操作进行记录，以满足数据脱敏处理安全审计要求	GB/T 37988—2019《信息安全技术　数据安全能力成熟度模型》PA10 数据脱敏

（续表）

序号	一级分类	二级分类	三级分类	安全要求	合规出处
30	数据处理安全	数据分析安全	数据分析安全	① 应明确数据处理与分析过程的安全规范，覆盖构建数据仓库、建模、分析、挖掘、展现等方面的安全要求，明确个人信息保护、数据获取方式、访问接口、授权机制、分析逻辑安全、分析结果安全等内容。 ② 应明确数据分析安全审核流程，对数据分析的数据源、数据分析需求、分析逻辑进行审核，以确保数据分析目的、分析操作等方面的正当性。 ③ 应采取必要的监控审计措施，确保实际进行的分析操作、分析结果使用与其声明的一致，整体保证数据分析的预期不会超过相关分析团队对数据的权限范围。 ④ 应明确数据分析结果输出和使用的安全审核、合规评估和授权流程，防止对数据分析结果输出造成安全风险。 ⑤ 在针对个人信息的数据分析中，组织应采用多种技术手段以降低数据分析过程中的隐私泄露风险，如差分隐私保护、K 匿名等。 ⑥ 应记录并保存数据处理与分析过程中对个人信息、重要数据等敏感数据的操作行为。 ⑦ 应提供组织统一的数据处理与分析系统，并能够呈现数据处理前后数据间的映射关系	GB/T 35274—2017《信息安全技术　大数据服务安全能力要求》6.4.2 数据分析安全；GB/T 37988—2019《信息安全技术　数据安全能力成熟度模型》PA11 数据分析安全
31		数据正当使用	数据正当使用	① 应明确数据使用的评估制度，所有个人信息和重要数据的使用应先进行安全影响评估，满足国家合规要求后，允许使用。数据的使用应避免精确定位到特定个人，避免评价信用、资产和健康等敏感数据，不得超出收集数据时所声明的目的和范围。 ② 应明确数据使用正当性的制度，保证数据使用在声明的目的和范围内。 ③ 应依据合规要求建立相应强度或粒度的访问控制机制，限定用户可访问数据范围。 ④ 应完整记录数据使用过程的操作日志，以备对潜在违约使用者责任的识别和追溯	GB/T 35274—2017《信息安全技术　大数据服务安全能力要求》6.4.3 数据正当使用；GB/T 37988—2019《信息安全技术　数据安全能力成熟度模型》PA12 数据正当使用

（续表）

序号	一级分类	二级分类	三级分类	安全要求	合规出处
32	数据处理安全	数据处理环境安全	数据处理环境安全	① 数据处理环境的系统设计、开发和运维阶段应制定相应的安全控制措施，实现对安全风险的管理。 ② 应明确数据处理环境的安全管理要求。 ③ 组织应基于数据处理环境建立分布式处理安全要求，对外部服务组件注册与使用审核、分布式处理节点间可信连接认证、节点和用户安全属性周期性确认、数据文件标识和用户身份鉴权、数据副本节点更新检测及防止数据泄露等方面进行安全要求和控制。 ④ 组织应明确适合数据处理环境的数据加解密处理要求和密钥管理要求。 ⑤ 数据处理系统与数据权限管理系统应实现联动，用户在使用数据系统前已获得授权。 ⑥ 基于数据处理系统的多租户的特性，应保证不同的租户在该系统中的数据、系统功能、会话、调度和运营环境等资源实现隔离控制。 ⑦ 应建立数据处理日志管理工具，记录用户在数据处理系统上的加工操作，提供数据在系统上加工计算的关联关系	GB/T 35274—2017《信息安全技术　大数据服务安全能力要求》6.4.1 分布式处理安全；GB/T 37988—2019《信息安全技术　数据安全能力成熟度模型》PA13 数据处理环境安全
33		数据溯源	数据溯源	① 制定数据处理溯源策略和溯源机制及溯源数据安全存储和使用的管理制度。 ② 制定溯源数据表达方式和格式规范，以规范化地组织、存储和管理溯源数据。 ③ 采用必要的技术手段和管控措施实现分布式环境下溯源数据的采集和存储，确保溯源数据能重现数据处理过程，如追溯操作发起者及发起时间。 ④ 对关键溯源数据进行备份，并采取技术手段对溯源数据进行安全保护。 ⑤ 采取技术机制和管理措施保证溯源数据的完整性和保密性。 ⑥ 建立基于溯源数据的数据业务与法律法规合规性审核机制，并依据审核结果增强或改进数据服务相关的访问控制与合规性保障机制和策略	GB/T 35274—2017《信息安全技术　大数据服务安全能力要求》6.4.6 数据溯源

（续表）

序号	一级分类	二级分类	三级分类	安全要求	合规出处
34	数据处理安全	个人信息使用	个人信息访问控制措施	① 对被授权访问个人信息的人员，应建立最小授权的访问控制策略，使其只能访问职责所需的最小必要的个人信息，且仅具备完成职责所需的最少的数据操作权限。 ② 对个人信息的重要操作设置内部审批流程，如进行批量修改、复制、下载等重要操作。 ③ 对安全管理人员、数据操作人员、审计人员的角色进行分离设置。 ④ 确因工作需要，需授权特定人员超权限处理个人信息的，应经个人信息保护责任人或个人信息保护工作机构进行审批，并记录在册。 ⑤ 对个人敏感信息的访问、修改等操作行为，宜在对角色权限控制的基础上，按照业务流程的需求触发操作授权。例如，只有当收到客户投诉时，投诉处理人员才可访问该个人信息主体的相关信息	GB/T 35273—2020《信息安全技术　个人信息安全规范》7.1 个人信息访问控制措施
35			个人信息的展示限制	涉及通过界面展示个人信息的（如显示屏幕、纸面），个人信息控制者应对需展示的个人信息采取去标识化处理等措施，降低个人信息在展示环节的泄露风险。例如，在个人信息展示时，防止内部非授权人员及个人信息主体之外的其他人员未经授权获取个人信息	GB/T 35273—2020《信息安全技术　个人信息安全规范》7.2 个人信息的展示限制
36			个人信息使用限制	① 使用个人信息时，不应超出与收集个人信息时所声称的目的具有直接或合理关联的范围。因业务需要，确需超出上述范围使用个人信息的，应再次征得个人信息主体明示同意。 ② 如所收集的个人信息在进行加工处理时而产生的信息，能够单独或与其他信息结合，识别特定自然人身份或者反映特定自然人活动情况的，应将其认定为个人信息。对其处理应遵循收集个人信息时获得的授权同意范围	GB/T 35273—2020《信息安全技术　个人信息安全规范》7.3 个人信息使用的目的限制
37			用户画像的使用限制	① 用户画像中对个人信息主体的特征描述，不应：（a）包含淫秽、色情、赌博、迷信、恐怖、暴力的内容；（b）表达对民族、种族、宗教、残疾、疾病歧视的内容。 ② 在业务运营或对外业务合作中使用用户画像的，不应：（a）侵害公民、法人和其他组织的合法权益；（b）危害国家安全、荣誉和利益，煽动颠覆国家政权、推翻社会主义制度，煽动分裂国家、破坏国家统一，宣扬恐怖主义、极端主义，宣扬民族仇恨、民族歧视，传播暴力、淫秽色情信息，编造、传播虚假信息扰乱经济秩序和社会秩序；（c）为实现个人信息主体授权同意的使用目的所必需外，使用个人信息时应消除明确身份指向性，避免精确定位到特定个人。例如，为准确评价个人信用状况，可使用直接用户画像，而用于推送商业广告目的时，则宜使用间接用户画像	GB/T 35273—2020《信息安全技术　个人信息安全规范》7.4 用户画像的使用限制

（续表）

序号	一级分类	二级分类	三级分类	安全要求	合规出处
38	数据处理安全	个人信息使用	个性化展示的使用	① 在向个人信息主体提供业务功能的过程中使用个性化展示的，应显著区分个性化展示的内容和非个性化展示的内容，注：显著区分的方式包括但不限于标明“定推”等字样，或通过不同的栏目、版块、页面分别展示等。 ② 在向个人信息主体提供电子商务服务的过程中，根据消费者的兴趣爱好、消费习惯等特征向其提供商品或者服务搜索结果的个性化展示的，应当同时向该消费者提供不针对其个人特征的选项。 ③ 在向个人信息主体推送新闻信息服务的过程中使用个性化展示的，应：（a）为个人信息主体提供简单直观的退出或关闭个性化展示模式的选项；（b）当个人信息主体选择退出或关闭个性化展示模式时，向个人信息主体提供删除或匿名化定向推送活动所基于的个人信息的选项。 ④ 在向个人信息主体提供业务功能的过程中使用个性化展示的，宜建立个人信息主体对个性化展示所依赖的个人信息（如标签、画像维度等）的自主控制机制，保障个人信息主体调控个性化展示相关性程度的能力	GB/T 35273—2020《信息安全技术　个人信息安全规范》7.5 个性化展示的使用
39			个人信息的汇聚融合	① 应遵守个人信息使用的目的限制的要求。 ② 应根据汇聚融合后个人信息所用于的目的，开展个人信息安全影响评估，采取有效的个人信息保护措施	GB/T 35273—2020《信息安全技术　个人信息安全规范》7.6 基于不同业务目的所收集的个人信息的汇聚融合
40			信息系统自动决策机制的使用	个人信息控制者业务运营所使用的信息系统，具备自动决策机制且能对个人信息主体权益造成显著影响的（例如，自动决定个人征信及贷款额度，或用于面试人员的自动化筛选等），应： ① 在规划设计阶段或首次使用前开展个人信息安全影响评估，并依据评估结果采取有效的保护个人信息主体的措施； ② 在使用过程中定期（至少每年一次）开展个人信息安全影响评估，并依据评估结果改进保护个人信息主体的措施； ③ 向个人信息主体提供针对自动决策结果的投诉渠道，并支持对自动决策结果的人工复核	GB/T 35273—2020《信息安全技术　个人信息安全规范》7.7 信息系统自动决策机制的使用

（续表）

序号	一级分类	二级分类	三级分类	安全要求	合规出处
41	数据交换安全	数据导入导出安全	数据导入导出	① 通过对数据导入导出过程中数据的安全性进行管理，防止数据导入导出过程中可能对数据自身的可用性和完整性构成危害，降低可能存在的数据泄露风险。 ② 应依据数据分类分级的要求，建立符合业务规则的数据导入导出安全策略，如授权策略、流程控制策略、不一致处理策略等。 ③ 应明确数据导出安全评估和授权审批流程，评估数据导出的安全风险，并对大量或敏感数据导出进行授权审批。 ④ 如采用存储媒体导出数据，应建立针对导出存储媒体的标识规范，明确存储媒体的命名规则、标识属性等重要信息，定期验证导出数据的完整性和可用性。 ⑤ 应制订导入导出审计策略和日志管理规程，并保存导入导出过程中的出错数据处理记录。 ⑥ 应记录并定期审计组织内部的数据导入导出行为，确保未超出数据授权使用范围。 ⑦ 应对数据导入导出终端设备、用户或服务组件执行有效的访问控制，实现对其身份的真实性和合法性的保证。 ⑧ 在导入导出完成后应对数据导入导出通道缓存的数据进行删除，以保证导入导出过程中涉及的数据不会被恢复	GB/T 35274—2017《信息安全技术　大数据服务安全能力要求》6.5.1 数据导入导出安全；GB/T 37988—2019《信息安全技术　数据安全能力成熟度模型》PA14 数据导入导出安全
42		数据共享安全	数据共享	① 通过业务系统、产品对外部组织提供数据时，以及通过合作的方式与合作伙伴交换数据时，执行共享数据的安全风险控制，以降低数据共享场景下的安全风险。 ② 应明确数据共享的原则和安全规范，明确数据共享内容范围和数据共享的管控措施，以及数据共享涉及机构或部门相关用户职责和权限。 ③ 应明确数据提供者与共享数据使用者的数据安全责任和安全防护能力。 ④ 应明确数据共享审计规程和审计日志管理要求，明确审计记录要求，为数据共享安全事件的处置、应急响应和事后调查提供帮助	GB/T 35274—2017《信息安全技术　大数据服务安全能力要求》6.5.2 数据共享安全；GB/T 37988—2019《信息安全技术　数据安全能力成熟度模型》PA15 数据共享安全

（续表）

序号	一级分类	二级分类	三级分类	安全要求	合规出处
42		数据共享安全	数据共享	⑤ 使用外部的软件开发包、组件、源码前应进行安全评估，获取的数据应符合组织的数据安全要求。 ⑥ 应采取措施确保个人信息在委托处理、共享、转让等对外提供场景的安全合规，如数据脱敏、数据加密、安全通道、共享交换区域等。 ⑦ 应对共享数据及数据共享过程进行监控审计，共享的数据应属于共享业务需求且没有超出数据共享使用授权范围。 ⑧ 应明确共享数据格式规范，如提供机器可读的格式规范	GB/T 35274—2017《信息安全技术　大数据服务安全能力要求》6.5.2 数据共享安全；GB/T 37988—2019《信息安全技术　数据安全能力成熟度模型》PA15 数据共享安全
43	数据交换安全	数据发布安全	数据发布	① 在对外部组织进行数据发布的过程中，通过对发布数据的格式、适用范围、发布者与使用者权利和义务执行的必要控制，以实现数据发布过程中数据的安全可控与合规。 ② 应明确数据公开发布的审核制度，严格审核数据发布合规要求。 ③ 应明确数据公开内容、适用范围及规范，发布者与使用者权利和义务。 ④ 应定期审查公开发布的数据中是否含有非公开信息，并采取相关措施满足数据发布的合规性。 ⑤ 应采取必要措施建立数据公开事件应急处理流程。 ⑥ 应建立数据发布系统，实现公开数据登记、用户注册等发布数据和发布组件的验证机制。 ⑦ 指定专人负责数据发布信息的披露，并且对数据披露人员进行安全培训。 ⑧ 建立数据资源发布接口及发布数据格式规范，如提供机器可读的可扩展标记语言格式，确保用户能高效获取开放数据资源	GB/T 35274—2017《信息安全技术　大数据服务安全能力要求》6.5.3 数据发布安全；GB/T 37988—2019《信息安全技术　数据安全能力成熟度模型》PA16 数据发布安全
44		数据接口安全	数据接口安全	① 通过建立组织的对外数据接口安全管理机制，防范组织数据在接口调用过程中的安全风险。 ② 应明确数据接口安全控制策略，明确规定使用数据接口的安全限制和安全控制措施，如身份鉴别、访问控制、授权策略、签名、时间戳、安全协议等。 ③ 应明确数据接口安全要求，包括接口名称、接口参数等。 ④ 应与数据接口调用方签署合作协议，明确数据的使用目的、供应方式、保密约定、数据安全责任等。 ⑤ 应具备对接口不安全输入参数进行限制或过滤的能力，为接口提供异常处理能力。	GB/T 37988—2019《信息安全技术　数据安全能力成熟度模型》PA17 数据接口安全

（续表）

序号	一级分类	二级分类	三级分类	安全要求	合规出处
44	数据交换安全	数据接口安全	数据接口安全	⑥ 应具备数据接口访问的审计能力，并能为数据安全审计提供可配置的数据服务接口。 ⑦ 应对跨安全域间的数据接口调用采用安全通道、加密传输、时间戳等安全措施	
45		数据交换监控	数据交换监控	① 采用自动和人工审计相结合的方法或手段对高风险数据交换操作进行监控。 ② 记录数据交换操作事件，并制订数据交换风险行为识别和评估规范。 ③ 部署必要的数据防泄露实时监控技术手段，监控及报告个人信息、重要数据等的外发行为。 ④ 使用数据处理平台对监控的数据交换服务流量数据进行数据安全分析。 ⑤ 记录数据交换服务接口调用事件信息，监控是否存在恶意获取数据、盗用数据等风险。 ⑥ 具备对异常或高风险数据交换操作的自动化识别和实时预警的能力	GB/T 35274—2017《信息安全技术　大数据服务安全能力要求》6.5.4 数据交换监控
46		监测预警及通报	监测预警及通报	负责关键信息基础设施安全保护工作的部门，应当建立健全本行业、本领域的网络安全监测预警和信息通报制度，并按照规定报送网络安全监测预警信息	《中华人民共和国网络安全法》第五十二条
47		个人信息交换	个人信息交换	① 个人信息的委托处理、共享、转让、公开披露，个人信息控制者应遵循国家相关规定和相关标准。 ② 向个人信息主体告知共享、转让个人信息的目的、数据接收方的类型及可能产生的后果，并事先征得个人信息主体的授权同意，共享、转让经去标识化处理的个人信息，且确保数据接收方无法重新识别或者关联个人信息主体的除外。 ③ 共享、转让个人敏感信息前，除②中告知的内容外，还应向个人信息主体告知涉及的个人敏感信息类型、数据接收方的身份和数据安全能力，并事先征得个人信息主体的明示同意。 ④ 个人生物识别信息原则上不应共享、转让。因业务需要，确需共享、转让的，应单独向个人信息主体告知目的、涉及的个人生物识别信息类型、数据接收方的具体身份和数据安全能力等，并征得个人信息主体的明示同意	GB/T 35273—2020《信息安全技术　个人信息安全规范》9 个人信息的委托处理、共享、转让、公开披露

（续表）

序号	一级分类	二级分类	三级分类	安全要求	合规出处
48	数据交换安全	数据出境	个人信息跨境传输	在中华人民共和国境内运营中收集和产生的个人信息向境外提供的，个人信息控制者应遵循国家相关规定和相关标准的要求	GB/T 35273—2020《信息安全技术　个人信息安全规范》9.8 个人信息跨境传输
49			关键数据	关键信息基础设施的运营者在中华人民共和国境内运营中收集和产生的个人信息和重要数据应当在境内存储。因业务需要，确需向境外提供的，应当按照国家网信部门会同国务院有关部门制定的办法进行安全评估；法律、行政法规另有规定的，依照其规定	《中华人民共和国网络安全法》第三十七条
50	数据销毁安全	数据销毁处置	剩余信息保护	① 应保证鉴别信息所在的存储空间被释放或重新分配前得到完全清除。 ② 应保证存有敏感数据的存储空间被释放或重新分配前得到完全清除	GB/T 22239—2019《信息安全技术　网络安全等级保护基本要求》8.1.4.10　剩余信息保护
51			数据销毁处置	① 通过建立针对数据的删除、净化机制，实现对数据的有效销毁，防止因对存储媒体中的数据进行恢复而导致的数据泄露风险。 ② 应依照数据分类分级建立数据销毁策略和管理制度，明确数据的销毁场景、销毁对象、销毁方式和销毁要求。 ③ 应建立规范的数据销毁流程和审批机制，设置销毁相关监督角色，监督操作过程，并对审批和销毁过程进行记录控制。 ④ 应按国家相关法律和标准销毁个人信息、重要数据等敏感数据。 ⑤ 应针对网络存储数据，采取硬销毁和软销毁的数据销毁方法和技术，如基于安全策略、基于分布式杂凑算法等网络数据分布式存储的销毁策略与机制。 ⑥ 应配置必要的数据销毁技术手段与管控措施，确保以不可逆方式销毁敏感数据及其副本内容	GB/T 35274—2017《信息安全技术　大数据服务安全能力要求》6.6.2 数据销毁处置；GB/T 37988—2019《信息安全技术　数据安全能力成熟度模型》PA18 数据销毁处置
52		介质销毁处置	介质销毁处置	① 通过建立对存储介质安全销毁的规程和技术手段，防止因存储介质丢失、被窃或未授权的访问而导致存储介质中数据泄露的安全风险。 ② 应明确存储媒体销毁处理策略、管理制度和机制，明确销毁对象和流程。 ③ 应依据存储媒体存储内容的重要性，明确磁媒体、光媒体和半导体媒体等不同类存储媒体的销毁方法。 ④ 应明确对存储媒体销毁的监控机制，确保对销毁存储媒体的登记、审批、交接等存储媒体销毁过程进行监控。 ⑤ 组织应提供统一的存储媒体销毁工具，包括但不限于物理销毁、消磁设备等工具，能够实现对各类媒体的有效销毁。 ⑥ 应针对闪存盘、硬盘、磁带、光盘等存储媒体数据，建立硬销毁和软销毁的数据销毁方法和技术	GB/T 35274—2017《信息安全技术　大数据服务安全能力要求》6.6.3 介质销毁处置；GB/T 37988—2019《信息安全技术　数据安全能力成熟度模型》PA19 存储媒体销毁处置

第二篇

企业数据安全架构

第 4 章 企业数据安全防护体系规划

企业发展向数字化经济转型，数字化经济是以信息技术为基础开展的，数据安全必然是不可忽视的问题。本章介绍了企业数据安全防护目标、企业数据安全防护原则、企业数据安全防护总体框架。

4.1 企业数据安全防护目标

数据安全防护目标根据不同安全责任主体有所差异。

对国家而言，数据安全防护要保障国家数据在开放、共享和安全之间的关系。为数据开放与共享创造良好的生态环境，推动数据发展；强化国家对重要数据的掌控能力，防止国家重要数据遭恶意使用，对国家安全造成威胁；强化保护信息主体对个人信息的控制权；强化跨境数据的安全管控。

对企业或组织而言，数据安全防护目标是保护商业机密、保证业务正常运行、保护客户合法权益，因此，数据安全防护目标可以分为以下两个方面。

① 数据安全内部视角：保障数据完整性、保密性、可用性，避免因数据泄露、篡改、丢失等对个人、企业或组织、社会、国家产生影响。

② 数据安全外部视角：在数据处理过程中，管控数据滥用行为，减少对外部可能造成的危害。在数据流动过程中，管控数据开放共享、数据出境等复杂情况给数据安全防护带来新的挑战。

国家层面和企业层面的数据安全防护目标虽然有所差异，但不是割裂的。企业或组织作为数据控制者，要强化自身数据安全防护能力，实现企业层面的数据安全防护目标，在此基础上，国家层面才能实现数据安全防护目标。

4.2 企业数据安全防护原则

在企业数据安全防护框架方面，Gartner 公司提出了数据安全治理框架（Data Security Governance Framework，DSG Framework）。

Gartner 公司认为，在数字业务为企业创造价值的同时，企业不能忽视不断增长的业务风险和责任。安全和风险管理领导者应该制定适当的数据安全治理框架，以降低数据安全隐患带来的风险。这些安全隐患包括隐私保护的合规要求、数据泄露对企业声誉和客户信任度的影响、混合 IT 环境下通用数据安全策略的制定，以及身份访问管理等安全产品通用安全策略的共享等。

Gartner 公司提出的 DSG Framework 如图 4-1 所示，从企业的高层业务风险分析出发，对企业业务中的各个数据集进行识别、分类和管理，并针对数据集的数据流和数据分析库的机密性、完整性、可用性创建 8 种安全策略。同时，数据管理与信息安全团队可以针对整合的业务数据生命周期进行业务影响分析，及时发现各种数据隐私和数据保护问题，以降低整体的业务风险。

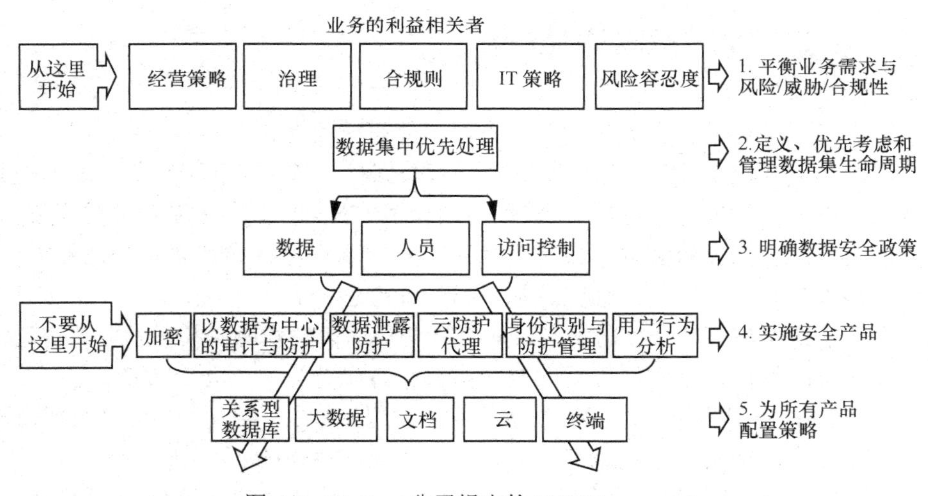

图 4-1 Gartner 公司提出的 DSG Framework

企业数据安全防护需求应遵循以下原则。

4.2.1 业务需求与风险/威胁/合规性

业务需求与风险/威胁/合规性之间的平衡需要考虑 5 个维度的平衡：经营策略、

治理、合规、IT 策略和风险容忍度。这是治理队伍开展工作前需要达成统一的 5 个要素。

① 经营策略：确立数据安全处理支撑经营策略的制定和实施。

② 治理：对数据安全需要开展深度的治理工作。

③ 合规：企业或组织面临的合规要求。

④ IT 策略：企业的整体 IT 策略同步。

⑤ 风险容忍度：企业对安全风险的容忍度。

4.2.2　把握数据安全优先级

数据安全治理前，需要明确治理的对象。企业拥有庞大的数据资产，因此，本着高效原则，企业应优先对重要数据进行安全治理，治理思路是将“数据分类分级”作为第一步，大幅提高治理的效率和投入产出比。通过对全部数据资产进行梳理，明确数据类型、属性、分布、访问对象、访问方式、使用频率等，绘制“数据地图”，以此为依据进行数据分类分级，并对不同级别的数据实行合理的安全措施，为每一步治理技术的实施提供策略支撑。

4.2.3　全方位加强数据安全治理

从两个方向考虑数据安全治理的实施：一是明确数据的访问者（应用用户/数据管理人员）、访问对象、访问行为；二是基于这些信息制定不同的、有针对性的数据安全策略。数据安全治理需要数据资产梳理的结果，使数据在访问、存储、分发、共享等不同场景下，既满足业务需求，又保障数据安全保护策略的实施。

4.2.4　强化安全工具之间的协同

数据是流动的，数据结构和形态在整个生命周期中不断变化，需要采用多种安全工具支撑安全策略的实施。在数据安全的防护实践中，我们需要综合运用身份与访问管理（Identity and Access Management，IAM）、数据加密、数据泄露防护（Data Leakage Prevention，DLP），以及以数据为中心的审计和保护（Data Centric Audit and Protection，DCAP）等技术，围绕数据安全生命周期进行协同保护。

4.2.5　制定高效合理的安全策略

策略配置同步是指访问控制、脱敏、加密、令牌化都必须保证数据访问和使用的安全策略同步下发。策略执行对象包括关系型数据库、大数据类型、文档文件、云端数据等。

数据安全治理区别于以往的任何一种安全解决方案，它是一个更大的工程，技术和产品不再是数据安全治理框架的主体，组织决策、制度、评估、稽核是这个框架的指导思想。

4.3 企业数据安全防护总体框架

数据从产生到销毁涉及环境、业务访问、管理等，需要从多个维度提升数据安全的防护能力。

运用整体思想，我们提出了企业数据安全防护思路，具体如下。

① 企业数据安全防护体系的设计思路以“数据为中心”，基于系统工程理论全生命周期的保护，在技术和管理并存的情况下建立数据安全防护体系。

② 安全策略体系对各体系的建设提出方法论指导、总体设计及工作指引。

③ 企业业务不同，数据的使用场景不同，各企业保护数据的属性不同，应基于场景化的数据安全保护方式。

企业数据安全防护体系如图 4-2 所示。企业数据安全防护体系的主要内容包括以下 4 个部分。

① 数据安全管理：通过管理手段确保数据有效保护和合规使用的状态。通常数据安全管理主要强调的是企业数据安全制度体系的建设和执行，本书强调的数据安全管理包含数据安全组织、数据安全制度体系、人员及第三方安全、数据资产管理、数据分类分级、数据安全评估与考核体系、数据安全教育与培训等。

② 数据安全技术：直接围绕数据的安全保护技术。数据安全技术体系和 P2DR（Policy、Protection、Detection、Response，安全策略、防护、检测、响应）网络安全模型类似，针对数据安全的特点，我们提出了 RPMRRT 模型，该模型具体分为 6 个步骤，即识别（Recognition）、保护（Protect）、监测（Monitor）、响应（Respond）、恢复（Recover）、溯源（Trace），确保人接触数据的行为及数据资产相关状态的安全。

③ 数据安全生命周期：数据安全是企业数据安全防护体系中的重要环节。在数据采集、数据传输、数据存储、数据处理、数据交换、数据销毁等过程中，我们需要关注数据的安全，以提高数据安全保障能力。个人信息保护包括个人信息生命周期处理活动安全和个人信息主体权利。

④ 数据安全场景：数据的使用场景不同，各企业保护数据的 CIA（Confidentiality、Integrity、Availability，机密性、完整性、可用性）安全属性不同。根据企业不同的安全场景提出具体的安全保护机制，例如，数据库安全、大数据安全，采取的安全保护措施需要基于企业业务、数据环境、应用技术进行不同的安全设计。

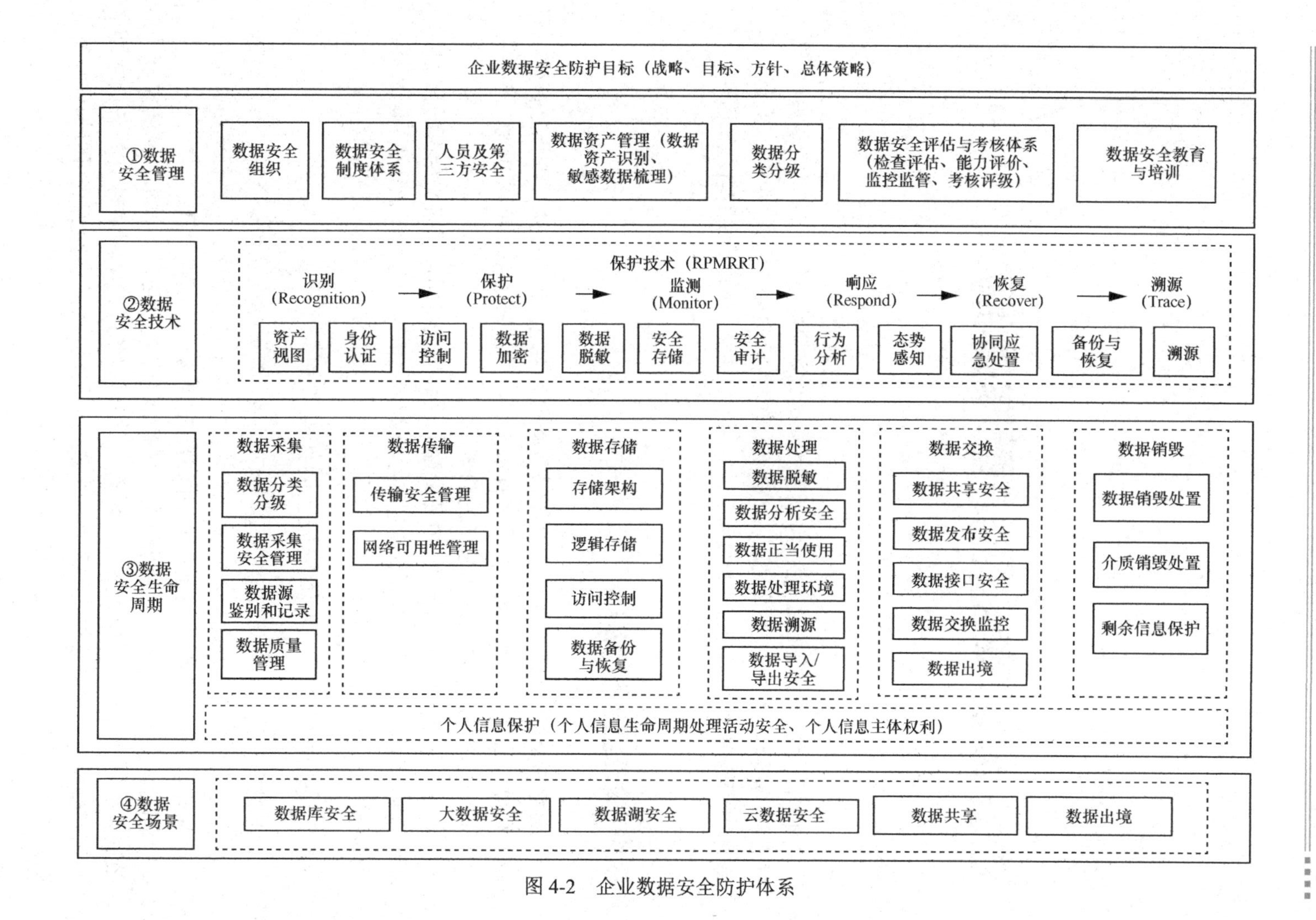

图 4-2　企业数据安全防护体系

第5章 企业数据安全防护管理体系

数据安全防护管理主要是指通过管理手段确保数据得到有效保护和合规使用。数据安全防护管理包含数据安全组织、数据安全管理制度体系、人员及第三方安全、数据资产管理、数据分类分级、数据安全评估与考核体系、数据安全教育及培训等。

5.1 数据安全组织

数据安全组织是保障数据安全策略从制定到落地，并持续优化改进的组织。简单来说，数据安全组织就是推行数据安全策略需要哪些组织单元协同工作，各自的分工是怎样的，各自承担怎样的职责。

除了数据安全组织，企业一般还会建立网络安全组织，网络安全组织包括网络安全领导小组、网络安全领导小组办公室和网络安全执行小组，分别承担决策、管理并执行、监督的职责。

5.1.1 数据安全组织和网络安全组织的关系

数据安全组织与网络安全组织是什么关系，需要建立这么多个组织吗？实际上，数据安全组织可以融入网络安全组织，按决策层、管理层、执行层和监督层进行设置，利用一套管理机制管理不同的保护对象。

同时，很多企业成立了网络安全、数据管理的职能部门，设立了网络安全、数据分析管理等专职岗位。那么，数据安全职能部门应当设立在哪儿？我们建议在网络安全部门下设置专门的数据安全部门，因此，数据安全部门可以横向沟通数据管理部门，专职开展数据安全管理工作。

5.1.2　数据安全组织架构设计

企业可按照决策层、管理层、执行层和监督层设计数据安全组织架构。在具体执行过程中，企业可赋予已有的网络安全团队或其他相关部门数据安全的工作职能，也可寻求第三方专业团队等开展工作。数据安全组织架构如图 5-1 所示。

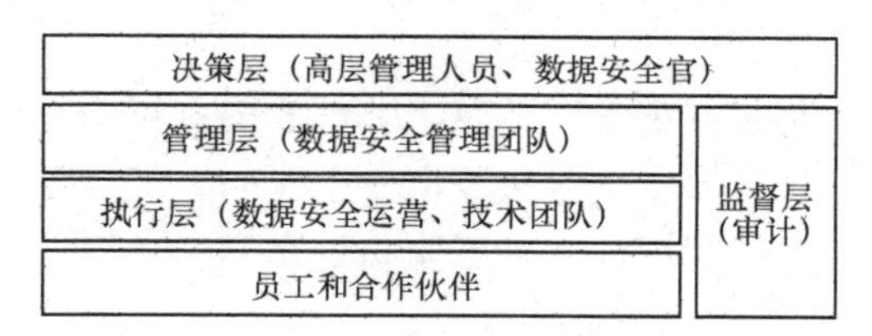

图 5-1　数据安全组织架构[1]

1. *决策层*

决策层是数据安全管理工作的决策机构，建议由数据安全官及其他高层管理人员组成，数据安全官是企业内数据安全的最终负责人。由于业务发展和数据安全是密不可分的，所以数据安全官应能参与企业的业务发展决策。除了数据安全官，决策层需要由其他业务、法务、研发等高层管理人员共同组成，形成定期的沟通运作机制。决策层的主要工作职责包括以下内容。

① 制定企业的数据安全目标和愿景。

② 发布数据安全的策略和规划、制度与规范等。

③ 为企业的数据安全建设提供必要的资源。

④ 对企业的重大数据安全事件进行协调和决策。

2. *管理层*

管理层是数据安全组织架构的第二层，主要负责制定数据安全策略。基于决策层给出的策略，管理层对数据安全实际工作制定详细方案，做好业务发展与数据安全之间的平衡。管理层是企业内开展数据安全工作最核心的部门或岗位，在企业中承上启下，负责数据安全全面落地工作，部分工作可能需要企业外部专业资源来完成。管理层的主要工作职责包括以下内容。

① 结合合规监管要求和业务发展需求，制定数据安全整体解决方案并组织实施。

② 制定数据安全管理策略和规划，统一数据安全管理规范体系等。

③ 建立监控审计机制，即数据安全工作和监督审计机制，推动并协助执行数据安全组织的建立，有效开展监督工作。

④ 对数据安全组织内的人员开展数据安全技术培训和意识宣导，逐步提高数

1　阿里巴巴数据安全研究院《数据安全能力建设实施指南 V1.0》。

据安全工作人员的能力水平、增强数据安全组织内人员的安全意识。

⑤ 制定数据安全组织决策层、管理层、执行层、监督层等的运作机制，保障数据安全工作在企业内部保持信息通畅、运作顺利。

⑥ 保持外部沟通，包括国家及行业监管、第三方咨询服务商（安全咨询、安全厂商），以及认证、测评机构（认证及认可、安全测评机构）等。

3. 执行层

执行层与管理层是紧密配合的关系，其主要聚焦每一个数据安全场景，对设定的流程逐个实现。执行层主要包括数据安全专职人员、各业务部门的数据安全接口人员、风险管理人员等，其主要工作职责如下。

① 负责数据安全风险的评估和改进。

② 负责数据安全运营工作，例如，数据权限授权、数据共享、数据下载等审批。

③ 负责数据安全事件的跟进和处理。

④ 协助数据安全管理团队开展数据治理工作，例如，数据分类分级。

⑤ 负责数据安全专案项目的管理和实施。

4. 监督层

监督层负责定期监督审核管理小组、执行小组、员工和合作伙伴对数据安全政策和管理要求的执行情况，并且向决策层汇报。监督层人员必须具备独立性，不能与其他管理小组、执行小组等人员共同兼任，建议由企业内部的审计部门担任。监督层的主要职责如下。

① 监督数据安全制度落地执行情况。

② 数据安全工具使用的有效性。

③ 对数据安全风险开展监控与审计。

5. 员工和合作伙伴

员工和合作伙伴包括企业内部人员和合作的第三方人员，须遵守并执行企业内对数据安全的要求，特别是共享敏感数据的第三方，从协议、办公环境、技术等方面做好约束和管理。员工和合作伙伴的主要职责如下。

① 履行企业对数据安全的要求，部署数据安全工具。

② 通过培训、考试、案例学习等增强数据安全意识。

③ 提升数据安全风险识别的能力，结合业务判断数据安全风险，并降低风险。

④ 对企业内风险及时申报，不断协助管理团队提升数据安全防护能力。

5.1.3 职能部门数据安全职责

数据安全组织和企业内多个职能部门之间有着非常紧密的关系，在数据安全组织架构的决策层中，业务部门、人力资源部门、信息部门、法务部门、风险管理部门、公共关系部门等需要参与策略的制定及重大事件的决策；在实际数据安全业务开展过程中，从平台设计到流程制定实施、安全工具部署、人员安全管控、数据安全合规、对外披露等方面均需要职能部门深度介入和协作。

同时，数据安全组织管理层需要与企业各部门制定数据安全工作机制，其目的是保障数据安全工作顺利开展，工作过程中的争议得到解决，例如数据安全团队与业务方、法务及合作伙伴之间的日常工作交流、争议与问题解决等。

职能部门的数据安全职责主要包括以下 7 个方面，部门名称在不同企业内可能有差异，具体以实际情况为主。

1. 数据安全部门职责

数据安全部门一般隶属于网络安全部门，承担企业数据安全组织中数据安全管理层的职责。

2. 业务部门数据安全职责

业务部门主要负责拓展业务，保障业务持续开展，同时需要兼顾数据安全风险问题。在业务开展过程中，业务部门主要涉及以下 5 个方面的数据安全联动工作，对于较为复杂的大型企业，考虑指派业务部门的数据安全接口人经过培训后开展以下相关工作。

① 业务新增：大部分场景主要涉及数据采集合规，需要由数据安全组织及法务部门联合开展新增业务的数据安全风险评估。

② 业务运营：可能涉及数据批量查询、下载、分析和处理，操作过程中做好岗位权限管理，遵循数据最小化使用原则。

③ 与外部合作：可能涉及数据共享、交换等场景，需要数据安全组织或数据安全接口人开展数据共享、数据披露的风险评估，避免敏感数据泄露等；同时接收外部数据时，与法务部门联合做好数据来源的合法控制等。

④ 数据安全事件：当业务部门内部发生数据安全事件时，业务负责人需要联合数据安全部门及时调查和处理，降低事件影响。事后举一反三，改进业务流程机制，降低数据安全风险。

⑤ 其他数据安全执行工作、风险上报等职责。

3. 人力资源部门数据安全职责

人力资源部门主要负责企业内部人员招聘、管理等工作，在人员入职、调岗、离职等过程中，做好人员完整链路的数据安全协同工作，同时需要对数据安全违规人员进行处罚。

4. 信息部门数据安全职责

信息部门主要负责数据安全组织内信息化的工作，涉及多个数据安全相关的管理工作，一般由数据安全组织制定策略和相关制度，由信息部门执行落地。信息部门的主要数据安全职责如下。

① 服务器、硬盘、计算机等介质的安全管理。

② 终端安全的防护措施部署。

③ 高风险软件、云盘、通信工具等的管理策略执行。

④ 与数据安全管理部门、业务部门协同处置数据安全事件。

⑤ 按照数据安全规范和要求开展信息系统建设。

5. 法务部门数据安全职责

法务部门主要负责政策法律、合作协议等相关事项。其中，数据安全/个人隐私的政策法规逐步出台。法务部门结合实际业务组织开展内部的数据安全合规工作至关重要，开展具体工作时，可利用第三方专业机构作为职能补充。法务部门主要涉及联动的数据安全工作职责如下。

① 企业内部开展数据安全/个人隐私保护合规专项，并联合多部门完成合规化建设。

② 针对数据供应链的合作伙伴，在合作协议中拟定数据安全相关管理要求。

③ 对数据安全组织内部开展数据安全合规政策的解读和培训。

6. 风险管理部门数据安全职责

风险管理部门主要统筹负责数据安全组织内所有风险的安全管控，数据安全是其中的一个部分，它可以与数据安全部门分工协作。风险管理部门的主要职责如下。

① 设置内部数据安全风险举报机制，收集风险并及时处理。

② 设置数据安全风险应急机制，联动数据安全组织、业务部门等开展风险评估并及时处理。

③ 对数据安全风险定期分析和总结，将分析和总结的资料反馈给数据安全部门，在流程上、机制上、产品上优化和更新数据安全。

7. 公共关系部门数据安全职责

通过良好的公共关系活动促进企业内外的科学关系，涉及管理企业内部对外发声及对外部声音的内部回应。公共关系部门的主要职责如下。

① 对媒体发布信息时，在数据披露流程中，可以考虑结合内容敏感程度，增加公关的审批节点，将数据披露的风险控制到最低。

② 涉及较大数据安全风险事件时，应考虑由公共关系部门统筹发声，及时对外回应，保障回应内容和方式能被公众所接受。

5.1.4 界定数据所有权

界定数据所有权主要是对数据安全进行责任分层。企业内有许多人管理、处理和使用数据，不同角色有不同的需求。虽然大多数企业没有设立数据安全角色，但是重要的是构建一个组织结构，包含必要的角色并给这些角色分配正确的安全职责。一般来说，数据安全涉及的角色和职责主要有以下 7 类。

1. 数据所有者

数据所有者是对数据负最终责任的人，通常是首席运营官、首席执行官、总裁或部门主管。

数据所有者的职责如下。

① 建立适当使用和保护主体数据的规则。

② 向信息系统所有者提出有关数据的安全要求和安全控制的输入。

③ 决定谁有访问权限，以及使用何种特权或访问权限。

④ 协助识别和评估数据的安全控制状况。

2. 资产/系统所有者

资产/系统所有者是拥有/处理敏感数据的资产/系统的人员。系统所有者和数据所有者通常是同一个人，但有时不是同一个人，有的只拥有系统，有的只拥有数据。例如，软件开发部门是数据库服务器的系统所有者，IT 部门是 Web 服务器的系统所有者。

系统所有者要确保系统处理数据的安全性，包括识别系统处理的最高级别的数据。系统所有者要确保系统被准确标记，并采取相应的安全控制措施保护数据。系统所有者与数据所有者进行交互，要确保数据在系统中保存、在系统间传输及被系统上的应用程序使用时是受保护的。

3. 业务所有者

业务所有者可使用被其他实体管理的系统，业务所有者的职责是确保各个系统能为企业提供价值。

4. 数据使用者

任何处理数据的系统都可以被称作数据使用者。《通用数据保护条例》将数据使用者定义为“代表数据控制者处理个人数据的自然人或法人、公共权力机构、代理机构或其他机构”。

5. 数据管理员

数据管理员负责授予工作人员适当的访问权限，其未必具有全部管理员的权限和特权，但具备分配权限的能力。

6. 托管员

数据所有者将日常任务委托给托管员，托管员通过正确存储和保护数据来保障数据的完整性和安全性。例如，托管员要确保数据备份是根据策略备份的。实际上，IT 部门员工或系统安全管理员通常是托管员，他们还可能是数据管理员。

7. 用户

用户是通过访问计算系统的数据以完成工作任务的人。用户只能访问工作任务所需的数据。

企业可以参考以上数据所有权并映射到现有的或正在设计的数据安全组织架构中，确保重要的数据安全角色能够落实。

5.1.5 数据认责

谁对数据负责呢，有人会说："不是IT部门负责吗？"但是通常IT部门对数据管理没有太大的帮助，除非他们具备以下业务知识。

① 能够解释在业务使用环境中需要的信息和可能用到的数据。

② 识别"受污染"数据的根源和其他数据问题的根源。

③ 解决数据问题。

④ 从其他数据分离出需要的数据。

数据认责的主要内容是确定数据治理工作的相关方的责任和关系，包括数据治理过程中决策、执行、解释、汇报、协调等活动的参与方和负责方，以及各方承担的角色和职责等。

数据认责适用于所有参与其中的人员，例如，管理数据和提升数据质量的数据专家，录入数据时需要了解数据政策和规则的业务用户，数据变更或规则变更时需要知情的数据用户，正在进行数据开发项目的需要清楚数据管理标准、指导方针、工具和流程的项目组成员。认责机制可以防止事情"因忽略而产生缺陷/失败"，经常存在于企业的责任认定中。认责制不是只针对企业的高层管理人员，而是针对每个能够对这项工作负责任的人员。

数据认责要达到的目的如下。

① 形成由数据治理负责部门牵头，全员参与的主动认责文化意识，重视问题并及时沟通，能够主动剖析和快速响应出现的问题。

② 建立企业统一的认责流程，使管理持续优化。

③ 细化和落实各类数据认责流程、管理办法，并成功将数据认责纳入企业绩效考核体系中。

④ 执行基于数据域的数据认责模式，数据域的划分清晰且合理，厘清各部门、各小组及各参与人员的职责，在企业内部推广数据认责。

常见的企业数据认责主要有以下4个角色。

① 数据用户。需要理解数据标准、数据制度和规则，遵守和执行数据治理相关的流程，根据数据的相关要求使用数据，并提出相关的数据质量问题。

② 数据所有者。对数据资产负责，同时对数据管理的政策、标准、规则、流

程负责，满足数据的业务需求，分配数据的使用权，解释数据的业务规则和含义，执行关于数据分类、访问控制和数据管理的最终决策。

③ 数据提供者。按相关的数据标准、数据制度和规则、业务操作流程的要求生产数据，并对生产数据的质量负责。

④ 数据管理者。负责落实数据需求，对数据实施管理，保证数据的完整性、准确性、一致性和隐私性，负责数据的日常管理与维护。

5.2 数据安全管理制度体系

管理制度不仅是落实在纸面上的规定，更要落实在企业内部的实际工作中，只有在各个业务环节、工作流程中切实按照管理制度的规定开展工作，才能真正意义上实现安全管理。因此，管理制度的编制须满足以下要求：一是要明确相关工作的责任部门和责任人，即明确每项工作由谁来负责；二是管理制度要清晰易懂，明确应该做什么，不允许做什么，例外情况是什么；三是要明确奖惩措施。

就数据安全管理制度体系而言：在范围上，要覆盖数据全生命周期，包括数据产生/采集、传输、存储、使用、共享、销毁等环节；在体例上，可以根据企业规模和实际情况，形成数据安全总体要求、实施细则、数据共享安全管理、个人信息保护等多个管理文件，或在一个文件中涵盖全部内容；在内容上，可以在以下两个方面重点规范。

5.2.1 数据安全文件体系层级

数据安全文件体系需要从组织层面整体考虑和设计，并形成框架。数据安全文件体系需要分层，层与层之间、同一层的不同模块之间需要有关联逻辑，在内容上不能重复或相互矛盾。数据安全文件体系一般分为 4 级。数据安全文件体系层级如图 5-2 所示。

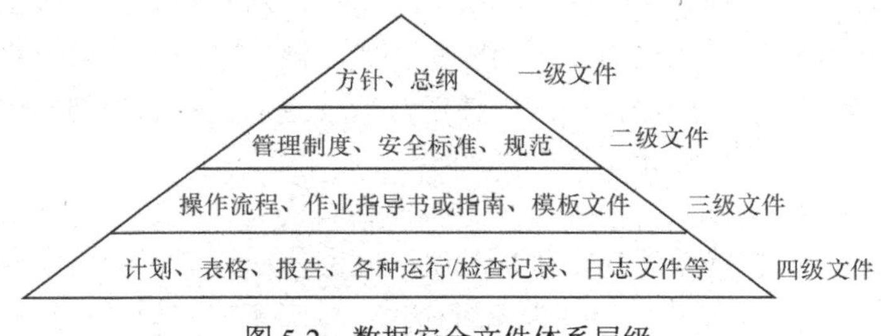

图 5-2　数据安全文件体系层级

1. 一级文件

一级文件包括方针和总纲，它们是面向企业层面数据安全管理的顶层方针、策略、基本原则和总体管理要求等，主要内容包括但不限于以下 5 个方面。

① 数据安全管理的目标、愿景、方针等。

② 数据及数据资产定义：定义企业内的数据包含哪些内容和类别，以及信息系统载体等。

③ 数据安全管理基本原则：数据分类分级原则、数据安全和业务发展匹配原则、数据安全管理方针和政策等。

④ 数据生命周期阶段划分和整体策略：数据产生、数据存储、数据传输、数据交换、数据使用、数据销毁等。

⑤ 数据安全违规处理：违规事件及其等级定义、相应的处罚规定等。

2. 二级文件

二级文件包括数据安全管理制度和企业的安全标准、规范。数据安全管理制度是指数据安全通用和各生命周期中某个安全域或多个安全域的规章制度要求。通用安全域的规章制度要求包括数据资产管理、数据质量管理、数据安全合规管理、系统资产管理等。数据生命周期的规章制度要求包括数据采集安全管理、数据存储安全管理、数据传输安全管理、数据交换安全管理、数据使用安全管理、数据销毁安全管理，以及某个安全域的安全管理要求等。

3. 三级文件

三级文件包括数据安全各生命周期及具体某个安全域的操作流程、作业指导书或指南、模板文件等。

在保证数据安全生命周期和安全域完整覆盖的前提下，可以根据实际情况整合流程和规范的文档，不一定每个安全域或者每个生命周期都建立单独的流程和规范。数据安全作业指导书或指南是对数据安全管理流程和规范的解释和补充，以及案例说明等，方便执行者深入理解和执行，并非强制执行的制度规范，仅供参考。

数据安全模板文件是与一级、二级、三级文件相关的方针、管理制度、安全标准、规范、操作流程和指南配套的固定格式文档，以及数据或信息的汇总统计等，确保执行一致性。例如，权限申请和审批表模板、日志存储格式模板等。在有条件的情况下，一般都通过技术工具实现。

4. 四级文件

四级文件是指执行数据安全管理制度产生的相应计划、表格、报告、各种运行/检查记录、日志文件等，如果实现自动化，这些文件大部分可以通过技术工具收集，进而形成相应的量化分析结果。

5.2.2　数据安全文件体系框架

数据安全文件体系框架如图 5-3 所示。

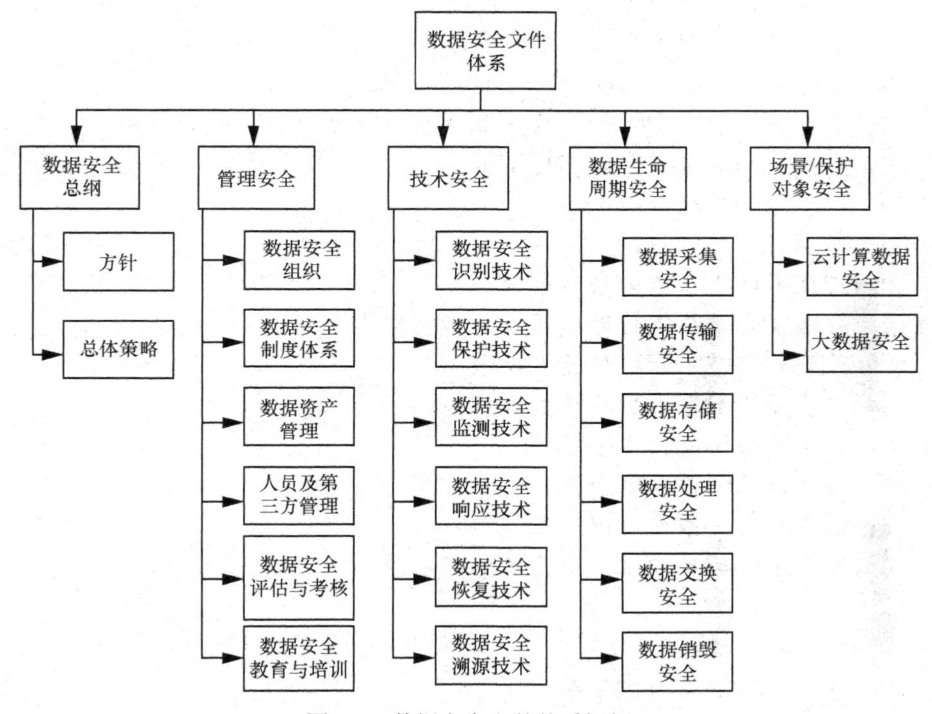

图 5-3　数据安全文件体系框架

案例 1：某企业数据安全总体策略。

数据安全总体策略是数据安全领域的顶层文件，它是一个在管理层达成共识的授权令，授权各级组织按照设定的角色和职责，通过组织资源为数据安全目标服务。

总体策略包括以下内容。

① 数据安全的目标。

② 数据安全的范围。

③ 数据分级和分类管理。

④ 数据安全组织与职责。

⑤ 授权原则。

⑥ 数据保护原则。

⑦ 数据安全外部合规要求。

⑧ 人为因素导致的数据安全事件的问责要求。

案例 2：某企业数据安全文件体系。

① 安全保障体系实施指南。
② 数据资产分级访问控制和脱敏技术规范。
③ 数据加密技术规范。
④ 数据中心边界安全接入技术要求。
⑤ 数据中心 VPC 间数据安全交换技术要求。
⑥ 云计算平台安全组件、安全服务目录技术标准和建设规范。
⑦ 数据生命周期安全技术标准规范。
⑧ 数据分类分级标准。
⑨ 数据标签技术规范。
⑩ 应用系统上云安全技术规范。
⑪ 终端安全及终端管控技术标准和建设规范。
⑫ 移动安全技术标准和建设规范。
⑬ 安全监测数据采集和预处理规范。
⑭ 安全响应协同技术规范。
⑮ 云平台总体技术要求。
⑯ 云平台大数据管理接口规范。
⑰ 数据中心灾备技术规范。

5.3 人员及第三方安全

人员管理在数据安全组织体系中尤为重要，纵观历年的信息泄露事件，内部人员在接触数据时，有意或无意地泄露数据成为数据安全的主要威胁。人员安全如图 5-4 所示。

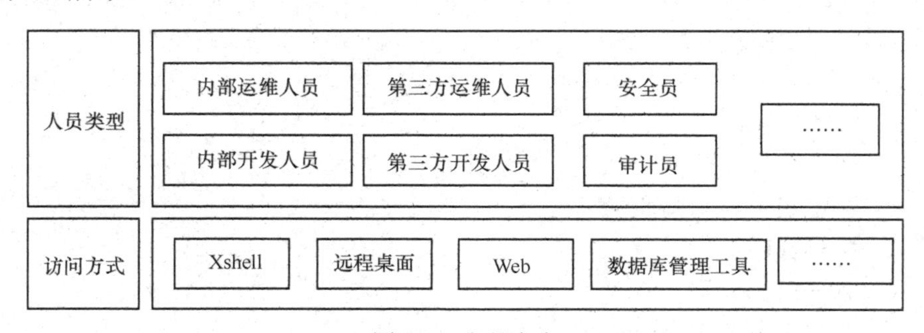

图 5-4 人员安全

由于企业内部办公的需要，数据不可避免地会在企业各部门或各工作人员之间流动，所以数据安全组织体系应以人为核心，根据企业的特点，针对不同人员建立不同的管理流程和管理制度，规范各级敏感数据的访问、授权、审批流程。

另外，企业信息化不断地深入建设，往往会涉及大量的第三方外包人员或第三方公司，企业应制定专门的控制策略来控制这部分人员的数据使用，提高第三方准入门槛，缩小数据接触范围。

企业在本身数据流转边界会不可避免地涉及各类云服务在内的第三方 IT 服务，因此，第三方 IT 服务供应商的数据安全保护等级很可能成为企业数据安全体系的短板。企业需要从审慎性原则上重视对第三方 IT 服务的数据安全性考核。

5.3.1　账号权限管理及审批流程

账号权限管理及审批主要关注的是企业内部不同账号类型对生产数据库的权限管理及审批。账号权限管理同样是保障数据安全的基础制度，完善的授权规则能够有效防范企业内部人员恶意窃取、泄露数据。

制定账号权限管理及审批流程需注意以下 4 个方面。一是对账号类型进行精细分类，对每个账号类型能够获得的最高权限进行明确规定。对于内部全职员工，根据工作职责设置不同账号类型；对外包服务人员、合作伙伴的员工、实习生等外部人员单独设置账号类型。二是定期对账号进行复核，及时回收权限。账号管理要与人员管理紧密结合，在员工入职、转岗、离职等关键节点同步管理账号及权限；定期对所有账号的权限分配情况进行复核，对于不再有合理需求的账号权限应及时关闭。三是明确账号权限审批流程，规定初审、复审等审批环节及每个审批环节的责任人。可以由每个部门内部的数据安全管理员承担初审工作，部门负责人进行复审。账号权限审批应当依据最小化原则，同时确认所申请权限与工作实际需求匹配，超出合理需求的申请不予授权。四是对于测试账号等高危账号类型，明确管理责任人，在系统开发测试完毕后立即清除。

5.3.2　外包服务数据安全管理

外包服务人员及其使用设备应当纳入企业内部整体网络安全管理体系中，在人员管理、设备管理、网络接入管理等方面明确管理要求和限制措施。除上述对外包服务人员加强账号权限管理，还需注意以下 3 个方面：一是不对外包服务人员的账户开放批量数据提取或下载权限，如果确需此类权限，则应单独制定更为严格的审批流程，并对授权设置有效期及时回收；二是在外包服务人员撤场后，及时撤销相关账户；三是对外包服务人员使用的设备接入内网应建立单独的审批流程。

5.4 数据资产管理

目前，数据已成为资产、能源和基础设施的关键要素。

数据资产是属于普通个人和企业的数字财产。平时我们个人拍的照片、视频，以及编辑的文档等以文件为载体的数据，都是个人的数据资产。对于企业而言，设计图纸、合同订单等使用文件作为载体的各类业务，都属于企业的数据资产。需要注意的是，企业的数据资产包含纸质文件和电子文件，因此企业需要将纸质文件进行电子化存储后，与原生电子文件融合，才能真正形成数据资产。数据资产是由企业及组织拥有或控制，能给企业及组织带来未来经济利益的数据资源。

企业数据资产数量庞大、种类繁多，缺乏可视化管理，数据所有者跨多个部门，流动性大，管理协调难度大，这些都给数据资产管理工作带来了困难。

数据资产管理技术是数据安全管理最重要的部分之一，如果不清楚企业内部的数据资产、对资产地图和流转情况不明确、不知道有哪些敏感数据、不清楚数据资产分布和访问权限等，就无法进行数据安全管理。

5.4.1 数据资产盘点

企业进行数据安全管理的第一步是确定企业拥有的数据资产及其存储位置。这需要进行数据资产盘点或数据资产分析，并对数据资产进行登记，形成数据资产地图以用于资产识别和记录。数据资产地图为数据资产的管理和评估提供了基础。

对数据资产的盘点需要了解以下内容。

① 持有什么数据。

② 谁拥有数据。

③ 如何持有和管理。

④ 数据存储的位置和方式。

⑤ 数据存储的重复地方和份数。

⑥ 所有终端、服务器、虚拟化平台等硬件资产上都有哪些类型的数据。

⑦ 谁在访问这些数据。

数据资产盘点还可评估数据资产的价值，具体如下。

① 有用数据、“僵尸”数据、重复数据。

② 各种数据对企业的重要性。

③ 数据是否应该保留。

④ 数据的访问权限是否合理。

⑤ 数据的生命周期管理方式是否具备。

数据安全相关法律的实施，为企业提供了一个迫切的数据监管需求。最近，面向业务的应用程序（例如，商业智能和分析）的需求急剧增加，这些应用程序不仅可以清理和归档结构化或非结构化数据以实现合规性，还可以搜索和分析数据以提供改变未来的洞察力。

1. 数据资产盘点手段

数据资产盘点对静态存储在传统关系型数据库和分布式数据库中的结构化数据、半结构化数据、非结构化数据进行主动扫描，对扫描出的数据资产进行识别、分类、分级、存储位置记录，以数据库、数据表、数据字段、簇/列的维度，对数据资产进行统计分析，梳理出数据资产全景图。

明确的资产信息是有效分析安全事件和合理展现安全态势的基础，从 IP 地址到资产的转换，有以下 5 种方式。

① 被动发现：通过被动监听网络流量信息，发现网络中存在的所有资产。这种方式不会对网络有任何影响，但只能发现部分资产，因为监控的流量可能无法覆盖所有的网络路径。

② 主动发现：通过简单网络管理协议、Telnet 等技术手段，主动发送报文进行探测，如果收到响应，则证明该资产存在。主动发现与漏洞扫描类似，会对目标网络有一定的影响，需要在客户许可的情况下有策略地进行。

③ 人工配置：网络中的部分资产是以静默形式存在的，或者出于各种原因，不会回应外部的主动探测。对于这种资产，需要以人工录入或数据导入的方式进行配置。同时，被动发现和主动发现也会存在一些问题，例如信息不全甚至错误等，也需要通过人工配置的方式进行校正。

④ 文件导入：依据安全管理规定，各地资产有固定 IP、固定责任人，可将现有登记文档通过页面接口直接导入平台，通过后续数据关联，提取已有数据价值，同时通过平台自动化的技术手段及时更新信息及弥补登记缺陷。

⑤ 数据主动发现与安全评估系统：根据国家法规、政府治理等要求，结合安全性、合规性和业务需求等，企业可以部署数据主动发现与安全评估系统、数据资产管理系统、元数据系统、数据库等对接，主动识别各类数据，对数据现状进行梳理，对数据进行分类分级评估。

通常情况下，资产发现需要联合以上 5 种方式才能达到最好的效果。

2. 数据资产流转

数据资产流转的特性表现为数据的可复制性和流动性。可复制性实际上对安全管控、价值变现的稀缺性数据资产有重要影响。就安全管控而言，数据在企业内部按照业务需求的复制和流转是正常的，但数据在复制和流转过程中如果跨越不同的安全网段，经过不同的硬件设备及人员，需要设置安全的控制；如果数据有从企业内部流向企业外部的需求，更需要注意数据泄露问题，预先安排更为严密的管控手段。

数据一旦变为可交易的商品，数据价值不可避免地会与数据稀缺性相关联。不通过正常交易渠道的流转和复制会损害数据的稀缺性，降低数据的价值。而在流转和复制过程中对数据恶意篡改的后果更为严重，不仅会改变数据资产的原有价值，还会带来不可预料的损失。数据在非交易状态下的流转和复制首先要关注的是数据安全，而在价值变现过程中的流转和复制除了数据安全，数据防篡改同样是需要优先关注的问题。

（1）基于探针的数据流转

在终端、数据服务器或是网络节点上部署探针，并对敏感数据源和数据文件进行配置，对设备上的敏感数据进行监控，对其流转路线进行测绘，形成全景数据流转图。

（2）基于流量分析的数据流转

对大数据环境下的业务流量进行实时监听审计，进行深度内容解析、流量统计分析，对敏感数据的使用、交换、共享等操作进行监控，对异常操作行为进行告警，对新入库的敏感数据进行记录、统计、分析，审计并记录数据流转日志。

5.4.2 数据资源管理

对掌握的数据资源进行数据分类分级是实现数据有效管理和利用，以及保障数据安全的基础。管理制度在数据分类分级管理方面要明确以下 3 个方面的内容：一是数据类型，可以根据数据属性、来源、内容进行分类；二是数据安全等级和等级划分标准，一般可以根据数据的重要性、敏感程度将数据分为三级或者四级，对每级数据制定差异化的保护措施；三是明确数据的安全责任部门和责任人，对于存量数据，一般是生产或主要使用该数据的部门承担，对于新产生的数据，一般规定由生产该数据的部门负责数据定级及后续的安全管理。

1. 元数据管理

以结构化数据为例，元数据安全管理需要实现的功能包括数据表级的所属部门、开发人、安全责任人的设置和查询，表字段的资产等级、安全等级查询，表与上下游表的关系查询，表访问操作权限申请入口。

2. 数据资源清单与目录

按照数据类别或主题形成数据资源清单与目录，共享数据提供方使用共享交换服务方提供的服务，对资源目录进行管理。

5.4.3　敏感数据发现

数据安全组织管理中的一个重要环节是对敏感数据的保护，敏感数据不仅包括企业的机密或重要数据，还包括个人信息。在企业的数据中，存在大量的敏感数据，这些数据的泄露会造成严重的社会问题和经济影响。数据安全的管控主要是为了防止敏感数据泄露。

1. 定义敏感数据

敏感数据又称隐私数据，是指其丢失、不当使用、未经授权被人接触或修改，有损企业利益，影响个人依法享有的个人隐私权，甚至不利于国家安全的所有信息。

企业拥有的敏感数据包括商业秘密、知识产权、关键业务信息、业务合作伙伴信息或用户信息等。

个人拥有的敏感数据常见的有姓名、身份证件号码、住址、电话、银行账号、邮箱、密码、医疗信息、教育背景、银行卡号等。

2. 敏感数据发现

敏感数据发现是数据安全中至关重要的环节。敏感数据的发现技术从数据形态上可分为结构化数据、半结构化数据和非结构化数据。从存储和存在的方式上可分为传统数据库中的数据、大数据平台中的数据、日志数据、服务器中的文件和配置信息数据、终端存储的数据、网页上展现的数据、流量数据、接口数据等。

从多种形式的数据中，将其中的敏感数据按企业的数据分类分级要求识别出来是一个复杂的过程，需要更高的技术来实现。

常用的敏感数据发现技术有以下 3 种。

① 基于内容的全局或局部的二进制比对。这种方式主要用于快速发现某些重要的敏感数据，准确率高，但是抗干扰性差。

② 基于关键词/语义特征和正则表达式的敏感数据发现，例如，基于逻辑表达式的敏感数据发现和词典模式等。这种技术需要人工来制定发现规则，因此发现规则的规模受限，不适合制定过于烦琐复杂的发现规则，更适合结构化数据的发现和打上标签的非结构化数据的发现。当非结构化数据没有标签或者标签丢失时，这种方式就无法正常工作了。

③ 基于自然语言理解的机器学习和分类系统。由于该系统以自然语言为工作基础，通过引入恰当的数学模型和机器学习系统，使该系统能够基于数量较多的识别特征和机器学习自动生成的识别规则，完成对非结构化的敏感数据的发现，不依赖于数据自身的标签属性。

5.5 数据分类分级

《中华人民共和国数据安全法》第二十一条“国家建立数据分类分级保护制度，根据数据在经济社会发展中的重要程度，以及一旦遭到篡改、破坏、泄露或者非法获取、非法利用，对国家安全、公共利益或者个人、组织合法权益造成的危害程度，对数据实行分类分级保护”。从国家层面确立了数据分类分级保护制度。

数据分类分级是一个数据管理的过程，根据特定和预定义的标准，对数据资产进行一致性、标准化分类分级，将结构化和非结构化数据都组织到预定义类别中，并根据该分类分级实施安全策略。

数据分类分级是任何数据资产安全和合规程序的重要组成部分，尤其是企业存储大量数据资产时，如果不知道拥有什么数据资产及其所处的位置，就无法管理数据资产。如果没有根据数据的敏感性和价值对其进行分类分级，就无法确保对最关键数据资产的最高级别保护。

数据分类分级的主要目的是根据分类分级的方案采取相应的安全控制措施，确保企业敏感数据、关键数据和受到法律保护的数据得到保护，降低发生数据泄露或其他类型网络攻击的可能性，这些安全控制措施包括促进风险管理、合规流程和满足法律条款。

数据分类分级是数据安全管理生命周期的重要组成部分，它使企业可以快速安全地访问和共享数据资产。影响数据资产分类分级的不同类型的法律法规包括《通用数据保护法案》《加州消费者隐私法案》《健康保险携带和责任法案》等。

5.5.1 数据分类分级方法

数据分类分级是数据安全的基石，只有做好数据分类分级，才能确保一定级别的数据以适当的投入保持适当的控制水平。

数据分类分级的目的是对不同分类分级的数据采用不同的防护措施，数据分类分级越多，管理成本越高。数据分类分级方法如图 5-5 所示。

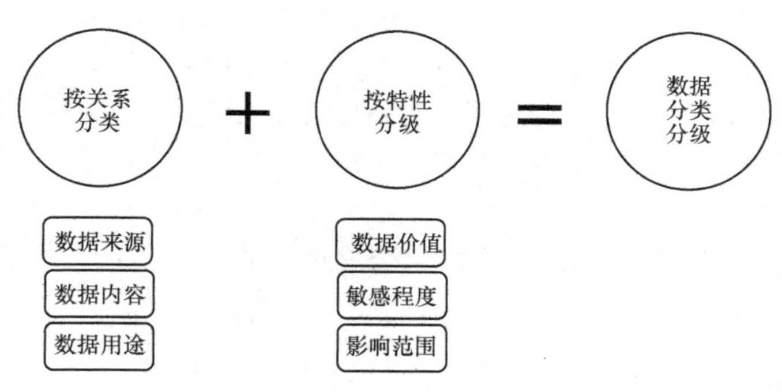

图 5-5　数据分类分级方法

1. 数据分类

数据分类通常按照数据的来源、内容、用途等因素进行分类，数据分类可随着业务变化而动态变化，例如，按照数据来源，数据可分为业务数据、企业数据、用户数据。分类是按照类别、种类的不同进行归属划分，分级是按照划定的某种标准，对同一类别的属性按照高低、大小进行级别的划分。基于此，通常情况下，数据分类是按照实际业务场景进行的数据类别的划分，会涉及不同的业务场景。

2. 数据分级

数据分级通常按照数据价值、敏感程度、泄露之后的影响范围等因素进行分级。通常数据分级一旦确定，基本不再变化。根据数据重要性、敏感程度将数据分为三级或者四级，对每级数据制定差异化的保护措施。企业的数据可分为机密、隐私、敏感、公开四级。

数据分级的敏感度准则可以参考以下 9 个方面。

① 数据的用途。

② 数据的价值。

③ 数据的寿命。

④ 数据泄露可能导致的损失级别。

⑤ 保护数据的法律、法规或合约责任。

⑥ 数据对安全的影响。

⑦ 谁能够访问这些数据。

⑧ 由谁维护这些数据。

⑨ 谁能够重造这些数据。

每一个数据分级可对应多个数据分类。数据分类与数据分级是相辅相成的关系。

数据分类的科学性和合理性，对数据分级起着良好的辅助界定作用。合理的数据分级能够保证在符合法律法规和监管要求的前提下，对最关键和最有价值的数据采取最高级别的防护，同时减少不必要的投入。对掌握的数据资源进行数据分类分级，是实现数据有效管理和利用、保障数据安全的基础。

3. 安全控制

对每种分类分级数据采取哪种控制取决于企业管理层和数据安全组织决定的保护级别。

5.5.2 数据分类分级步骤

当前，数据研究领域对于数据分类尚未形成成熟、统一的标准或制度。没有一种万能的数据分类分级方法是适用于所有的企业或组织的。数据分类分级过程大体可以分为 5 个关键步骤，在制定数据分类分级和保护策略时，可以对其进行修改和定制，以满足一些特殊的需求。

1. 建立数据分类分级策略

定义数据分类分级策略，并将其传达给所有能够接触数据的员工。该策略应简短明了，并应包括以下基本要素。

① 目的——进行数据分类分级的原因及企业期望从中实现的目标。

② 工作流程——数据分类分级的过程，以及它对使用不同类别敏感数据员工的影响。

③ 数据分类分级方案——明确数据分类分级的策略框架，以及数据分类分级到对应类别的方案。

④ 数据资产控制者——业务部门的角色和职责，包括他们对敏感数据进行分类分级的方法和控制访问权限。

⑤ 确定数据安全控制——安全标准为每种数据类别指定了适当的处理方法，例如，存储数据的方法、访问权限的分配、数据共享的方法、数据加密的要求及保留条款和流程。由于这些准则可能会更改，最好是将它们作为单独的文档进行维护。

2. 发现已经收集存储的敏感数据

将数据分类分级策略应用到现有的各类数据中。使用人工方法识别可能包含敏感数据或重要数据资产的数据库、文件共享和其他系统，这种方法效率低下。建议构建一个自动化数据分类分级的软件应用，从而能够自动化、常态化、高效率地对全部数据资产进行全面、精准的梳理和分类分级。

3. 对数据进行分类分级和打标签

根据数据分类分级框架，每个数据资产都需要相应的一个或者多个标签，这有助于后续执行数据分类分级策略。添加标签可以通过自动化、智能化的算法软件进行。

4. 利用数据分类分级结果提升安全性和合规性

一旦清楚敏感数据及其存储位置，就可以查看数据安全和隐私策略，以确定是否所有数据都受到适当的风险措施保护。通过对所有敏感数据进行分类分级，可以确定工作优先级、控制成本并改善数据安全管理过程。

5. 重复和优化

数据是动态的，企业每天都会创建、复制、移动和删除不同的数据。因此，数据分类分级必须在企业中持续进行。正确管理数据分类分级过程有助于保护所有敏感数据和关键数据。

5.5.3　数据分类分级实践

1. 海关数据分级管理

（1）业务数据分级

根据数据在采集、存储、传输、使用等环节发生泄露对国家安全、社会秩序及公共利益、公民/法人/其他组织合法权益、海关的危害程度，海关数据从低到高分为敏感、内部和公开 3 个级别，海关业务数据分级见表 5-1。

表 5-1　海关业务数据分级

级别	描述
敏感	是指不涉及国家秘密，但与国家安全、海关工作、经济发展及公民利益密切相关的数据。敏感数据未经授权被披露、丢失或泄露，可能会对海关工作产生严重影响，给海关声誉带来严重损害，或者对社会秩序和公共利益造成严重损害。原则上应当不予共享。例如以下情形。 ① 应该公开但正式发布前不宜泄露的信息，例如，规划、统计、预算、招投标等过程信息。 ② 执法过程中生成的不宜公开的记录文档。 ③ 企业的商业秘密和知识产权中不宜公开的信息。 ④ 关键信息基础设施、信息系统安全防护计划、策略、实施等相关信息。 ⑤ 根据国际条约、协议不宜公开的信息。 ⑥ 法律法规确定的不宜公开的信息。 ⑦ 根据国家要求或本企业要求认定的敏感信息。 ⑧ 涉及国家重要信息、企业机密信息和个人隐私信息的数据，例如，系统管理数据、鉴别信息、重要业务数据和重要个人信息等
内部	是指非国家秘密或敏感数据，但不宜公开的数据。内部数据未经授权被披露、丢失或泄露，可能会对海关工作或海关声誉产生不利影响，或者对社会秩序和公共利益造成一定损害。原则上应当有条件共享。例如以下情形。 ① 重要办公会议记录、纪要、领导讲话、批示。 ② 信息化建设规划、方案、计算机网络与信息系统资料。 ③ 海关内部的人事规章和工作制度。 ④ 海关内部的人员晋升、奖励、处分、能力评价、人才建设规划、员工档案等人事管理信息。 ⑤ 国家法律、法规规定应共享的海关业务数据

（续表）

级别	描述
公开	是指应当公开或可以公开，不涉及国家秘密且不是敏感数据、内部数据的数据，公开数据对海关工作或者对社会秩序和公共利益不会产生不利影响。例如以下情形。 ① 海关法规。 ② 业务介绍。 ③ 业务统计发布信息。 ④ 业务介绍、流程说明。 ⑤ 公开发文。 ⑥ 国家法律、法规规定应开放的海关业务数据

（2）个人信息分级

个人信息是指以电子或者其他方式记录的能够单独或者与其他信息结合识别自然人个人身份或者反映特定自然人活动情况的各种信息，包括但不限于自然人的姓名、出生日期、身份证件号码、个人生物识别信息、住址、电话号码等。个人信息分级及保护规范参照国家标准 GB/T 35273—2020《信息安全技术 个人信息安全规范》相关要求。

个人信息分为个人敏感信息和个人一般信息。其中，个人敏感信息安全防护原则上按照敏感级数据安全防护要求进行防护，个人一般信息安全防护原则上按照内部级数据安全防护要求进行防护。

个人敏感信息是指个人信息一旦遭到泄露或篡改，会对标识的个人信息主体带来不良影响。

个人敏感信息见表 5-2。

表 5-2　个人敏感信息

个人财产信息	银行账号等
个人身份信息	身份证、军官证、护照等证件信息
网络身份标识信息	系统账号、邮箱密码、口令、口令保护答案、用户个人数字证书等
其他信息	婚史、宗教信仰、通信记录和内容、行踪轨迹等

个人一般信息见表 5-3。

表 5-3　个人一般信息

个人基本资料	个人姓名、生日、性别、民族、国籍、家庭关系、住址、个人电话号码、电子邮箱等
个人教育工作信息	个人职业、职位、工作单位等
联系人信息	通讯录、好友列表等

（3）定级管理

数据所有部门对所辖数据资源进行梳理和定级，对数据的敏感级别进行标识和登记，对敏感数据进行声明和备案。定级管理的具体要求如下。

① 当多个不同敏感级别的数据合并在一起时，按最高敏感级别对混合数据进行标识和声明。

② 对于敏感数据，须由数据所有部门对数据名称、类别、敏感级别、失效日期等以声明文件的形式进行声明。声明文件须由本部门保存并上报数据安全管理部门备案。

③ 敏感数据到达失效日期后，应对其进行重定级，否则默认为“内部数据”。

④ 未进行标识和声明的数据默认为“内部数据”。

2. 某能源企业数据分类分级操作方法

根据已经制定的数据分类分级的相关规定，为增强可操作性，确定以下数据资产分类分级操作的具体方法。

① 基于数据资产分类，对数据进行识别，确定具体的业务活动数据所对应的业务过程或者业务职能域甚至是数据域。

② 识别之后，根据所属分类，按照 CIA 赋值和 CIA 权重的参考建议，进行资产价值计算，在有充分原因的情况下可适当修改 CIA 建议赋值和权重，确保数据资产价值得到合理估算。

③ 根据数据资产的合理估算价值，参考数据资产的涉密性，对数据资产进行最终定级，一旦确定级别，即按照规范要求进行保护。

由此给出数据资产分类分级处理方法作为执行参考，数据资产分类分级处理方法如图 5-6 所示。

数据资产分类分级方法在具体执行过程中需注意以下事项。

① 严格依照数据资产分类分级明细和数据资产价值计算公式分级，严禁随意甚至恶意划分等级的行为。

② 针对一些特殊的差异化部门，在数据分级操作过程中 CIA 赋值、CIA 权重、价值分级的环节可以进行合理调整，更真实地反映数据价值。

③ 基于数据分类分级规范，尤其是操作高敏感数据时，数据所有者或者管理员一定要认真思考，严格考虑 CIA 属性各项赋值，保证高敏感数据资产的价值地位，不可滥用高敏感分级。

④ 一般情况下，受数据资产价值计算的限制，一些独特的新型的数据资产无法进行属性衡量，此时相关责任人可以参照类似数据，调整 CIA 的具体赋值，使其取得合适的分级。

⑤ 各部门在具体实施过程中要严格区分内部数据和公共数据，明确划分公共数据的范围，确保其可公开、可列举，保证数据资产的合理价值。

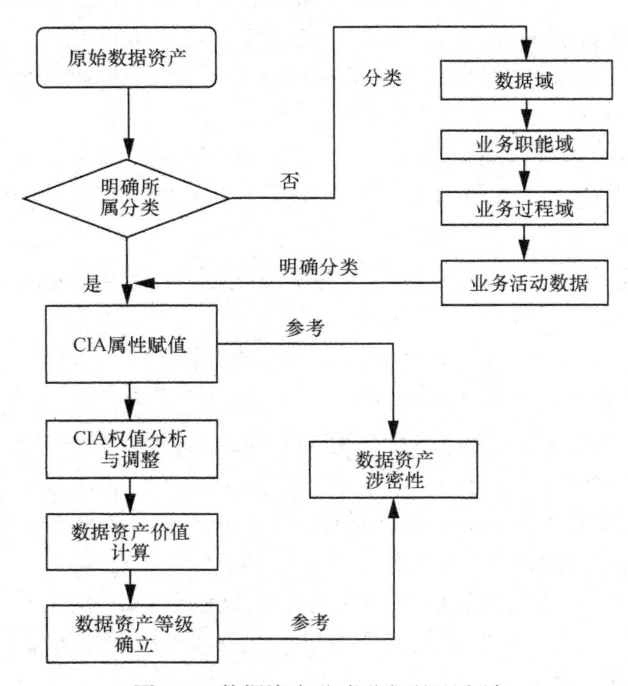

图 5-6　数据资产分类分级处理方法

⑥ 各部门在对数据进行划分后，除去高敏感数据、敏感数据、公共数据，其他的数据资产均属于内部数据，这是整个数据资产中数据量极大的一部分，需严格制定内部数据的具体保护措施，避免因泄露造成无法预计的后果。

3. NIST SP800-60 分类分级方法

SP800 是美国国家标准与技术研究院（National Institute of Standards and Technology，NIST）发布的一系列关于信息安全的指南（此处 SP 是 Special Publications 的缩写）。

2004 年 2 月，NIST 发布的 FIPS199 定义了信息和信息系统的 3 个安全目标（保密性、完整性、可用性），并将每个目标的潜在影响定义为低、中、高 3 种程度。NIST 在 FIPS199 的基础上发布了 SP800-60，描述了安全分类过程及如何建立信息系统安全类别。

SP800-60 依据 FIPS199，根据信息损失的潜在影响对信息和信息系统进行分类。信息包括机密信息、医学信息、私人信息、金融信息、合约敏感信息、贸易机密信息、调查研究信息等。信息系统包括任务评价系统、任务支持系统和行政管理系统等。

数据（信息）分类分级步骤见表 5-4。

表 5-4　数据（信息）分类分级步骤

流程步骤	活动	角色
输入：识别的信息系统	为了安全分类目的，各机构应制定自己的信息系统识别规则，该系统通常由安全边界限制	CIO；SAISO；任务所有者
步骤 1	①记录该机构的业务和任务领域 ②确定从每个系统输入、存储、处理和输出的所有信息类型 ③根据支持 FEA 业务线，确定基于任务的信息类型类别 ④基于适用情况，根据支持 FEA 业务线，确定管理和支持信息类型类别 ⑤为已确定的基于任务的管理和支持类别指定适用的子功能 ⑥根据需要，确定其他所需信息类型 ⑦记录已识别信息系统的适用信息类型及信息类型选择的基础	任务所有者；信息所有者
步骤 2	①选择已识别信息类型的安全影响级别 ②来自每种已确定信息类型的建议临时影响水平 ③或者根据 FIPS199 标准确定每种信息类型的安全类别（SC）：SC 信息类型={（机密性，影响），（完整性，影响），（可用性，影响）} ④记录与系统信息类型相关的机密性、完整性和可用性的临时影响级别	信息系统安全官（ISSO）
步骤 3	①根据企业、环境、使命、使用和数据共享审查临时影响级别的适当性 ②考虑以下因素，根据需要调整影响级别 • 机密性、完整性和可用性因素 • 情境和操作驱动因素（例如，时间、生命周期等） • 法律或法定原因 记录对影响水平的所有调整，并提供调整的依据或理由	AISO；ISSO；任务所有者；信息所有者
步骤 4	①评审已识别的信息类型聚合的安全分类 ②通过确定每个安全目标的安全影响级别高低水平标记（保密性，完整性，可用性）来确定系统安全性分类：SC 系统 X={（保密性，影响），（完整性，影响），（可用性，影响）} ③根据需要调整每个系统安全目标的安全影响级别高低水平标记 ④根据系统安全目标的最高影响级别（保密性、完整性、可用性）分配整体信息系统影响级别 ⑤遵循机构的监督流程审查，批准和记录所有决定	CIO，SAISO；ISSO；使命所有者；信息所有者
输出：安全分类	①输出可用作选择每个系统所需的一组安全控制和系统风险评估的输入 ②建议的每个系统安全类别的最低安全控制可在 NIST SP800-53 中找到，并已更新	CIO，ISSO；授权管理者；开发商

信息和信息系统安全目标见表 5-5。

表 5-5　信息和信息系统安全目标

安全目标	FISMA 定义	FIPS199 定义
保密性	保留对信息获取和披露的授权限制，包括保护手段、个人隐私和专有信息	未经授权披露信息的保密性损失

（续表）

安全目标	FISMA 定义	FIPS199 定义
完整性	防范对信息的修改或销毁，包括确保信息不可抵赖性和真实性	未经授权修改或销毁信息的完整性损失
可用性	确保能够及时可靠地获取和使用信息	信息或者信息系统的访问或者使用的可用性损失

潜在影响级别见表 5-6。

表 5-6　潜在影响级别

潜在影响	定义
低	潜在的影响是低。保密性、完整性或可用性的损失可能对企业运营、企业资产或个人产生有限的不良影响。例如，①企业能够执行其主要功能，但功能的有效性减少；②对企业资产造成轻微损害；③导致个人财务轻微损失；④对个人造成轻微伤害
中	潜在的影响是中。保密性、完整性或可用性的损失可能对企业运营、企业资产或个人产生严重的不良影响。例如，①企业能够执行其主要功能，但功能的有效性显著减少；②对企业资产造成严重损害；③导致个人财务严重损失；④对个人造成重大伤害
高	潜在的影响是高。保密性、完整性或可用性的损失可能对企业运营、企业资产或个人产生灾难性的不良影响。例如，①企业不能够执行其主要功能；②对企业资产造成重大损害；③导致个人财务重大损失；④对个人造成灾难性伤害

4. 数据分类分级参考模型

为保护数据应用开展过程中所涉及的相关数据的安全，需要明确数据的分类分级，数据分类分级参考模型如图 5-7 所示。

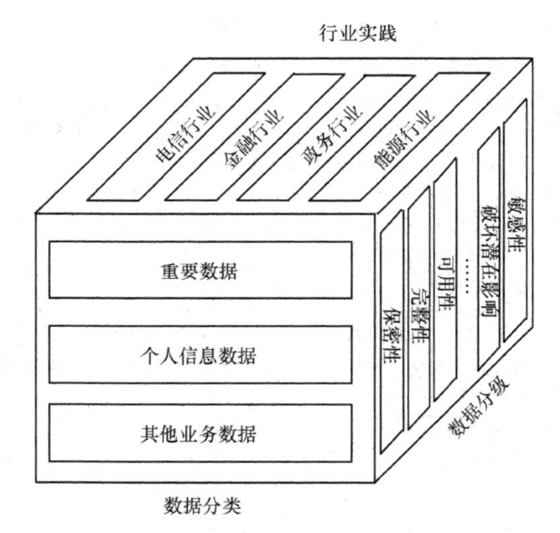

图 5-7　数据分类分级参考模型

数据分类分级参考模型可以划分为以下 3 个维度。

① 数据分类。

② 数据分级。

③ 行业实践。

5. 某商业银行数据分类分级的管理实践案例

（1）数据分类

数据分类就是把数据按照一定的规则和类目体系进行归类，抽取它们的业务属性、管理属性的共性，形成“业务主题”的归类。这种归类从管理的角度可以分层进行，一般而言“三层”或“四层”的管理模式比较适合管理体系的搭建和维护，层级太少会造成“业务主题”颗粒度太粗，层级太多则会造成管理成本太高。按照业务主题，一般商业银行的数据可以分为 10～20 个一级主题、50～100 个二级主题、200 多个三级主题。某商业银行的数据分类实践如图 5-8 所示。

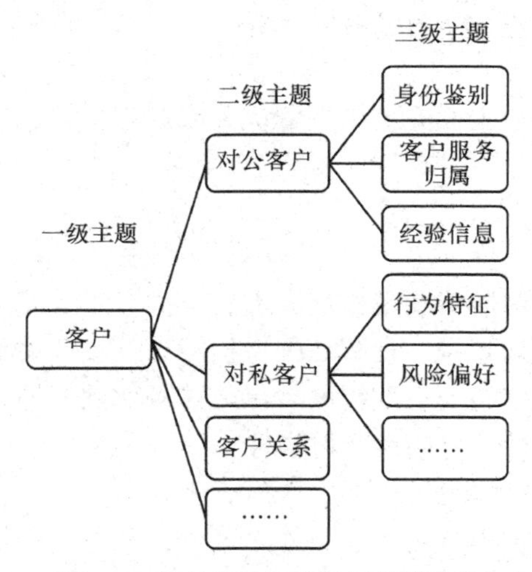

图 5-8　某商业银行的数据分类实践

（2）数据分级

数据安全等级一般根据数据的保密性、完整性、可用性，以及遭到破坏、损失后的影响对象（国家安全、公众权益、个人隐私、企业合法权益）和影响程度划分为 5 级。

中国人民银行发布了 JR/T 0197—2020《金融数据安全　数据安全分级指南》，该指南提出了 4 个一级主题、14 个二级主题、76 个三级主题和 300 多个四级主题的建议性数据分类，影响程度分为非常严重、严重、中等、轻微。这个分类分级体系为商业银行具体实施数据分类提供了指引和参考，商业银行可以在此基础上删减和补充，进而得到自己的分类分级体系。

5.6 数据安全评估与考核体系

数据安全评估是对数据资产及其环境的安全性进行全面审查。安全评估人员进行风险评估，识别出可能造成危害的安全漏洞，并根据需要给出修复建议。数据安全评估通常包括安全测试工具的使用，但不限于自动化扫描和人工渗透测试。数据安全评估还包括对威胁环境、当前和未来风险、目标环境价值的细致审查。安全评估的主要工作成果通常通过提交评估报告的方式上报管理层。

数据安全评估包括自评估和检查评估两种。

1. 自评估

自评估是由企业自身发起的，企业自己实施或委托第三方实施，例如，数据安全风险评估、数据安全能力成熟度评价。

2. 检查评估

检查评估由被评估企业的上级主管机关或业务主管机关发起，例如，数据安全检查评估。

5.6.1 数据安全风险评估

数据安全风险评估能帮助数据拥有者、维护者及时发现数据保护过程中存在的隐患，有效管理数据安全，规范数据保护行为。该评估将全方位审查网络运营者所采取的保护数据措施的有效程度，保障被评估业务的数据资产（包含个人信息）的保密性、完整性、可用性及可控性。

1. 数据安全风险评估模型

数据安全风险评估模型包括以下 4 个方面：业务安全评估、组织评估、数据生命周期安全评估、场景化数据安全评估。数据安全风险评估模型如图 5-9 所示。

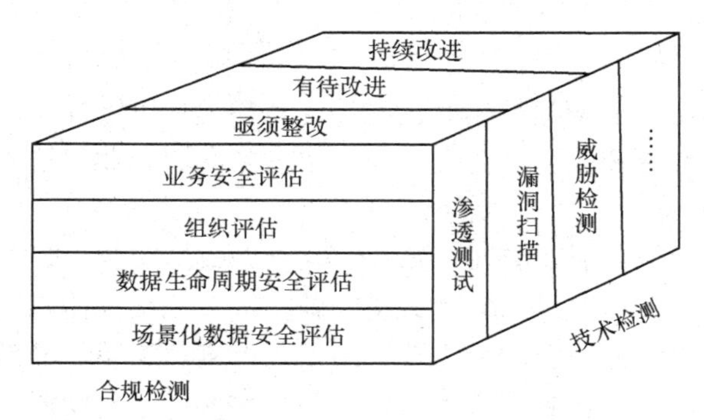

图 5-9 数据安全风险评估模型

2. 数据安全风险评估方法和流程

（1）数据安全风险评估方法

数据安全风险评估方法包括但不限于文本核查、试用验证、技术测试、人员访谈等。

① 文本核查是指仔细阅读网络运营者提供的数据采集使用规则、数据安全管理制度等文本，是一种审核其合规性的评估方法。

② 试用验证是指依据数据采集使用规则模拟用户体验，对应用程序执行下载、安装、注册、账号注销及其他相关操作的评估方法。

③ 技术测试是利用专用测试工具执行权限分析、网络流量分析、数据传输目的地分析、反编译等特定操作的评估方法。

④ 人员访谈是指通过与网络运营相关的数据安全管理人员沟通，评估数据安全措施落实情况的评估方法。

（2）数据安全风险评估流程

① 确定评估范围。数据安全评估范围可能是企业全部的业务及业务相关的各类信息系统，也可能是某个独立的业务及相关的信息系统等，评估对象为根据关键数据原则确定的业务的数据资产。

② 数据资产识别。

一是数据调研，在确定评估范围的基础上，针对评估范围内的每项业务，识别业务涉及的数据资产。

在业务尚未建立数据资产清单的情况下，评估人员可通过以下方法开展数据调研：首先应识别业务逻辑、业务功能、业务流程等内容，然后识别各业务功能、流程相关信息系统，再调查信息系统收集、存储、使用的业务数据，最后识别业务数据类型、数据所在位置、数据量、保存方式（信息系统、终端、文档服务器）等内容。如果企业已有数据资产清单，那么评估人员需要判断清单是否真实、完整。

本阶段评估人员应输出数据资产清单，该清单包括数据类型、数据所在位置等内容。

二是数据重要程度分析与赋值，数据重要程度是数据资产的属性。数据重要程度可从国家安全与社会公共利益影响、企业利益影响、个人权益影响等维度进行分析。

从国家安全与社会公共利益层面考虑，数据须根据一旦发生安全事件会对国家安全、社会秩序、经济建设和公众利益可能造成的影响严重程度与范围进行分级。

从企业利益层面考虑，数据可以从业务影响、财务影响、声誉影响等方面进行分级。

业务影响应考虑数据安全事件发生后对生产业务造成的影响。

财务影响应考虑数据安全事件发生后导致的财务损失，包括直接损失（例如，收入受损、缴纳罚款、赔偿金或其他资产损失等）和恢复成本（例如，恢复数据、恢复业务、消除影响、安抚/挽回客户等涉及的资金或人工成本等）。

声誉影响应考虑数据安全事件发生后被外界所知而造成的声誉损失，包括客户信任度、客户流失率、公司形象、行业声誉、社会认同感等。

从个人权益层面考虑，数据可根据敏感程度、影响范围进行分级。

建议对数据重要程度赋值为5级，1～5级分别对应的数据重要程度为很低、低、中等、高、很高。

③ 确定待评估的数据资产范围

在数据调研结果的基础上，根据关键数据原则选择重要程度较高的数据资产作为评估的重点。

（3）数据应用场景识别

确定待评估的数据对象后，针对每一类待评估的数据对象，识别其涉及的各类应用场景。

数据应用场景识别包括识别业务流程或使用流程、相关数据活动、参与主体。

数据活动包括但不限于数据提取、数据获取、数据整合、数据分析、结果存储、数据下载、数据外发、结果展示等。

参与主体包括人员、内外部系统、内外部接口等。

其中，人员包括外部使用者（例如，用户、客户、合作伙伴、项目合作人员、供应商、服务商等）和内部使用者（例如，销售人员、市场营销人员、管理人员、IT服务人员及其他相关使用者等）。人员根据数据角色分类，可以分为业务（数据）需求方、数据分析人员、业务部门人员、第三方服务人员、IT服务人员等。

内外部系统包括数据存储系统，例如，数据库服务器、文件服务器、云平台、员工存储终端等；数据处理使用系统，例如，业务系统、业务后台、移动应用端、员工办公终端设备等；数据分析系统，例如，大数据分析系统等；管理系统，例如，统一身份认证平台、数据权限平台、中间层平台、VPN管理系统等。

内外部接口包括内部系统接口、外部系统接口、外部流程接口等。外部流程包括统一账号管理流程、统一数据权限管理流程等。

（4）技术检测

技术检测包括信息收集、安全配置、漏洞扫描、入侵痕迹检测、日志审计、客户端风险检测、接口风险检测、数据库风险检测、数据脱敏等技术手段及工具测试。

3. 数据安全风险评估内容

数据安全风险评估应以业务中重要程度较高的数据作为评估工作的核心，把这些数据涉及的各类应用场景作为评估的重点，评估数据在各应用场景中遇到的威胁及相关安全风险。

重点评估内容包括以下 4 个方面。

（1）业务安全评估

根据需要及授权登录系统，观察并收集系统运行环境及业务数据流相关的信息。业务安全评估如图 5-10 所示。

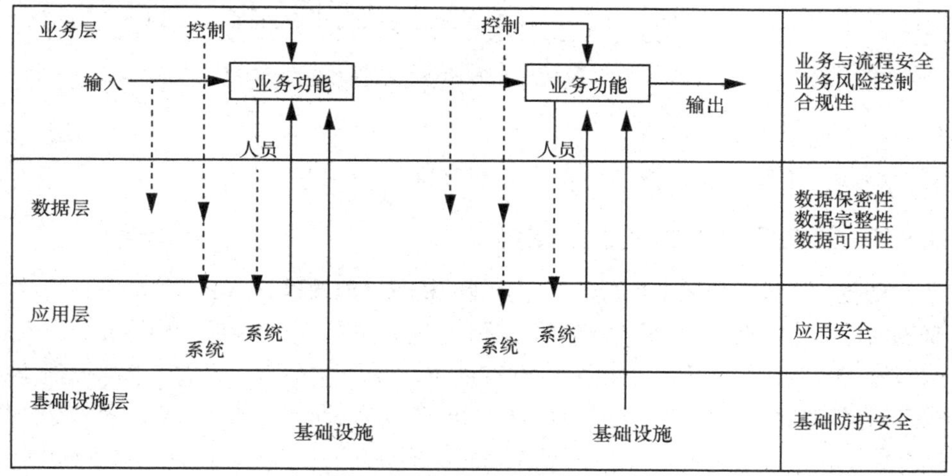

图 5-10　业务安全评估

（2）数据安全组织评估

数据安全组织评估的主要内容是识别组织的行政架构、角色职责、安全职能。

（3）数据生命周期通用安全合规检查

数据生命周期通用安全合规检查包括策略与规程、数据与系统资产、组织和人员管理、战略规划与管理、数据供应链管理和合规性管理。数据生命周期通用安全合规检查如图 5-11 所示。

策略与规程	数据与系统资产	组织和人员管理	战略规划与管理	数据供应链管理	合规性管理
• 数据安全策略与规程	• 数据资产 • 系统资产	• 组织管理 • 人员管理 • 人员培训	• 战略规划 • 需求分析 • 元数据安全	• 数据供应链 • 数据服务接口	• 个人信息保护 • 重要数据保护 • 数据跨境传输 • 密码支持

图 5-11　数据生命周期通用安全合规检查

数据生命周期各阶段安全合规检查包括数据采集、数据传输、数据存储、数据处理、数据交换数据销毁。数据生命周期各阶段安全合规检查如图 5-12 所示。

数据采集	数据传输	数据存储	数据处理	数据交换	数据销毁
• 数据分类分级 • 数据采集和获取 • 数据清洗、转换与加载 • 质量监控	• 数据安全过程域描述	• 存储架构 • 逻辑存储 • 访问控制 • 数据副本 • 数据时效性	• 数据分析安全 • 数据正当使用 • 密文数据处理 • 数据脱敏处理 • 数据溯源	• 数据导入导出安全 • 数据共享安全 • 数据交换安全	• 数据销毁处置 • 介质销毁处置

图 5-12　数据生命周期各阶段安全合规检查

（4）应用场景安全

数据在不同应用场景下需要关注不同的安全问题。

5.6.2　数据安全能力成熟度模型

数据安全能力成熟度模型是关注企业或机构开展数据安全工作时应具备的数据安全能力，定义数据安全保障的模型框架和方法论，提出对企业或机构的数据安全能力成熟度的分级评估方法，以衡量企业或机构的数据安全能力，促进企业或机构了解并提升自身的数据安全水平，促进数据在企业或机构之间的交换与共享，充分发挥数据的价值。

数据安全能力成熟度模型借鉴能力成熟度模型的思想，以能力成熟度模型的通用实践衡量能力成熟度等级，基于数据生命周期通用安全合规检查过程定义数据安全过程域和基本实践，指导企业或机构满足目标能力成熟度等级所对应的安全要求。

数据安全能力成熟度模型架构如图 5-13 所示。

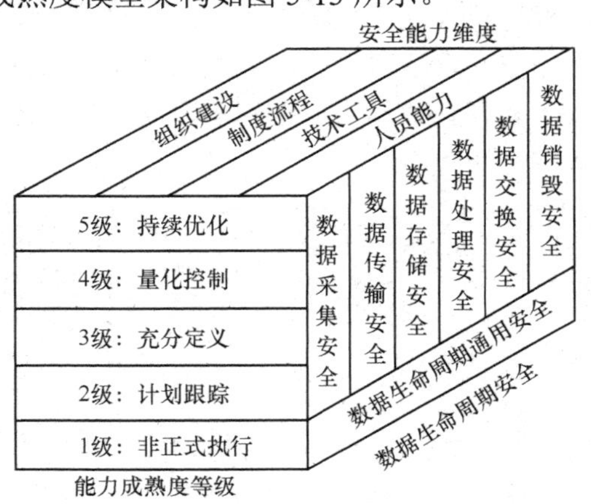

图 5-13　数据安全能力成熟度模型架构

数据安全能力成熟度模型架构由以下 3 个方面构成。

1. 安全能力维度

安全能力维度明确了企业或机构在数据安全领域应具备的能力，具体包括组织建设、制度流程、技术工具和人员能力 4 个关键能力。

2. 能力成熟度等级

基于能力成熟度模型的通用实践对各数据安全进行能力成熟度等级评估。

能力成熟度等级划分为 5 级：1 级为非正式执行级；2 级为计划跟踪级；3 级为充分定义级；4 级为量化控制级；5 级为持续优化级。

3. 数据生命周期安全

数据生命周期安全包括数据生命周期各阶段安全和数据生命周期通用安全。

数据生命周期各阶段由若干个过程域组成，各个过程域由若干个基本实践组成。

数据生命周期各阶段安全具体包括数据采集安全、数据传输安全、数据存储安全、数据处理安全、数据交换安全、数据销毁安全，数据生命周期通用安全是与各个生命周期都相关的过程，通用安全的过程域和基本实践具体见 GB/T 37988—2019《信息安全技术 数据安全能力成熟度模型》。

5.6.3 数据安全检查评估

数据安全检查评估由被评估企业的上级主管机关或业务主管机关发起，以下是可供参考的数据安全检查评估指标体系。

1. 数据生命周期通用安全合规检查

数据生命周期通用安全合规检查见表 5-7。

表 5-7　数据生命周期通用安全合规检查

序号	大类	子类	检查点	检查内容（71 项）	检查结果描述
1	策略与规程	数据安全策略与规程	数据安全策略	依据企业的业务战略，制定符合企业业务战略和目标的数据安全策略，展现企业的数据安全目标和原则，并能体现企业管理数据安全的方法	
2			数据安全管理制度体系	基于企业的数据安全策略，建立以数据生命周期为核心思想的数据安全制度体系，相关制度均从目的、范围、岗位、责任、管理层承诺、内外部协调及合规性方面提出明确要求	
3			评审与发布	建立数据安全策略与规程的评审、发布流程，并确定适当的频率和时机对策略与规程进行更新，以确保其持续的适宜性和有效性	
4	数据与系统资产	数据资产	数据资产与安全管理规范	制定数据资产与安全管理规范，明确数据资产的安全管理目标和安全原则。安全管理规范明确了数据资产的登记制度，规定了数据资产与数据管理者和安全管理者在企业中的角色和所应承担的职责，并提出数据资产的分类管理要求	

（续表）

序号	大类	子类	检查点	检查内容（71 项）	检查结果描述
5	数据与系统资产	数据资产	数据资产分类分级管理	制定数据资产分类分级方法和操作指南，制定数据资产分类分级的变更审批流程和机制	
6			建立数据资产清单	建立数据资产清单，明确数据资产管理范围和属性	
7			审批职责与流程	建立企业内部数据资产管理过程中需要数据管理者和安全管理者参与的审批流程，并清晰确立其在各流程中所承担的审批职责	
8			数据资产安全防护	依据数据资产和数据主体安全分级要求，建立相应的标记策略和访问控制、数据加/解密、数据脱敏等安全机制和管控措施	
9			内外部数据资产管理规范	制定企业业务所需的内外部数据资产的安全治理原则和数据资源整合规范	
10			建立数据资产管理平台	建立企业统一的数据资产管理平台，通过技术工具整体量化企业内部的数据资产情况，实现对数据资产的统一管理，包括但不限于标识数据的数据管理者和安全管理者、数据资产等级、数据资产数据量、各等级的数据资产的分布情况等信息，便于数据管理人员进行整体的数据资产现状统计	
11		系统资产	系统资产安全管理制度	建立系统资产安全管理制度，明确系统资产的安全管理目标、原则和范围，信息系统资产的全生命周期管理要求、资产登记要求和分类标记要求，并针对安全管理制度执行定期审核和更新	
12			系统资产建设和运营管理	建立系统资产建设和运营管理的制度和规范，例如，规划、设计、采购、开发、运行、维护及报废	
13			系统资产登记	建立系统资产登记机制，形成系统资产清单，明确系统资产安全责任主体及相关方，并定期维护系统资产相关信息	
14			系统资产分类和标记	建立和实施系统资产分类和标记规范，资产标记易于填写和依附在相应的系统资产上	
15			系统资产管理平台	建立数据系统资产管理平台，对系统资产进行统一注册、审计、监控等	
16	组织和人员管理	组织管理	数据安全管理组织架构	建立数据安全管理组织，按照安全角色和责任给职能部门配备合适的安全管理人员，并明确数据安全管理责任人	
17				建立数据安全领导小组，并指定企业最高管理者或授权代表担任小组组长	
18				指定数据系统规划、安全建设、安全运营和系统维护工作的责任部门	
19			数据安全组织职能工作规范	制定数据安全组织职能的工作规范，明确各职能岗位之间的协作关系，明确各职能岗位的运行配合机制	
20			数据安全追责制度	制定数据安全追责制度，定期对责任部门和安全岗位组织安全检查，形成检查报告	

（续表）

序号	大类	子类	检查点	检查内容（71 项）	检查结果描述
21	组织和人员管理	人员管理	人力资源安全管理制度	制定数据服务岗位人员招聘、录用、调岗、离岗、考核、选拔等管理制度，将数据安全相关的环节固化到涉及的人力资源流程中	
22			保密协议及背景调查	在录用重要岗位人员前对其进行背景调查，确认其符合相关的法律、法规、合同和道德要求，并与所有涉及数据服务岗位的人员签订保密协议	
23			重要岗位人员安全管理	明确数据服务相关重要岗位及角色安全要求，建立重要岗位角色清单	
24			数据安全角色策略分配及授权规范	建立数据服务相关的安全角色，明确安全角色的分配策略和授权规范，为数据服务相关的安全角色指定安全管理人员	
25			奖惩规定	对破坏数据安全的服务人员按照规定给予处罚，并进行书面记录	
26			第三方人员安全管理	建立第三方人员安全管理制度，接触敏感资产的人员要签署保密协议	
27		人员培训	数据安全培训计划	针对不同数据安全岗位人员制订安全培训计划，并对培训计划定期审核和更新	
28				针对数据安全关键岗位的转岗、岗位升级等制订相应的安全培训计划，并对培训计划定期审核和更新	
29			数据安全培训	按计划定期开展数据服务安全培训，并对培训结果进行评价、记录和归档	
30				根据数据安全管理、数据安全技术、数据系统运行维护等内容对员工进行安全培训	
31	战略规划与管理	战略规划	数据安全规划	组织制定数据安全战略规划目标，详细制定该战略规划的各阶段目标、任务和工作重点，并对战略规划实施过程进行监督	
32				指定和授权部门对数据安全制定近期和远期的战略规划，并确保企业数据安全战略规划与企业信息系统规划的一致性	
33				建立数据安全管理纲领性文件，包括但不限于数据治理、数据质量、元数据平台与应用安全相关的数据所有权、数据开放与共享等	
34			数据安全管理	建立数据安全战略规划动态调整制度，并通过信息化平台进行管理	
35		需求分析	数据安全需求分析	建立业务系统的数据安全需求分析指南，识别数据服务数据源、数据类型、数据规模、数据业务等，明确数据和主体机密性、完整性和真实性安全目标	
36				识别数据生命周期关键业务和支撑数据服务所需的安全能力需求，明确数据业务持续运行的安全策略和控制范围及数据系统运行的安全目标	

（续表）

序号	大类	子类	检查点	检查内容（71 项）	检查结果描述
37	战略规划与管理	需求分析	数据安全需求分析	分析数据安全现状，准确理解数据服务和系统服务的安全需求，并基于风险分析等方法挖掘数据驱动的安全需求	
38				依据数据资产的分类分级要求，明确数据服务安全需求和安全控制措施实施的优先级	
39				可以利用专业的第三方机构开展需求分析，并配置专职的安全需求分析人员，确保数据服务相应的安全需求能正确传递	
40			数据安全需求评审	成立由数据服务安全多方共同组成的需求评审机构，成员包括数据服务建设者、管理者、使用者、运营者等，确保需求评审的完整、合理和透明	
41		元数据安全	管理规范	依据企业架构和数据业务建立相应的数据字典及其管理规范，例如，数据域、字段类型、表结构、逻辑存储和物理存储方式	
42				依据数据安全架构建立相应的安全元数据及管理规范，例如，口令策略、权限列表、授权规范	
43			访问控制策略	建立元数据访问控制策略，明确元数据角色及其授权控制机制	
44			元数据管理系统	建立元数据管理系统，实现数据服务元数据统一管理	
45	数据供应链管理	数据供应链	数据供应链安全管理规范	制定企业整体的数据供应链安全管理规范，定义数据供应链安全管理方针，明确数据供应链安全目标、原则和范围。其中，明确供应链上下游的责任和义务、合作协议的相关要求及企业内部的审核原则，确保数据供应链上下游对数据交换、使用和利用符合法律法规，其中，合作协议明确数据供应链中数据的使用目的、供应方式、保密约定等	
46			供应链合规性审核	对数据供应链上下游的数据服务提供者和数据使用者的行为进行合规性审核	
47			供应链评估规范	制定数据供应链上下游数据活动安全风险和数据安全管理能力评估规范	
48		数据服务接口	数据接口安全	制定数据服务接口安全控制策略，明确规定使用数据服务接口的安全限制和安全控制措施，例如，身份鉴别、授权策略、访问控制机制、签名、时间戳、安全协议等	
49				制定数据服务接口安全规范，包括接口名称、接口参数、接口安全要求等	
50	合规性管理	个人信息保护	个人信息保护	在采集、存储、处理、交换和销毁阶段中，涉及用户个人信息时需满足国家的法律法规要求	
51				涉及个人信息的操作需满足相关国家安全标准的要求，例如，GB/T 35273	
52				建立个人信息处理的授权审批流程和数据分析结果的输出审核机制	

（续表）

序号	大类	子类	检查点	检查内容（71 项）	检查结果描述
53	合规性管理	个人信息保护	个人信息保护	建立个人信息数据的内部管控规章制度和过程，严控相关岗位人员的访问权限	
54				采用合适的技术机制对个人信息进行保护，提供合适的保护方法，例如，采用脱敏规则、去标识算法、密码技术等	
55				具备对个人信息处理操作行为的安全审计能力	
56				定期对个人信息安全保护策略和措施进行评估，并及时更新	
57				对多源数据关联分析后，制定个人信息保护的安全控制措施	
58				具有个人信息脱敏或去标识有效性评估能力	
59		重要数据保护	重要数据保护	在采集、存储、处理、分析和销毁阶段中，涉及重要数据时确保满足国家的法律法规要求	
60				建立重要数据的内部管控规章制度和过程，严控相关岗位人员的访问权限	
61				建立重要数据处理审计机制，具备对重要数据处理操作行为的安全审计能力	
62				定期对重要数据安全保护策略和措施进行评估，并及时更新	
63				对多源数据关联分析后，制定涉及国家安全、社会公共利益等数据的控制措施	
64		数据跨境传输	数据跨境传输	依据《中华人民共和国网络安全法》等法律法规和标准中对数据跨境传输的安全要求，建立企业统一的数据跨境传输的制度规范，明确数据跨境传输的安全策略、管理制度、管理规范和管控措施	
65				建立业务中涉及数据跨境传输相关的处理流程和审批流程	
66				基于企业内部各类业务场景所涉及的针对数据跨境传输的不同的安全风险，在企业整体的数据跨境传输安全制度规范的要求下建立详细的指导细则	
67		密码支持	密码支持	建立符合商用密码管理条例的密码管理规范、管理框架和管理制度	
68				按照商用密码管理条例使用和管理密码设施	
69				按照商用密码管理条例生成密钥、分发密钥、存取密钥、更新密钥和销毁密钥	
70				对密码管理和密钥运算操作相关的日志数据进行记录、保存和分析	
71				具备密钥集中管理能力，保证密钥存储和更新的可伸缩性	

2. 数据生命周期各阶段安全合规检查

数据生命周期各阶段安全合规检查见表 5-8。

表 5-8 数据生命周期各阶段安全合规检查

序号	大类	子类	检查点	检查内容（111 项）	检查结果描述
1	数据采集安全	数据分类分级	数据分类分级标识	按照数据资产分类分级策略对数据进行分类分级标识，对不同类别和级别的数据实施相应的安全管理策略和采取相应的保障措施	
2				记录并保存数据采集过程中分类分级的操作过程，对数据分类分级变更的操作记录进行审计	
3		数据采集和获取	数据采集原则	制定数据采集原则，确保数据采集的合法性、正当性和必要性。确保数据采集是与数据服务相关的，只采集满足业务所需的最小数据集	
4			数据采集安全规则	制定数据采集信息技术相关的安全规则，确保数据采集质量安全原则的实施。对数据采集中可能的合规性需求声明进行安全风险分析，建立相应的采集个人隐私数据、重要数据的安全保护措施	
5			数据采集	制定数据采集规范，明确数据目的和用途，明确数据采集源和数据采集范围、采集流程和采集方式等	
6				对数据采集环境（例如渠道）、采集设施和采集技术采取必要的安全管控措施	
7				明确数据采集过程中个人信息和重要数据的知悉范围和安全管控措施。采取必要的技术手段和（或）管理措施保证数据采集过程中个人信息和重要数据不被泄露	
8				跟踪和记录数据采集过程，支持采集数据的溯源	
9		数据清洗、转换与加载	数据清洗和转换	制定数据清洗和转换过程中个人信息和重要数据安全管理规范	
10				采取必要的技术手段和（或）管理措施，确保在数据清洗和转换过程中保护个人信息和重要数据	
11				记录并保存数据清洗和转换过程中个人信息和重要数据的操作过程	
12				采取必要的技术手段和（或）管理措施，保证数据清洗和转换过程中个人信息和重要数据产生问题时有应急预案，数据能被还原和恢复	
13			数据加载	制定不同数据源和不同安全域之间数据加载安全策略、加载方式和授权规范。	
14				采取必要的技术手段和（或）管理措施，确保在数据加载过程中保护个人信息和重要数据	
15				记录并保存数据加载过程中个人信息和重要数据的操作过程	
16				数据加载的故障恢复能力	

（续表）

序号	大类	子类	检查点	检查内容（111 项）	检查结果描述
17	数据采集安全	质量监控	数据质量监控	定义数据源质量评价标准，制定数据采集质量管理控制策略和规范，数据质量管理规范包含对数据的标准化格式的要求、数据的完整性要求及数据故障应急机制的要求	
18				制定数据采集过程中质量监控规则，明确数据质量监控范围	
19				明确采集数据质量的要素，建立异常事件处理流程和操作规范，并分配流程中相应的责任岗位	
20				制定数据质量定级标准，明确不同级别的处理流程，定期对数据质量进行分析、预判和盘点规范，明确数据质量问题定位和修复时间要求	
21	数据传输安全	数据安全过程	数据传输安全	依据安全域内、安全域间、跨境传输等不同的数据传输场景制定相应的数据传输安全策略与规程	
22				采用满足数据传输安全策略相应的安全控制措施，例如数据安全通道、可信通道等	
23				制定数据传输接口安全管理工作规范，包括安全域内、安全域间和跨境数据传输接口	
24				具备在构建传输通道前对两端主体身份进行鉴别的能力	
25				具备对传输数据的完整性进行检测的能力，并采取相应的恢复控制措施	
26				制定数据传输的安全技术管控措施，包括对密钥使用、通道安全配置、密码算法选择、传输协议升级等保护措施进行审批及监控	
27	数据存储安全	存储架构	数据存储架构安全	制定数据存储架构相关的安全规则和管理规范，包括数据访问控制规则、数据存储转移安全规则、数据存储完整性和多副本一致性管理规则、重要数据加密规则等	
28				采用必要的技术或管控措施落实数据存储架构安全管理规则的实施，保证数据存储完整性和多副本一致性真实有效，具备对个人信息和重要数据加密存储的能力	
29				具备数据存储跨机柜、跨机房的容错部署能力，跨地域的容灾部署能力	
30				提供分层的数据存储加密架构，满足应用层、操作系统层、存储层等数据存储加密要求	
31		逻辑存储	数据逻辑存储安全	制定数据逻辑存储安全策略，满足不同数据类型、容量和不同数据用户的逻辑存储安全要求	
32				建立数据逻辑存储访问控制机制，实现符合要求的数据逻辑存储隔离授权与操作	

（续表）

序号	大类	子类	检查点	检查内容（111 项）	检查结果描述
33	数据存储安全	逻辑存储	数据逻辑存储安全	制定分层的逻辑存储授权管理规则和授权操作规范，实现对数据逻辑存储结构的分层和分级保护	
34		访问控制	数据存储访问控制	为存储系统安全管理员制定用户标识与鉴别策略、数据访问控制策略及其相关的操作流程	
35				利用数据存储访问控制模块实施用户标识与鉴别策略、数据访问控制策略，并采取相关的安全控制措施	
36				具备数据存储安全审计能力，受保护的审计信息存储能力	
37		数据副本	数据副本管理	依据数据服务的复制技术或数据备份与恢复技术制定数据存储冗余策略和管理制度，确保数据服务的可靠性与可用性	
38				制定数据复制、备份与恢复操作过程规范，确保所有复制、备份和恢复日志记录得到妥善保存	
39		数据时效性	数据时效性管理	制定数据存储时效性管理策略与规程，例如个人信息、重要数据存储应按照法律规定和监管部门的技术规范予以记录和妥善保存	
40				明确存储数据分享、使用和清除的有效期及其权利，具备数据时效性授权能力，并告知数据提供者	
41				过期存储数据的安全保护规范和机制，对超出有效期的存储数据应具备再次获取数据提供者的授权能力	
42				提供过期存储数据及其备份数据彻底删除的方法和工具，能够验证数据已被完全消除或使其无法恢复	
43	数据处理安全	数据分析安全	数据分析安全	制定数据分析相关数据源获取规范和管理机制，明确分析数据获取方式、访问接口、授权机制及其分析目标	
44				制定数据分析相关的多源数据聚合与关联分析操作规范和安全实施指南，确保分析数据的质量和可信度	
45				建立数据分析结果输出的安全审查机制和授权控制机制，并采取必要的技术手段和（或）管控措施，保证数据分析结果共享不泄露个人信息和重要数据	
46				对数据分析结果共享的风险进行合规性评估，避免分析结果中包含可恢复的敏感数据，例如用户重标识相关信息	
47				制定数据派生、聚合、关联分析等安全分析过程中的数据资源操作规范，对相应的操作进行记录，以备对分析结果质量和可信性进行数据溯源	

（续表）

序号	大类	子类	检查点	检查内容（111 项）	检查结果描述
48	数据处理安全	数据分析安全	数据分析安全	对输出的数据分析结果建立并落实审批流程	
49				提供基本的网络安全分析和数据安全分析算法，例如沙箱技术的恶意代码检测、网络取证分析、异常流量监测、安全情报分析、用户行为分析等	
50				采用技术手段处理输出分析结果，保证分析结果数据合规性，例如采用符合行业规范的脱敏技术对输出结果中的敏感数据进行处理	
51		数据正当使用	数据正当使用	依据国家个人信息和重要数据保护的法律法规要求及数据使用正当性原则，明确数据使用和分析处理的使用目的和范围	
52				建立数据处理正当性的内部责任制度，保证在数据使用声明的目的和范围内对受保护的数据进行使用和分析处理	
53		密文数据处理	数据加密处理	制定适合业务的数据加密处理策略和规范	
54				具备加密数据的透明处理能力	
55				密切关注数据加密技术发展情况，适当地采纳并用于企业内部的数据加密管理	
56				建立有效的数据加密工具，并提供有效的密钥管理机制以实现对密钥的全生命周期（存储、使用、分发、更新和销毁）的安全管理	
57		数据脱敏处理	数据脱敏	制定数据脱敏管理规范和制度，明确数据脱敏规则定义、脱敏策略配置、脱敏方法使用限制等	
58				明确数据脱敏涉及的部门及职责分工，给出相关的数据脱敏应用场景，规定数据脱敏处理流程，并对数据脱敏过程记录文档化	
59				提供数据共享过程中个人信息与重要数据所需的静态脱敏工具或服务组件，能在屏蔽敏感信息时保留其原始数据格式和属性，以确保数据应用程序可在使用脱敏数据的开发与测试过程中正常运行	
60		数据溯源	数据处理溯源	制定数据处理溯源策略和溯源机制、溯源数据存储和使用的管理制度	
61				采用必要的技术手段和（或）管控措施实现溯源数据采集和存储，确保溯源数据重现数据处理过程，例如追溯操作发起者及发起时间	
62				对关键溯源数据进行备份，并采取技术手段对溯源数据进行安全保护	
63	数据交换安全	数据导入导出安全	数据导入安全	制定数据导入安全相关的授权策略、数据不一致处理策略、数据导入控制策略	
64				采取适当的技术措施对请求导入数据的终端、用户或导入服务组件进行身份鉴别，验证终端、用户或服务组件的真实性	

（续表）

序号	大类	子类	检查点	检查内容（111 项）	检查结果描述
65	数据交换安全	数据导入导出安全	数据导入安全	制定数据导入审计策略和审计日志管理规范，并保存导入过程中的出错数据处理记录，以辅助安全事件的处置、应急响应和事后调查	
66				制定远程数据通道加密等技术措施，保证远程数据安全导入	
67				清除数据导入通道缓存的数据且保证不能被恢复	
68				定期检查或评估数据导入通道的安全性和可靠性	
69			数据导出安全	提供多粒度的数据导出策略配置，对数据导出的范围和方式进行限制	
70				采取适当的措施对请求导出数据的终端、用户或导出服务组件进行身份鉴别，验证终端、用户或系统的真实性	
71				制定数据导出审计策略和审计日志管理规范，为数据导出安全事件的处置、应急响应和事后调查提供帮助	
72				制定数据导出通道加密等技术措施，防止数据泄露	
73				清除数据导出通道缓存的数据且保证不能被恢复	
74				定期检查或评估数据导出通道的安全性和可靠性	
75		数据共享安全	数据共享安全	明确数据共享范围和共享数据的安全控制机制，避免数据共享带来安全隐患，例如数据共享者应具备与数据服务提供者相当的安全防护能力	
76				明确约束数据服务提供者与其数据共享对象的数据保护责任	
77				审核数据的开放和共享场景，确认没有超出服务商的数据所有权和使用权范围	
78				审核开放和共享的数据内容，确认其在满足业务场景需求的最小范围内	
79				采用适当的安全控制措施保护数据共享过程中的敏感数据，提供数据脱敏服务，保证敏感数据的安全	
80				提供有效的数据共享访问控制机制，明确不同机构或部门、不同身份与目的的用户权限，保证访问控制的有效性	
81				审计数据共享全过程，审计记录应能对安全事件的处置、应急响应和事后调查提供帮助	
82				对共享数据及数据共享服务过程进行监控，确保共享数据的使用未超出授权范围	
83		数据发布安全	发布安全	建立应用数据公开审核制度，严格审核发布信息符合相关法律法规要求	
84				明确应用数据公开内容、权限和适用范围，信息发布者与使用者的权利与义务	

（续表）

序号	大类	子类	检查点	检查内容（111 项）	检查结果描述
85	数据交换安全	数据发布安全	发布安全	建立应用数据公开安全事件应急处理流程，并采取必要措施保障处理流程快速有效	
86				依法公开应用数据公告、资格审查、成交、履约等信息	
87				建立应用数据公开数据库，通过数据平台服务实现公开数据资产登记、用户注册等共享数据和共享组件的验证互认机制	
88		数据交换监控	数据交换监控	指定专人负责应用数据公开，并且对数据披露人员进行培训，确保公开的数据符合国家相关法律法规要求	
89				明确公开与共享数据内容、各自权限和适用范围及规范	
90				发布数据前应进行审查，防止含有非公开数据	
91				应定期审查公开发布的数据中是否含有非公开信息，一经发现，立即删除	
92				使用开放数据处理服务平台对被监控的全流量数据进行安全分析	
93				预警平台的及时处置与人工审计相结合对高风险操作进行监控	
94				记录操作事件中的操作人、操作内容、操作时间等信息，并将这些数据进行收集和清洗；设置操作行为规则，对上述操作事件进行识别，从客户数据查询风险、操作风险、权限风险等多个角度判断操作行为是否存在风险	
95				在办公网络终端和办公网络出口部署数据防泄露实时监控工具，监控及阻止敏感数据的外发行为	
96				定期对所有办公设备上存储的信息进行扫描，并及时删除或加密敏感数据	
97				记录开放接口的每一次调用事件，事件日志应包括调用者、调用接口、调用对象、调用数据类别、调用时间等；设置接口调用和应用场景匹配识别工具，识别并监控是否存在恶意数据获取、数据盗用等风险	
98				对内部系统的基础数据和事件日志、机构本地终端留存的敏感数据存储情况及内外部数据进行全流量监控。监控对象包括与数据有关的内部人员的行为、与业务有关的数据、与客户和合作伙伴有关的数据流动、与业务生态有关的数据安全态势	
99				确保操作日志记录了所有数据查询系统和报表系统的访问、数据文件下载等事件，日志中包含操作人、操作内容、操作时间等信息	
100				具备对异常或高风险操作自动实时预警的能力	
101	数据销毁安全	数据销毁处置	数据销毁处置	建立数据销毁策略和管理制度，明确销毁对象和流程	

（续表）

序号	大类	子类	检查点	检查内容（111 项）	检查结果描述
102	数据销毁安全	数据销毁处置	数据销毁处置	建立数据销毁审批机制，设置销毁相关监督角色，审计操作过程	
103				依照数据分类分级建立相应的数据销毁机制，明确销毁方式和销毁要求	
104				针对U盘、磁带、硬盘、光盘、闪存等不同存储介质硬销毁和软销毁的数据销毁方法和技术	
105				配置必要的数据销毁工具，确保以不可逆的方式销毁数据	
106				按照国家相关法律和标准销毁涉密数据	
107		介质销毁处置	介质销毁处置	建立存储介质销毁处理策略、管理制度和机制，明确销毁对象和流程	
108				依据介质存储内容的重要性确定销毁要求，建立磁介质、光介质和半导体介质的销毁处理方法和机制	
109				制定存储介质销毁的监管措施，确保销毁的存储介质有登记、审批、交接等环节的记录，加强介质销毁过程监控和销毁人员监管	
110				涉密介质销毁如果使用外包销毁服务，应按照国家相关法律和标准执行	
111				采取专业的存储介质销毁设备进行物理销毁	

5.6.4 数据安全考核评价

数据安全考核是企业网络安全考核的重要组成部分。企业数据安全考核是围绕考核对象、考核指标、指标要求、评分标准、结果运用设计的，企业应科学合理地制定数据安全考核评价体系。

企业可结合自身数据安全管理工作实际情况，在数据安全合规、数据安全管理、数据安全技术、数据安全生命周期等方面提出考核指标。企业可通过考核评价体系提升企业数据安全保护水平。

网络运营者应建立人力资源考核制度，明确数据安全管理考核指标和问责机制，对相关人员特别是重要岗位人员的履职情况进行考核。当发生重大数据安全事件时，网络运营者可对直接负责的主管人员和其他责任人员进行问责。

5.7 数据安全教育与培训

如果想要正确认识数据安全整体性的特点，就要清楚构建网络空间体系的关键要素，即核心是什么，依靠的是什么？从网络空间的建设、维护、破坏和保卫等种种行为来看，网络空间的行为主体是人，人通过开发、部署和使用操作技术手段在网络空间开展活动。一旦出现网络安全事件，会追究人的责任，而不是技术手段，因此，可以明确，信息安全工作的核心是对人的防护（人防），依靠的是先进技术和安全产品等技术防护（技防）要求。重视网络安全的整体性，就是要树立人防与技防并重的整体工作观。

企业需要在严格的管理流程和技防设施基础上，加强人防力度，建立体系化的安全培训机制，不断提高人员的意识与技能素质，打造坚不可摧的安全防范体系。

5.7.1　企业数据安全培训体系

企业要想成功地实施数据安全解决方案，必须改变相关人员的行为。行为的改变需要相关人员完成一定层次的学习，学习的内容包括安全意识、安全培训和安全教育。

安全意识是实施安全培训的前提条件，它是建立安全理解的最小化通用标准或基础。

安全培训是教导员工执行工作任务和遵守数据安全策略，培训是一种管理性的安全控制，需要持续进行，每个员工在工作期间都必须接受安全培训。

安全教育是一项更详细的工作。教育通常与相关人员参加认证或寻求工作晋升关联。教育是个人成为专家的典型要求。

因此，数据安全培训体系面向不同层次人员，需要达到不同的目标，制定不同的培训内容。数据安全培训体系如图 5-14 所示。

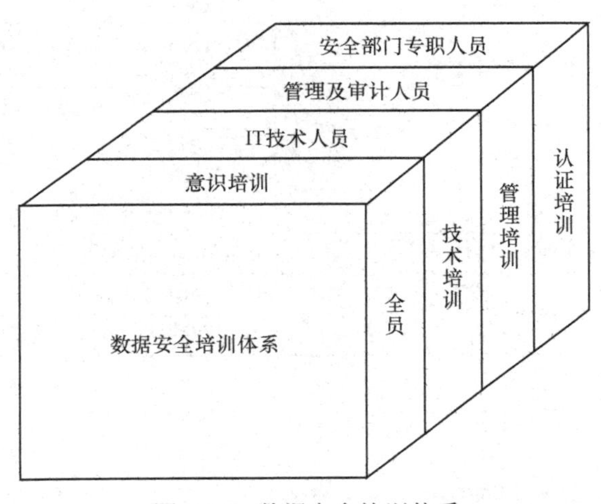

图 5-14　数据安全培训体系

5.7.2 数据安全培训内容

数据安全培训内容见表 5-9。

表 5-9 数据安全培训内容

时间安排	课程内容（章）	课程内容（节）
第一天	1. 数据安全概述	① 数据基本概念
		② 数据安全基础
		③ 数据攻击与案例分析
	2. 数据安全立法 数据安全标准	① 数据安全立法保护与监管
		② 数据开放共享与保护
		③ 个人信息保护
		④ 数据跨境流动相关政策
		⑤ 数据安全国家标准
第二天	3. 企业数据安全防护体系框架	① 企业数据安全战略、规划
		② 企业数据安全防护体系框架
	4. 企业数据安全管理	① 企业数据安全组织架构设计
		② 企业数据安全管理制度
		③ 企业数据安全检测评估及考核评价
		④ 企业数据安全培训及教育
	5. 数据资产管理及分类分级	企业数据资产管理及分类分级
	6 .数据安全防护技术	① 数据安全 RPMRRT 模型
		② 数据安全识别技术
		③ 数据安全防护技术
		④ 数据安全监测技术（监控与审计、数据安全态势感知）
		⑤ 数据安全响应技术
		⑥ 数据安全恢复技术（数据备份恢复、数据容灾技术）
		⑦ 数据安全溯源技术
第三天	7. 数据生命周期安全	数据生命周期安全
	8. 综合案例	① 大数据安全保障
		② 数据安全防护体系应用案例

第 6 章

企业数据安全防护技术体系

广义的数据安全防护技术是指一切能够直接、间接地保障数据完整性、保密性、可用性的技术，其范围非常广，例如，传统的防火墙、入侵检测、病毒查杀、数据加密等，都是数据安全防护技术。正因为如此，很多传统的安全厂家给自己贴上了“数据安全厂家”的标签。

而狭义的数据安全防护技术是指直接围绕数据的安全保护技术，包括数据的访问审计、访问控制、加密、脱敏等。

本章针对数据安全的特点，提出了数据安全 RPMRRT 模型，即识别（Recognition）、保护（Protect）、监测（Monitor）、响应（Respond）、恢复（Recover）和溯源（Trace）6 个步骤，确保人接触数据的行为及数据资产相关状态的安全。

6.1 数据安全 RPMRRT 模型

6.1.1 数据安全模型的作用

数据安全模型被用于精确、形式地描述数据的安全特征和解释数据安全相关行为。

数据安全模型的作用如下。

① 准确地描述数据安全的重要方面与系统行为的关系。

② 提高对成功实现关键安全需求的理解层次。

③ 从中开发出一套安全性评估准则和关键的描述变量。

1. 网络空间安全模型

网络空间安全模型是一个比较常见的安全模型，网络空间安全从空间位置上可划分为物理安全、网络安全、主机安全、应用安全和数据安全。网络空间安全模型如图 6-1 所示。

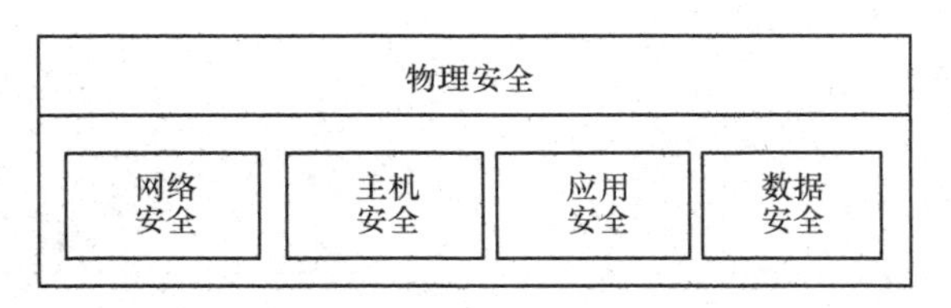

图 6-1 网络空间安全模型

（1）物理安全

在网络空间安全中，物理设备的安全是保证整个计算机网络系统安全的前提，物理安全技术是指能够使计算机、网络互联设备等硬件设施免遭自然灾害（例如，地震、火灾、水灾等事件）和人为操作错误或失误造成的破坏。物理安全技术主要包括机房环境要求、设备安全和传输介质安全 3 个部分。

物理安全技术要求主要包括防火、防静电、防水和防潮、温/湿度控制、电力供应、防雷、防盗窃和防破坏、物理访问控制等。

（2）网络安全

网络安全主要是指确保网络系统的安全性，即是否有未经允许的用户访问网络。网络安全技术主要有访问控制、身份认证、网络准入、非法外联、入侵检测，产品主要有 VPN、网络防火墙、网闸、网络入侵检测/防御系统等。

（3）主机安全

主机安全主要是指保证网络内每一台计算机主机的安全性。主机安全技术主要有身份鉴别、访问控制、入侵防范、恶意代码防范、安全审计等，产品主要包括网络防病毒、内网管理、主机加固、主机防火墙、主机入侵检测/防御系统等。

（4）应用安全

应用安全主要是指保证网络内应用系统的安全访问和系统健壮性等。应用安全技术主要有身份鉴别、访问控制、安全审计、软件容错等，常见的产品有网站安全保护、邮件保护系统（例如，防垃圾、防病毒）、数据库审计等。

（5）数据安全

数据安全主要是指保护用户数据的安全，保证数据的真实性、保密性与可用性。数据安全主要技术包括数据防泄露、数据备份与恢复等。

网络空间模型是一种比较常见的安全模型，优点是结构清晰，易于与产品结合，便于管理员知道采用什么样的安全措施和产品，缺点是它是一个静态模型，没有考虑动态性。

网络安全具有动态性，网络安全防范也应动态变化，同时网络安全目标也表现为不断改进的、螺旋上升的动态过程。传统的以访问控制技术为核心的单点技术防范已经无法满足网络安全防范的需要，所以人们需要建立一定的安全指导原则，用以合理地组织各种网络安全防范措施，从而实现动态的网络安全目标。为了有效地将单点安全技术有机融合成网络安全的防护体系，各种动态安全模型应运而生。

2. PDRR 模型

保护、检测、响应、恢复（Protection，Detection，Reaction，Recovery，PDRR）模型由系统保护、动态检测、实时响应和灾难恢复组成。

PDRR 模型引进了时间概念，PDRR 模型如图 6-2 所示。

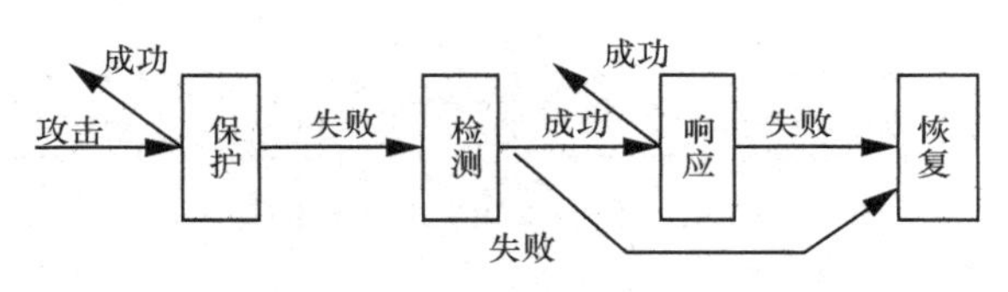

图 6-2　PDRR 模型

保护时间表示从入侵开始到侵入系统成功的时间，即攻击所需时间。高水平的入侵及安全保护薄弱的系统都能导致攻击的有效性，使保护时间缩短。

检测时间表示系统进行安全检测的时间。系统安全检测包括发现系统的安全隐患和潜在攻击。改进检测算法和设计及采取适当的防护措施可有效缩短检测时间。

响应时间是指从检测出系统漏洞或监控到非法攻击到系统启动处理措施的时间。例如，一个监控系统的响应可能包括监视、切换、跟踪、报警、反攻等内容，而安全事件的后处理（例如，恢复、事后总结等）不纳入事件响应的范畴。

PDRR 模型简明地解释了数据安全的概念：系统的保护时间应大于系统检测出入侵行为的时间加上系统响应时间。也就是说，在入侵者危害安全目标之前，系统就能够检测出来并及时处理。牢固的保护系统与快速的反应结合起来就是真正的安全。例如，防盗措施能延长被攻破的时间，如果警卫人员能够在防盗系统被攻破之前做出迅速反应，那么这个系统及其数据就是安全的。这实际上赋予了数据安全一个全新的定义：及时检测和响应就是数据安全的保障。根据这个安全理论体系，我们认为，想要达到数据安全的目标，应尽量增加系统的保护时间，尽量缩短检测时间和响应时间。

系统暴露时间是指系统处于不安全状况的时间，等于从检测出入侵者破坏安全目标，到将系统恢复到正常状态的时间。系统暴露的时间越长，系统就越不安全。例如，在 Web 服务器显示的页面被破坏时，及时的检测和恢复保证了 Web 服务器的安全。

网络安全的动态特性在 PDRR 模型中得到了一定程度的体现，PDRR 模型主要通过对入侵者的检测和响应完成网络安全的动态防护，但是 PDRR 模型不能描述网络安全的动态螺旋上升过程。为了使 PDRR 模型能够贴切地描述网络安全的本质规律，人们对 PDRR 模型进行了修正和补充。数据安全保护的是数据，而不只是保护数据的载体，因此，从数据安全保护的特点出发，数据安全 RPMRRT 模型被提出。

6.1.2 RPMRRT 模型

数据安全 RPMRRT 模型如图 6-3 所示。

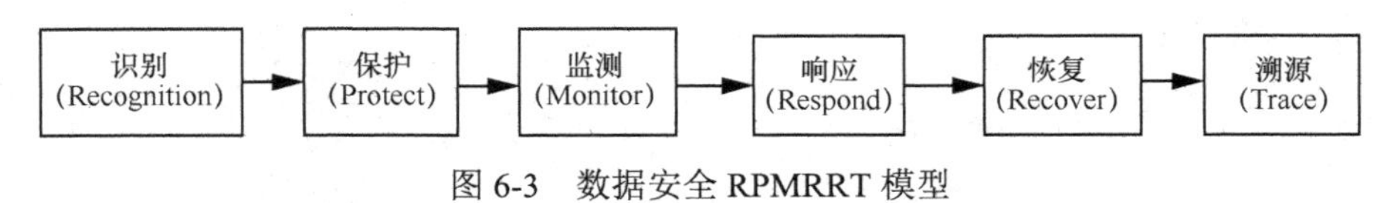

图 6-3　数据安全 RPMRRT 模型

1. 识别

识别是整个保护技术体系发挥实效的基础。识别内容包括组织的数据资产、业务环境和敏感数据分布、组织数据资产风险和当前管控策略等，并依据风险级别确定数据资产对应的保护、控制措施。识别是安全工作中的重要环节，只有根据识别的结果提出相应的安全建议，才能指导下一步的信息安全建设工作。

2. 保护

保护是 RPMRRT 模型的一个重要环节，制定或采取适当的保护措施，采取适当的技术手段或工具确保人接触数据的行为符合规范，确保数据资产相关状态的安全，确保关键服务持续运营，减少潜在数据安全事件造成的实际影响。

3. 监测

制定并实施适当的行动计划从而预判网络安全事件的发生是企业动态响应和加强防护的依据，企业通过不断检测和监控，发现各类数据安全事件；通过循环反馈，及时做出有效的响应。传统安全体系的检测更多偏向于对威胁行为和载体的检测，而这里的监测增加了对内部授权主体的行为、保护/控制对象的状态的监测。企业或组织可结合各个数据流动环节的监测信息，调整数据资产的安全策略，全局分析数据风险态势，发现高危的数据安全事件。

4. 响应

企业应制定适当的行动计划，以便对检测到的数据安全事件采取行动。响应功能负责对数据安全事件的潜在影响加以遏制，响应的主要工作分为两种：第一种是紧急响应，针对数据风险事件进行响应，例如，通过保护和控制手段进行紧急处理；第二种是其他事件处理，其他事件主要包括咨询、培训和技术支持。在必要时，响应工作需要跨部门进行应急协同处理，同时启动相关的调查。

5. 恢复

恢复是指数据安全事件发生后，企业把系统恢复到原来的状态，或者比原来更安全的状态。制订并实施适当的行动计划，从而维护恢复计划并还原因数据安全事件而受到损害的一些功能。恢复功能旨在及时恢复企业正常运营，降低数据安全事件带来的实际影响。因为任何安全措施都不能保证模型万无一失，所以恢复是整个安全模型的保障。恢复分为系统恢复和数据恢复两个方面。

系统恢复是指修补安全事件中的系统缺陷，不让攻击者再次利用这样的缺陷入侵。系统恢复一般包括升级系统、升级软件、打补丁和去除软件后门等。

数据恢复是指恢复丢失的数据，数据丢失可能是攻击者入侵造成的，也可能是系统故障、自然灾害等造成的。数据恢复是利用备份和归档的数据恢复出原来的数据，数据恢复过程与数据备份有很大的关系，数据备份充分对数据恢复有很大的影响。数据恢复过程有优先级别，直接影响日常生活和工作的数据必须优先恢复，这样可以提高数据恢复的效率。

系统恢复和数据恢复是相辅相成的，没有数据的系统（应用）和没有系统（应用）的数据都百无一用。系统恢复保证的是业务的连续性，即业务不停，数据恢复保证的是数据的持续性，即数据不丢。

与恢复相对应的技术是备份，备份包括系统（应用）备份与数据备份。备份是恢复的前提，恢复是备份的目的。只有对系统（应用）及数据做好备份，才能确保在防线被攻破并造成损失后及时进行恢复。

6. 溯源

溯源有两个角度：一是对人追责；二是对数据安全事件发生过程的路径和关键原因溯源，找到引起事件的关键环节。

需要着重指出的是，以上 6 个环节需要持续改进。恢复完成后要再进行新的风险分析和策略设置，并在安全策略的指导下制定新的防护措施，因此，RPMRRT 模型很好地体现了安全是动态的、螺旋上升的理念。在 RPMRRT 模型中，6 个环节相辅相成，环环相扣，缺少其中任何一个环节都有可能给数据安全工作带来巨大隐患。

6.2　数据安全识别

数据安全识别技术是整个数据安全防护技术体系发挥实效的基础。数据安全识别技术需要从数据资产识别、业务分析和数据安全风险评估 3 个方面开展。

6.2.1 数据资产识别

数据资产识别是一个“摸清家底”的过程，建立数据资产清单、掌握数据重要程度是风险评估的基础，也是对数据进行分级分类管理的基础。识别是一个持续的过程，数据和业务是不断发生变化的，因此，企业需要借助自动化工具来开展数据资产管理工作。准确掌握数据资产状况是开展数据安全防护技术体系建设的基础条件。

数据资产识别——厘清资产信息、资产在册情况、资产存储位置、静默资产/高频资产情况，用于刻画数据资产视图。数据资产梳理是提升数据资产管理能力的基础。如果企业在资产统计不完整、资产信息不准确的情况下开展数据安全防护工作，那么数据安全防护工作会出现盲点，防护手段的作用不能充分发挥，甚至影响企业对人力、财力的决策。借助静态扫描和协议解析技术，结合人工的方式，可有效提升数据资产识别的效率和准确率。另外，企业在开展数据资产梳理过程中，还可以发现高频资产、静默资产等，使企业对数据资产的管理水平得到提升。

敏感数据梳理——识别敏感数据、敏感数据访问情况、敏感数据存储情况。

敏感数据分类分级——将敏感数据按照影响级别及业务内容进行合理分类分级。

数据权限状况——确认账号权限登记情况、变化情况，确保最小应用权限。

数据资产视图——数据资产视图包括数据资产全景式分布视图、数据分类分级标签化视图，数据资产管理提供了数据访问的实时统计视图和历史统计视图，管理员可以根据内置或者自定义的统计策略，从多个维度对访问进行安全统计分析，并进行可视化展示。另外，数据资产视图也支持数据资产多维视图的报表导出及多种条件查询检索相应的数据资产。

6.2.2 业务分析

数据安全为数字化业务保驾护航，因此，在识别阶段，企业必须要对业务进行分析，了解业务系统架构、业务流程、业务关系、业务相应的数据标准等，以便更好地进行数据安全防护等设计。

业务分析可以从以下 4 个方面进行梳理。

1. 业务系统调研

业务系统调研包括以下内容。

① 建设目标、系统类型划分。

② 系统运行架构、硬件支撑情况。

③ 使用者、用户分布和规模。

2. 业务流程梳理

① 梳理业务和业务之间的流程关系。

② 业务流程本身的输入、输出情况。

③ 补充每个业务流程涉及的属性。

④ 识别各业务环节涉及的人、事、物、输入、输出、组件和数据沉淀，输出业务流程图。

⑤ 将梳理好的业务流程图转换成数据流程图。

3. 业务关系梳理

梳理业务和业务之间的关系。

① 业务流程逻辑、业务交互数据。

② 业务权限分配、输入输出控制。

③ 访问权限控制、操作流程规范。

4. 数据标准梳理

① 对于业务数据按照主体、参考、交易、统计等方式进行分类，并梳理出数据的技术标准和业务标准。

② 补充和整理数据字典。

6.2.3　数据安全风险评估

数据安全风险评估是数据保护的前提，没有进行数据安全风险评估的解决方案是不完整的。如今，信息系统的风险评估体系已非常完善，但在数据安全方面并没有形成相关的评估内容，整个体系中缺少与数据安全相关的检测与评估项。下面的数据安全风险评估参考步骤对我们如何开展数据安全风险评估有一定的启发，数据安全风险评估参考流程如图 6-4 所示，数据安全风险评估参考步骤如图 6-5 所示。

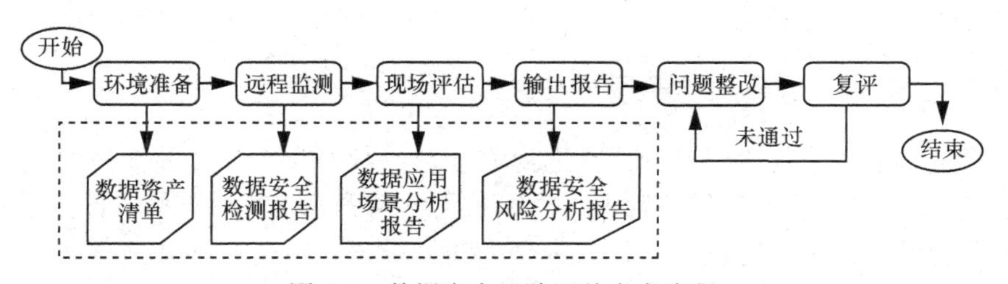

图 6-4　数据安全风险评估参考流程

总之，在建设数据安全防护技术体系之前，需要对数据资产情况、业务情况、当前管控策略、数据安全风险进行梳理，只有梳理好这些情况，才能有的放矢、对症下药，才能保障数据资产在全生命周期过程中的安全，才能保护数据的保密性、完整性、可用性和真实性。如果不分析清楚问题的根源，那么任何安全设备都不可能完全解决安全问题。

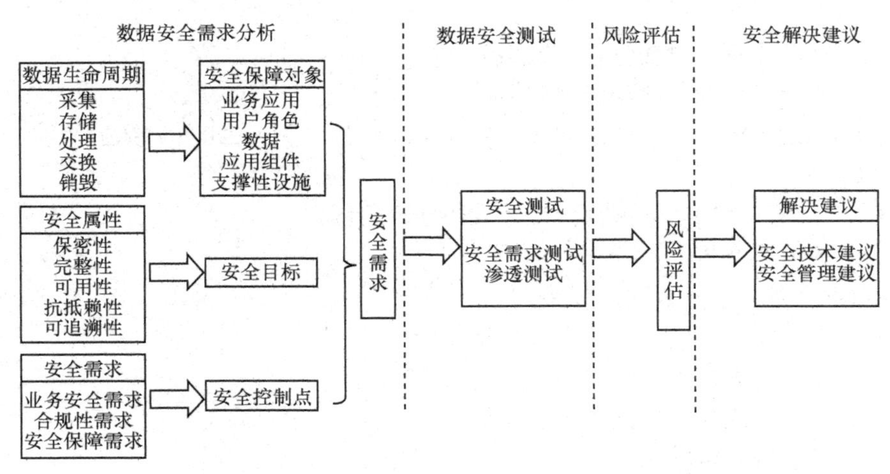

图 6-5　数据安全风险评估参考步骤

6.3　数据安全防护

数据安全防护技术是指企业要制定或采取适当的防护措施，要在控制范围内保障数据的安全。

企业通过分析找到数据存在的风险后，在安全策略的指导下采取有针对性的防护措施，主要采用身份识别与访问管理、细粒度的分级管控、数据传输安全、数据存储安全、敏感数据保护、数据防泄露、数据安全审计等防护技术保证数据流动和数据交易的安全。

6.3.1　身份识别与访问管理

身份识别与访问管理是一个全面建立和维护数字身份，并提供有效的、安全的 IT 资源访问的业务流程和管理手段，从而实现企业信息资产统一的身份认证、授权和身份数据集中管理与审计。身份和访问管理是一套业务处理流程，也是一个用于创建、维护和使用数字身份的支持基础结构。企业需要根据数据的分类分级梳理数据的访问权限，对数据进行细粒度的权限管理。

例如，开源大数据平台在身份识别与访问管理的安全机制上表现为以下两个方面。一是在身份认证方面，开源大数据平台多采用简单机制和基于 Kerberos 的认证方式，简单机制只能避免内部人员误操作，基于 Kerberos 的认证方式可对系统外部进行强安全认证，但其基于操作系统用户的认证机制无法支持各组件之间的身份认证。二是在访问控制方面，开源大数据平台各组件多采用不同的访问控制，包括基于权限、基于角色、基于标签和基于操作系统的访问控制。大数据场景下用户角色众多，用户需求复杂，身份识别与访问管理在针对每个用户实现精细化、细粒度访问控制方面存在不足，因此，通过集中身份管理和单点登录等方式，简化认证机制，通过统一管理角色和授权，降低集群管理难度，通过基于角色或标签（结合数据分类分级标签）的访问控制策略，实现对数据访问的细粒度管控，通过构建统一的身份认证、访问控制能力，进一步提升大数据平台的整体安全性，保障平台数据可管可控。

6.3.2　数据传输安全

数据传输安全是对数据进行网络传输的安全管理，除了保障数据在传输过程中的安全，传输通道两端进行的主体身份鉴别和认证的机制、传输数据加密技术、传输数据完整性保护技术都是保证数据传输安全的常用手段。

6.3.3　数据存储安全

数据存储安全是指在数据存储上确保数据完整、可靠和有效调用，数据存储安全通常包含两层含义：一是存储设备自身的可靠性和可用性（设备存储数据安全）；二是保存在存储设备上的数据的逻辑安全（应用安全）。

6.3.4　敏感数据保护

企业可采用敏感数据识别和数据脱敏等手段对敏感数据进行保护。

敏感数据识别技术可以从海量的数据中发现敏感数据，帮助企业建立系统的敏感数据分布视图，同时提供替换、位移、哈希处理、标记化及保留格式加密等脱敏算法，有选择性地对敏感数据进行脱敏处理，以防止敏感数据在内部使用、外部共享等环节泄露。传统的敏感数据识别主要采取关键字、字典和正则表达式匹配等方式，自动化程度和准确率较低。随着人工智能和机器学习技术的引入，针对不同类别的敏感数据，机器学习技术可以实现大量数据的聚类分析，自动生成分类规则库，敏感数据的自动化识别效率和准确率均大幅提升。

数据脱敏技术主要有以下 3 种：第一种是加密方法，通过加密算法对数据进行加密处理，可对数据起到保护作用，但加密后的数据会失去业务属性，不利于企业使用，这种方法适用于机密性要求高、不需要保持业务属性的场景；第二种是基于数据失真的技术，例如，随机干扰、乱序等不可逆算法，适用于群体信息统计或需要保持业务属性的场景；第三种是可逆的置换算法，通过位置变换、表映射、算法映射等方式来实现，兼具可逆和保证业务属性的特征。

6.3.5 数据防泄露

数据防泄露技术是保障重要数据不会以违反安全策略规定的形式流出企业的数据安全防护手段。针对终端数据泄露和存储数据泄露风险，企业通常采用身份认证、进程监控、日志分析和安全审计等技术手段，监测和记录操作人员对重要数据的访问和操作情况。这些技术手段可主动识别监控终端和存储中的敏感数据的使用和流动状况，对违规使用行为进行警告、阻断。针对网络数据泄露风险，企业通常采用网络流量分析、文档指纹、人工智能等技术，监控服务器、终端及网络中动态传输的敏感数据，发现和阻止敏感数据通过网络泄露。随着人工智能技术的大量应用，智能化识别、监控和阻断将会成为数据防泄露技术的发展趋势。数据防泄露技术将实现用户行为分析与数据内容的智能识别结合，实现数据的智能化分层、分级保护，并提供终端、网络、云端协同一体的敏感数据动态集中管控体系。

6.3.6 数据安全审计

数据安全审计是指根据一定的安全策略记录和历史操作事件及数据来发现和分析问题的技术。审计是对信息系统访问控制的必要补充，它将对用户使用何种信息资源、使用的时间及使用的过程进行记录与监控。审计和监控是系统安全的最后一道防线，它能够再现原有的进程和问题，对于责任追查和数据恢复是非常重要的。审计跟踪是系统活动的流水记录，该记录按时间顺序检查每个事件的运行环境。

数据安全审计主要包括数据库审计、用户和实体行为分析（User and Entity Behavior Analytics，UEBA），基于数据流转和对外接口管控，实现行为分析、信息审控。

数据库审计技术：数据库审计技术通过流量解析、SQL 语义分析，对数据库面临的风险进行多方位评估，对数据库所有操作进行审计，及时发现异常情况，及时预警。

UEBA：UEBA 通过机器学习来发现高级威胁，实现自动化建模（自动基线建立），在发现异常行为方面有非常高的“命中率”。引入 UEBA 技术就是将合法操作和关键性使用频率纳入管理监测范畴，对提升审计结果准确度、解决审计问题有较大帮助。

6.4 数据安全监测

数据安全监测技术可采用适当方式，以判断网络安全事件是否发生。监测功能可及时发现各类数据安全事件，传统数据安全体系的监测更多倾向对威胁行为和载体的监测，而这里的监测，增加了对内部授权主体的行为、保护/控制对象的状态进行监测。企业可结合各个数据流动环节的监测信息，对数据资产的安全策略进行调整，全局分析数据风险态势，发现高危的数据风险事件。企业可通过接口行为管理、数据安全态势感知监测数据安全。

6.4.1 接口行为管理

接口行为管理基于流量探针对流量数据进行采集，根据接口小时段内容的接口类型、调用对象、访问时间间隔、数据维度构建特征，通过机器学习分类算法（例如，随机森林）建立异常识别模型，从而通过模型识别出异常行为，在客户处接口调用数据的行为画像，同时结合各类业务数据对接口调用波动率异常行为进行综合判断，从而实现接口异常行为的监测。

6.4.2 数据安全态势感知

数据安全态势感知能力主要依靠监控与审计，其核心价值是辅助决策、发现违规现象并调查取证、稽核制度规范和安全策略的执行情况。监控和审计工作由工具平台和数据安全管理员完成，工具平台可以帮助数据安全管理员对大量的日志信息进行运算和汇总，并从中自动发现违反规则的行为，数据安全管理员可以从日志信息中发现潜在的安全风险，不断完善和增加安全规则，使企业的数据安全防护能力不断提升。工具平台应具备日志信息采集、日志汇总与分析、规则识别、告警和可视化展现5种能力。

数据安全态势感知的研究工作和挑战主要集中在以下6个方面。

① 在数据采集方面，安全数据来源要尽可能丰富，应包括网络结构信息、网络提供的服务信息、主机的恶意代码和漏洞信息、网络入侵信息、网络脆弱性信息等，以确保评估结果的准确性。

② 在安全要素分析方面，企业对安全要素的分析要全面，不能局限于单一安全要素的分析，还应该包括数据保密性、完整性和可用性的分析。

③ 在态势感知流程方面，企业采用态势感知流程时要规范，所采用的算法要简单，应该选择规范化的、易操作的评估模型和预测模型，能够做到实时准确地评估网络安全态势。

④ 在态势评估方面，企业要对多个层次、多个角度的数据进行评估，能够评估网络的威胁、脆弱性、安全事件和整体安全状况，并且应针对不同的应用背景和不同的数据规模选择不同的评估方法。

⑤ 在态势预测方面，企业要能对不同的评估结果预测其发展趋势，预防大规

模安全事件的发生。

⑥ 在态势感知结果显示方面，企业要能支持多种形式的可视化显示，支持可视化系统与用户的交互，能根据不同的应用需求生成态势评测报表，并提供相应的加固方案。

6.5 数据安全响应

企业应针对数据风险事件进行响应，例如，通过保护和控制手段进行紧急处理，必要时需要跨部门进行应急协同处理，同时启动相关的调查。数据安全响应技术主要落实以下 3 个方面的控制措施。

6.5.1 数据安全事件分级

根据 GB/T 20986—2007《信息安全技术 信息安全事件分类分级指南》和数据安全事件对国家安全、社会稳定、公众利益、公司利益和声誉的影响程度，并根据数据安全事件的影响范围及持续时间等因素，结合企业实际，可以对数据安全事件进行分级，当数据安全事件同时满足多个级别的定级条件时，按最高级别确定数据安全事件的等级。

6.5.2 应急响应实施

数据安全应急响应的目标是按照既定的数据安全应急预案，做好应急处置，快速有效地处置数据安全事件。参考 GB/T 24363—2009《信息安全技术 信息安全应急响应计划规范》，以及被人们广泛接受的准备、检测、遏制、根除、恢复、跟踪（Preparation、Detection、Containment、Eradication、Recovery、Follow-up，PDCERF）方法学，结合企业实际，制定企业数据安全应急响应处置流程。

6.5.3 协同应急处置体系

协同是指协调两个或者两个以上的不同资源或者个体，一起完成某个目标的过程或能力。体系泛指一定范围内或同类的事物按照一定的秩序和内部联系组合而成的整体。

数据安全协同应急处置体系建设要解决的问题是：面对集团性跨单位的网络与信息安全事件，如何协调各级单位、各部门进行应急处置，以尽快恢复系统运行，降低安全事件的影响。

就一个企业的具体协同应急处置体系而言，可以从组成体系的各个要素，按功能进行归类总结，形成体系架构，围绕应急处置这一目标，在安全事件的定义标准、职责分工、响应流程等方面形成制度性文件，制定应急预案，对职责进行合理划分，并安排合适的人选到相关岗位，形成组织机构；应急指令、信息传递等形成信息发布；设备、网络、系统的故障处理等形成技术支撑；政策解答、业务处置等构成业务支撑；再加上教育培训、奖惩考核的配套手段，它们构成一个整体，形成一个应急处置协同体系。协同应急处置体系如图 6-6 所示。

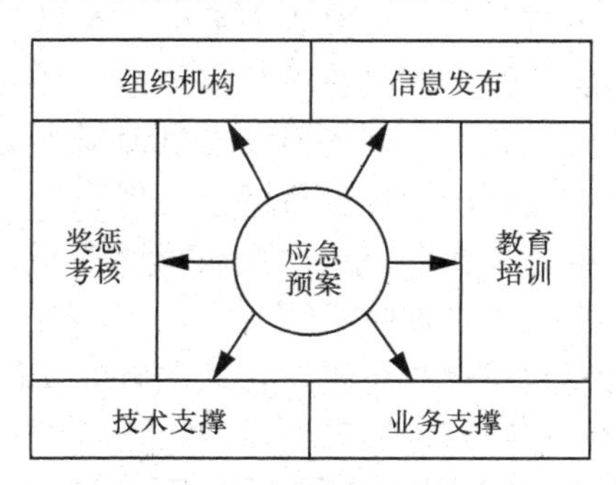

图 6-6　协同应急处置体系

每个企业按照上述协同体系架构的要素完成协同应急处置体系建设后，以集团为核心整合成一个更大的体系，最终形成一个跨区域、跨部门的大协同体系，从而构成一个完整的协同应急处置体系。

6.6　数据安全恢复

数据备份是数据恢复的前提，恢复是备份的目的。只有对数据做好备份，才能确保防线被攻破并造成损失后及时恢复。

数据备份和灾备之间的关联性不大，数据备份是日常业务中的一个活动，和容灾没有直接关系，但容灾是建立在数据备份基础之上的。

为了灾难恢复而对数据、数据处理系统、网络系统、基础设施、技术支持能力和运行管理能力进行备份的过程称为灾难备份（灾备）。灾难备份是灾难恢复的基础，是围绕灾难恢复所进行的各类备份工作，灾难恢复不仅注重对数据的恢复，还注重对业务的恢复。

6.6.1　数据备份

数据保护最主要的一个环节就是数据备份，从合规性而言，数据备份就是做好日常备份，包括数据资产梳理、数据分类分级、数据备份与管理策略制定、数据备份与测试执行。不同类型和级别的数据备份周期、备份介质、备份策略都有差异。

数据备份通常包括文件复制、数据库备份。数据备份管理是一个全面的概念，不仅包含管理制度的制定和磁带的管理，还能决定引进备份技术，例如，备份技术的选择、备份设备的选择、介质的选择乃至软件技术的挑选等。数据备份是数据保护的最后一道防线，其目的是在重要数据丢失时能够对原始数据进行恢复。从灾难恢复的角度来看，与数据的及时性相比，企业更应关注备份数据和源数据的一致性和完整性，而不应片面追求数据无丢失。实际上，任何灾难恢复系统都是建立在数据备份基础之上的，数据备份策略的选取取决于灾难恢复的目标。

不少人把双机热备份、磁盘阵列备份及磁盘镜像备份等硬件备份和数据存储备份相提并论。事实上，所有的硬件备份都不能代替数据存储备份，硬件备份只是用一个系统、一个设备等来换取另一台系统或设备在短暂时间内的安全。如果发生人为错误、自然灾害、电源故障、病毒侵袭等，引起的后果不堪设想，如果造成所有系统瘫痪，所有设备无法运行，由此丢失的数据也就无法恢复。事实证明，只有数据存储备份，才能为人们提供万无一失的数据安全保护。

把数据备份与服务器的容错技术混淆也是错误的。数据备份是指数据从在线状态分离，存储在离线存储媒体的过程，这与服务器高可用集群等容错技术有本质区别。虽然从目的上讲，这些技术都是为了消除或减弱意外事件给系统带来的影响，但是由于它们侧重方向不同，实现的手段和产生的效果也不同。容错是为了保证系统的高可用性，也就是说，当意外发生时，系统提供的服务和功能不会因此中断。对数据而言，容错技术是保护服务器系统的在线状态，使服务器系统不会因单点故障而引起停机，保证数据可以随时被访问。

备份的目的是将整个系统的数据或状态保存下来，这种方式不仅可以挽回硬件设备损坏带来的损失，还可以挽回系统错误和人为恶意破坏造成的损失。然而，一般来说，数据备份并不能保证系统的实时可用性，也就是说，一旦意外发生，数据备份只保证数据可以恢复，但是恢复过程需要一定的时间，在此期间，系统是不可用的，而且系统恢复也不能保证系统是被破坏前的即时状态，除非进行了不间断的在线备份，否则通常会有一定数据丢失或损坏。通常在具有一定规模的系统中，备份技术、服务器容错技术不可互相替代，但都是不可缺少的，它们共同保证着系统的正常运转和数据的完整。

6.6.2 灾难恢复

1. 灾难恢复能力等级

灾难恢复能力等级参考 GB/T 20988—2007《信息安全技术 信息系统灾难恢复规范》，灾难恢复能力等级分为以下 6 级。

第 1 级：基本支持。

第 2 级：备用场地支持。

第 3 级：电子传输和部分设备支持。

第 4 级：电子传输及完整设备支持。

第 5 级：实时数据传输及完整设备支持。

第 6 级：数据零丢失及远程集群支持。

2. 灾难恢复所需资源要素

根据 GB/T 20988—2007《信息安全技术 信息系统灾难恢复规范》，支持灾难备份及恢复各个等级所需的资源可以分为以下 6 个要素。

① 冗余系统、冗余设备及冗余链路：是指在组网、优化阶段部署的各种冗余系统、冗余设备及冗余通信链路等。

② 冗余路由：是指路由层面的冗余性设计。

③ 备份数据：是指各种数据的备份。

④ 人员和技术支持能力：给实施安排灾难备份及恢复的相关人员，提供支撑和综合保障的能力，以实现灾难备份及恢复的预期目标。

⑤ 运行维护管理能力：包括运行环境管理、数据管理、资源管理、信息系统管理、安全管理和变更管理等。

⑥ 灾难恢复预案：用于指导数据灾难恢复工作的执行方案，包括各种资源的调配、人员处置以及系统、业务、数据的恢复流程等。

3. 灾难恢复应具有的技术和管理

每一级的灾难恢复管理要求不同，我们以“第 5 级：实时数据传输及完整设备支持”为例对灾难恢复管理要求进行描述。灾难恢复实施要求见表 6-1。

表 6-1　灾难恢复实施要求

要素	要求
数据备份系统	① 安全数据备份至少每天一次 ② 备份介质场外存放 ③ 采用远程数据复制技术，并利用通信网络将关键数据实时复制到备用场地
备用数据处理系统	配备灾难恢复所需的全部数据处理设备，并处于就绪或运行状态
备用网络系统	① 配备灾难恢复所需的通信线路 ② 配备灾难恢复所需的网络设备，并处于就绪状态 ③ 具备通信网络自动或集中切换状态
备用基础设施	① 有符合介质存放条件的场地 ② 有符合备用数据处理系统和备用网络设备运行要求的场地 ③ 有满足关键业务功能恢复运作要求的场地 ④ 以上场地应保持 7×24 小时运作

（续表）

要素	要求
专业技术支持能力	在灾难备份中心 7×24 小时有下列专职人员 ① 计算机机房管理人员 ② 数据备份技术支持人员 ③ 硬件、网络技术支持人员
运行维护管理能力	① 有介质存取、验证和转存管理制度 ② 按介质特性对备份数据进行定期的有效性验证 ③ 有备用计算机机房运行管理制度 ④ 有硬件和网络运行管理制度 ⑤ 有实时数据备份系统运行管理制度
灾难恢复预案	有相应的、经过完整测试和演练的灾难恢复预案

6.7 数据安全溯源

数据安全溯源技术是指数据在安全流通的过程中会流向互联网和第三方系统平台，企业通过水印溯源等技术追踪数据流转行为。

水印溯源是将水印信息融入原始数据中，在数据进行对外分发后能实现对泄露数据溯源，具有高隐蔽性、高便捷性、高融合性等特点。

企业可以引入屏幕水印、文件水印、电子标签等水印技术，从根本上解决数据泄露问题，充分保障内部的电子文件安全管控和对数据追踪溯源。

6.7.1 屏幕水印策略

根据用户自定义效果，员工一旦用手机或者相机对数据信息进行拍照，屏幕显示内容将变灰或终端计算机的 IP 地址、使用者、使用时间等水印信息将显示在照片上。当照片外泄时，可以通过照片准确追查泄密人，具有和视频监控类似的效果。

6.7.2 文件水印策略

将不同的水印嵌入各类文档中，可降低非法分子在文档流转过程中以拍照等方式泄露重要数据的风险，增强用户的安全意识。

6.7.3 电子标签策略

电子标签策略是用一种更为隐秘而友好的方式来展现水印，不影响用户的阅读使用，用户只有通过专业工具才能提取。电子标签会标记文件的下载用户、下载的系统地址、下载时间、申请人、审批人和文件制作时间信息等，便于后期追溯纠责，对信息泄露进行定位与追责。

第 7 章

企业数据生命周期安全管控

本章从组织机构业务范围内的数据生命周期的角度出发，结合组织机构各类数据业务发展所体现的安全需求提出管理措施。针对数据产生、数据采集、数据存储、数据处理（包括计算、分析、可视化等）、数据交换及数据销毁等各种生存形态的全生命周期演变过程，分析各环节的安全风险、管理措施、技术措施。企业数据生命周期安全管控是数据安全防护体系中的重要环节。

7.1 数据生命周期安全的各个阶段

根据数据在组织机构业务中的流转情况，数据生命周期安全分为6个阶段。数据生命周期安全如图7-1所示，特定的数据经历的生命周期由实际的业务场景决定，并非所有的数据都会完整地经历6个阶段。

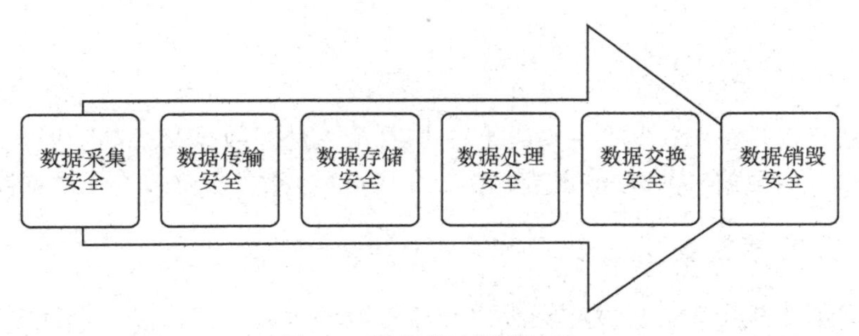

图7-1　数据生命周期安全

7.1.1 数据采集安全

数据采集是组织机构内部系统中产生新数据及从外部系统收集数据的阶段，数据采集安全主要包括数据分类分级、数据采集告知同意、数据源鉴别及记录、数据质量管理安全。数据采集是指采集方对用户终端、智能设备、传感器等产生的数据进行记录与预处理的过程。数据采集安全是数据生命周期安全的第一道屏障。

7.1.2 数据传输安全

数据传输是数据通过网络从一个实体流动到另一个实体的阶段。数据传输安全主要包括数据传输加密、网络可用性管理安全。数据传输是指将采集的数据由用户终端、智能设备、传感器等终端传送到大型集中式数据中心的过程。数据传输阶段中的主要安全目标是确保数据的安全性。为了保证数据在传输过程中不被恶意攻击者采集或破坏，组织机构有必要采取安全措施，保证数据的机密性和完整性。

7.1.3 数据存储安全

数据存储是数据以任何数字格式进行物理存储或云存储的阶段。数据存储安全主要包括存储介质安全、逻辑存储安全、数据备份和恢复安全。数据在集中存储时容易成为攻击目标，数据存储安全极为重要。

7.1.4 数据处理安全

数据处理是组织机构在内部针对数据进行计算、分析、可视化等操作的阶段。数据处理安全主要包括数据脱敏、数据分析安全、数据正当使用、数据处理环境安全。

7.1.5 数据交换安全

数据交换是组织机构与外部组织机构及个人进行数据交换的阶段。数据交换安全主要包括数据导入/导出安全、数据共享安全、数据发布安全、数据接口安全。

7.1.6 数据销毁安全

数据销毁是指对数据及数据存储介质采取相应的操作手段，使数据彻底消除且无法通过任何手段恢复的过程。数据销毁安全主要包括数据销毁处置安全、介质销毁处置安全。

7.2　数据采集阶段

数据采集系统整合了信号、传感器等采集设备和一系列应用软件，目前，数据采集广泛应用于互联网及分布式领域，例如，摄像头、麦克风等都是数据采集工具。

数据采集并不是杂乱无序的，而是对数据有一定的要求，例如，数据量是全面的、高效益的、多维度和多类型的，且具有足够的分析价值，能够满足不同的需求，具有较为明确的针对性和时效性。常用的数据采集方法有传感器采集、日志文件采集、网络爬虫采集。

数据采集阶段面临一定的风险与挑战，需要采取相应的安全控制措施。数据采集阶段安全控制见表 7-1。

表 7-1　数据采集阶段安全控制

数据采集风险与挑战	安全需求	管理措施	技术工具
• 数据采集缺乏分类分级 • 没有规范数据采集目的、用途、环境和渠道 • 不被认可的或非法数据源 • 数据采集质量问题 • 数据采集的隐私性问题	• 数据分类分级 • 数据采集安全管理 • 数据源鉴别与记录 • 数据质量管理 • 个人信息采集管理	• 数据分类分级实施指南 • 制定企业或组织数据采集规范 • 数据采集风险评估 • 数据源制度管理规范 • 数据质量管理规范	• 数据分类分级工具 • 数据采集系统或相关工具 • 数据防泄露安全技术 • 数据源鉴别和记录工具 • 数据质量监控工具

7.2.1　风险与挑战

在信息系统中，数据采集设备无处不在，对于绝大部分的数据采集，采集端与服务器之间的数据传输需要通过公网进行，因此，数据采集会面临一系列的安全风险与隐私问题，主要体现在以下 5 个方面。

1. 数据采集缺乏分类分级

数据分类分级是提升企业数据管理水平的基础，是有效挖掘数据价值、实现企业生产方式变革的必由路径。数据分类分级是数据安全的基石，做好数据分类分级，才能确保一定级别的数据以适当的投入保持适当的控制水平。数据通常情况下按照实际业务场景进行分类，涉及不同的业务场景，数据按照数据属性进行分级，数据分类与数据分级是相辅相成的关系。大多数情况下，我们将分类和分级予以区别对待，例如，在《银行数据资产安全分级标准与安全管理体系建设方法》中，将数据按照主题、形态、元特征、应用、部署地点、生成时间等进行分类，并认为数据分类维度的选择以数据主题为优先。数据分类的科学性和合理性，对数据分级起着良好的辅助界定作用，合理的数据分级能够保证企业在符合法律法规和监管要求的前提下，对最关键和最有价值的数据采取最高级别的防护，同时减少不必要的投入。

2. 没有规范数据采集目的、用途、环境和渠道

没有明确采集数据的目的和用途，无法确保数据采集和获取的合法性和正当性。没有明确数据采集和获取源、数据采集范围和频度，无法确保数据采集和获取仅限数据业务所需的数据，且是与数据服务相关的。没有制定数据采集和获取操作规程，没有规范数据采集和获取渠道、数据格式、流程和方式。没有对数据采集和获取环境（例如采集渠道）、设施和技术采取必要的安全管控措施，确保采集数据的完整性、一致性和真实性。

3. 不被认可的或非法数据源

未对采集或产生的数据的来源进行身份识别，导致企业采集其他不被认可的或非法的数据源（例如机器人信息注册等）产生的数据，或采集错误的、失真的数据。

4. 数据采集质量问题

数据在采集阶段甚至整个生命周期都会涉及质量问题，可采取识别、度量、监控、预警等一系列管理活动，并不断提高组织的管理水平，使数据质量获得进一步提高。数据质量管理的终极目标是通过可靠的数据提升数据在使用中的价值，并最终给企业带来经济效益。企业可通过有效的数据质量控制手段进行数据的管理和控制，消除数据质量问题，进而提升企业数据变现的能力。数据采集质量问题如图 7-2 所示。

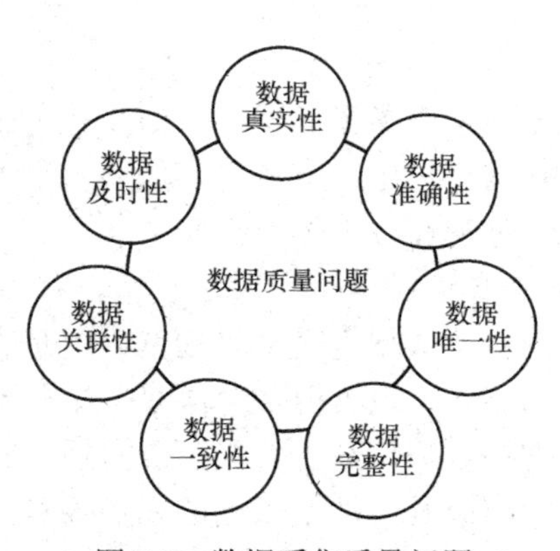

图 7-2　数据采集质量问题

① 数据真实性。数据真实准确地反映客观的实体存在或真实的业务，真实可靠的原始统计数据是企业统计工作的灵魂，是一切管理工作的基础，是经营者进

行正确经营决策必不可少的第一手资料。

② 数据准确性。准确性也叫可靠性，是用于分析和识别哪些数据是不准确的或无效的，不可靠的数据可能会导致严重的问题，例如，第三方可能会在数据采集传输过程中伪造数据，从而导致数据分析结果不准确，这种伪造可能是直接调用传输的应用程序接口（Application Programming Interface，API），也可能是在多个模拟器上运行应用程序，甚至可能是人工在真实设备上操作应用程序，以上行为都可能导致传输到服务端的数据不真实、不准确。

③ 数据唯一性。企业应识别和度量重复数据、冗余数据，重复数据是导致业务无法协同、流程无法追溯的重要因素，也是数据治理需要解决的最基本的数据问题。

④ 数据完整性。数据完整性问题包括模型设计不完整，例如，唯一性约束不完整、参照不完整；数据条目不完整，例如，数据记录丢失或不可用；数据属性不完整，例如，数据属性空值，不完整的数据被借鉴的价值大幅降低，这是数据质量问题最为基础和常见的一类问题，例如，客户端在采集数据时，为了保证不影响用户体验，一般会先在本地进行缓存，然后整体压缩，打包并通过网络进行传输，如果传输失败，则数据会在客户端本地累积，本地缓存容量有限，或者应用程序在缓存数据全部发送完毕前被卸载，会导致部分数据丢失的情况发生，数据同步发送时，网络传输质量问题一般也会有 3%～7%的数据丢失，并且这种情况难以避免。

⑤ 数据一致性。多源数据的数据模型不一致，例如，命名不一致、数据结构不一致、约束规则不一致；数据实体不一致，例如，数据编码不一致、命名及含义不一致、分类层次不一致、生命周期不一致；相同数据有多个副本的情况下数据不一致、数据内容冲突。

⑥ 数据关联性。数据关联性问题是指存在关联关系的数据存在缺失或错误的情况，例如，函数关系、相关系数、索引关系等。数据关联性问题会直接影响数据分析的结果，进而影响管理决策。

⑦ 数据及时性。数据的及时性是指在需要的时候获得数据，数据的及时性与企业的数据处理速度及效率有直接的关系，是影响业务处理和管理效率的关键指标。

5. 数据采集的隐私性问题

数据挖掘方利用自身技术优势和法律政策漏洞，采集各类用户数据，却不向用户通报，严重侵害了用户的数据知情权和占有权，用户对个人信息在何时、何地被采集，采集了哪些个人信息不知情。另外，第三方可能在数据传输过程中截获数据，数据可能体现了用户在客户端的具体行为，包含用户隐私数据。数据采集阶段的隐私性问题，具体包括以下内容。

① 在用户或其他实体不知情的情况下采集个人信息，或者在获得允许的情况

下过度采集个人信息。

② 在未经许可的情况下将实体间的信息相关联，分析得出其他结果。

③ 无法使采集设备停止对个人信息的采集。

7.2.2 安全需求

数据采集阶段的安全划分为 5 个方面，我们针对这 5 个方面提出相应的控制措施，以应对数据采集阶段的风险、问题与挑战。

1. 数据分类分级

数据分类分级是数据采集阶段的基础工作，也是整个数据生命周期中最基础的工作，它是数据安全防护和管理中各种策略制定、制度落实的依据和附着点。

2. 数据采集安全管理

在采集用户、合作伙伴等相关方数据的过程中，明确数据采集的目的和用途，确保数据源的真实性、有效性和最少够用等原则要求，并规范数据采集的渠道、数据的格式及相关的流程和方式，从而保证数据采集的合规性、正当性和执行上的一致性，保证数据采集符合相关法律法规要求。

制定组织机构的数据采集原则，定义不同业务场景下的数据采集流程和方法，明确数据采集的目的、方式和范围。明确数据采集的渠道及外部数据源，并对外部数据源的合法性进行确认。明确数据采集范围、数量和频度，确保不采集、提供与服务无关的个人信息和重要数据。

在组织机构内建立数据采集的风险评估流程，针对采集的数据源、制度、渠道、方式、数据范围和类型进行风险评估，对涉及采集个人信息和重要数据的业务场景进行进一步的合规评估。

明确数据采集过程中个人信息或重要数据的知悉范围和安全控制措施，确保在采集过程中数据不被泄露。

通过入网协议或其他方式事先告知用户收集个人信息的使用目的、方式和范围，以及用户个人信息主体查询、更正、删除机制，组织机构对用户个人信息进行更正等操作前，应征得用户同意。

3. 数据源鉴别及记录

数据源鉴别是指对收集或产生数据的来源进行身份识别，防止采集其他不被认可的或非法的数据源（例如机器人信息注册等）产生的数据，避免采集错误的或失真的数据。数据源记录是指对采集的数据进行数据来源的标识，以便在必要时对数据源进行追踪和溯源。

4. 数据质量管理

数据安全保护的对象是有价值的数据，而数据有价值的前提是数据质量要有保证，因此，组织机构必须建立数据质量管理过程机制，以保证采集和产生的数据的准确性、一致性和完整性。

5. 个人信息采集管理

个人信息是指以电子或者其他方式记录的，能够单独或者与其他信息结合的，识别特定自然人身份或者反映特定自然人活动情况的各种信息，包括姓名、身份证件号码、联系方式、住址、账号密码、财产状况、行踪轨迹等。个人信息是个人所独有的、具有专属性和人身依附性的数据，是数据采集管理中需要重点关注的对象。

组织机构对个人信息进行采集时，要遵循国家法律法规的要求，合法合理地采集。国家相关法律法规对个人信息的采集提出了一些要求，需要组织机构在进行个人信息采集管理时严格遵守，这些要求主要包括以下3个方面。

① 组织机构应当对其采集的用户个人信息严格保密，并建立健全用户信息保护制度。

② 组织机构采集、使用个人信息，应当遵循合法、正当、必要的原则，公开收集、使用规则，明示收集、使用信息的目的、方式和范围，并经被采集者同意。组织机构不得采集与其提供的服务无关的个人信息，不得违反法律、行政法规的规定和双方的约定采集、使用个人信息，并应当依照法律、行政法规的规定和与用户的约定，处理其保存的个人信息。

③ 采集个人信息的合法性应符合个人信息安全保护规范对个人信息控制者在合法采集、最小必要、多项业务功能的自主选择、采集个人信息时的授权同意、个人信息保护政策、征得授权同意的例外等方面的要求。

7.2.3 管理措施

1. 数据分类分级实施指南

制定数据分类分级原则、方法和操作指南，对组织机构的数据资产进行分类分级标识和管理。对不同类别和级别的数据建立相应的访问控制、数据加解密、数据脱敏等安全管理和控制措施。建立数据分类分级变更审批流程和机制，通过该流程保证数据分类分级的变更操作及其结果符合组织机构的策略要求。

① 数据资产的分类分级管理包括两个方面。一方面，需要制定组织机构层面的数据分类分级原则和要求，例如，按照数据的重要程度进行分类，根据数据损坏、丢失、泄露等对组织造成的形象损害或利益损失程度进行数据分级等。另一方面，在组织机构总体分类分级的原则下，可针对具体关键业务场景制定数据分类分级的实施细则，这里的数据分类分级应包含业务属性。在实际执行时，如果无法做到一次性将数据完全按照细粒度标准区分，则可以多步实现，循序渐进。

② 数据分类分级是为了对数据采取更合理的安全管理和保护，需要对分类分

级的数据进一步制定具体的保护细则。这些保护细则包括对不同级别的数据进行标记区分、明确不同数据的访问人员和访问方式、采取安全的保护措施（例如加密、脱敏等）。在进行数据分类分级后，有针对性地制定数据防护要求，例如，设置不同的访问权限、对重要数据进行加密存储和传输、对敏感数据进行脱敏处理、对重要操作进行审计记录和分析等。在进行分类分级的工作中，要明确相关内容和操作流程的审核和审批机制，保证数据分类分级工作符合组织机构的分类分级原则和制度要求。

③ 数据分类分级的建立及变更审核流程是指在具体数据分类分级应用场景中，明确数据分类分级的执行过程、结果确认及分类分级的变更等内容的详细操作流程及相关审核机制，避免出现与分类分级原则和制度不符合的情况。

在数据分类分级管理制度方面要明确以下内容：一是数据类型，数据可以根据数据属性、来源、内容进行分类，例如，按照数据来源分为业务数据、企业数据、用户数据；二是数据安全等级和等级划分标准，一般可以根据数据重要性、敏感程度将数据分为三级或者四级，对每级数据制定差异化的保护措施。

《某组织机构数据分类分级规划/实施指南》关键内容如下。

① 数据范围。

② 数据分类分级角色和职责。

③ 数据分类的原则。

④ 数据分类分级方法。

⑤ 数据分类、数据分级。

⑥ 建立数据分类分级清单。

⑦ 数据生命周期的保护机制。

⑧ 数据分类分级的关键问题处理。

2. 制定组织机构数据采集规范

制定组织机构的数据采集规范，明确组织机构的数据采集原则，定义不同业务场景下的数据采集流程和方法；明确数据采集的目的、方式和范围；明确数据采集的渠道及外部数据源，并对外部数据源的合法性进行确认；明确数据采集范围、数量和频度，确保不采集、提供与服务无关的个人信息和重要数据。

《某组织机构数据采集规范》关键内容如下。

① 数据采集规则：采集目的、采集用途、采集方式、采集范围、采集数据和频率。

② 采集过程控制：数据类型、脱敏要求、质量要求、审计要求等。

③ 采集合规性说明：相关法律法规和监管要求。

3. 数据采集风险评估

在企业或组织内建立数据采集的风险评估流程，针对采集的数据源、制度、渠道、方式、数据范围和类型进行风险评估，对涉及采集个人信息和重要数据的业务场景进行进一步合规评估。

《某组织机构数据采集风险评估管理规定》关键内容如下。

① 数据采集规则：采集目的、采集用途、采集方式、采集范围。

② 采集岗位职责：负责采集相关工作的岗位和职责。

③ 数据采集评估：风险评估方法、评估周期、评估对象、整改要求等。

④ 采集过程保护：防护数据类型、安全措施、审计要求等。

⑤ 合规性说明：相关法律法规和监管要求。

4. 数据源制度管理规范

制定数据源制度管理规范，制定数据溯源策略、溯源数据表达方式和格式规范、溯源数据安全存储与适用的管理制度等，明确要求对核心业务流程的相关数据源进行鉴别和记录。

数据源管理制度规范包含两个方面的内容：一是要对数据采集来源进行管理，包括采集来源识别和管理、采集来源的安全认证机制、采集来源安全管理要求等内容；二是对采集的数据在数据生命周期过程中进行数据溯源管理，对数据流路径上的每次变化情况保留日志记录，保证结果的可追溯及数据的恢复、重播、审计和评估等功能。

《某组织机构数据源制度管理规范》关键内容如下。

① 数据源规则：数据来源、目的、用途、方式、范围。

② 安全控制：安全措施、数据源认证、审计要求等。

③ 合规性说明：相关法律法规和监管要求。

5. 数据质量管理规范

制定数据质量管理规范，包含数据格式要求、数据完整性要求、数据质量要求、数据源质量评价标准及对异常事件处理的流程和操作规范。建立数据采集过程中的质量监控规则，明确数据质量监控范围及监控方式。在数据质量管理制度中需要定义“数据质量”，数据质量的属性一般包括一致性、完整性、准确性和时效性等；要明确数据质量的校验方法，例如，校验方法（人工比对、程序比对、统计分析等）和校验的层次（时效性、完整性、原则性、逻辑性等）；定义数据质量管理实施流程，例如，在产品研制中植入数据质量控制手段，设计需求，以及系统设计、开发、测试、发布与运维。

《某组织机构数据质量管理规范》关键内容如下。

① 术语定义：数据、元数据、数据质量、数据质量问题。

② 数据质量管理规范：职责要求、度量与标准、控制流程（需求—设计—开发—测试—发布）。

③ 数据订正规范：需求—方案—审批—执行—验证。

④ 数据质量事件处理：定级和分类、原因分类、产生环节、处理流程。

⑤ 数据质量审计：审计流程、审计内容。

⑥ 违规责任：违规分级、责任和处罚。

7.2.4 技术工具

1. 数据分类分级工具

数据分类分级工具是指通过对识别的数据进行分类分级，针对不同级别的数据进行策略设置，以实现对敏感数据的识别和跟踪管理。数据分类分级工具一般包括以下功能。

① 支持多种敏感数据识别模式，包括预定义模式、自定义模式、相似数据发现模式等。

② 支持常见的敏感数据类型发现能力，包括姓名、电话号码、邮箱、身份证号码、银行卡号码、住址等。

③ 支持对数据进行自定义分类和分级，用户可通过编写不同的识别规则（例如正则表达式、关键字匹配等）来识别自定义的敏感数据。

④ 支持类似敏感数据发现，通过对已指定的部分样本数据进行机器学习，从而对其他类似数据进行分类分级。

⑤ 支持对识别数据进行标记管理，包括标记自定义、标记设置、标记变更等。

⑥ 支持数据分类分级的操作、对变更过程进行日志的记录和分析等。

2. 数据采集系统或相关工具

部署数据采集系统或相关工具，设置统一的数据采集策略（例如采集周期、频率、采集内容等）对数据进行采集，保证数据采集流程实现一致性，并且在采集过程中对被采集方授权同意采集的过程和信息进行日志记录。

3. 数据防泄露安全技术

数据防泄露安全技术包括采集过程数据防泄露、数据的加密、采集链路加密、敏感信息和字段的脱敏、权限的访问控制等。这些措施一般是指在采集传输、存储等过程中的安全保护，数据采集是数据安全生命周期的第一道屏障，企业需要对数据采集采取安全防护措施。

4. 数据源鉴别和记录工具

企业可以利用身份鉴别机制、指纹识别等技术防止数据采集源（例如人员、终端、数据库等）的仿冒或伪造，可以利用元数据管理、数据血缘关系管理等工具进行数据采集来源的标识和追溯。下面重点介绍数据血缘关系管理。

（1）数据血缘关系概念

大数据时代，数据爆发性增长，各种类型的数据快速产生。这些庞大而复杂的数据信息，通过联姻融合、转换变换、流转流动生成新的数据，汇聚成数据的海洋。

数据在经历产生、加工融合、流转流动到最终消亡的过程中，会形成一种关系，借鉴与人类社会类似的一种关系来表达数据之间的关系，可将其称为数据的血缘关系。与人类社会中的血缘关系不同，数据的血缘关系包含以下特有的特征。

① 归属性。一般来说，特定的数据归属特定的组织或个人。

② 多源性。同一个数据可以有多个来源，一个数据可以由多个数据经过加工生成，而且可以是多个加工过程。

③ 可追溯性。数据的血缘关系体现了数据的生命周期，体现了数据从产生到消亡的整个过程，具备可追溯性。

④ 层次性。数据的血缘关系是有层次的，对数据进行分类、归纳、总结等产生的描述信息又形成了新的数据，不同程度的描述信息形成了数据的不同层次。

数据血缘关系层次如图 7-3 所示。

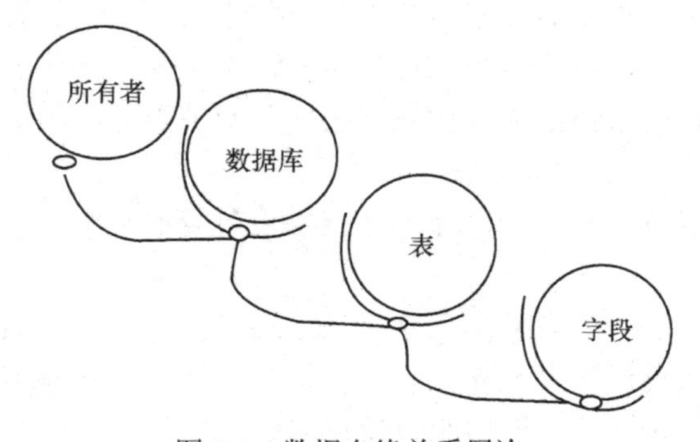

图 7-3 数据血缘关系层次

（2）数据血缘关系的可视化

数据血缘关系可视化是利用计算机图形学和图像处理技术，将数据转换成图形或图像在屏幕上显示出来，并进行交互处理的理论、方法和技术。可视化的意义在于快捷地传递信号，形象、直观地将数据及其关系展现出来，方便用户探讨，发现问题。

根据数据血缘关系的特点，数据血缘关系可视化图形如图 7-4 所示。

数据血缘关系的可视化图形包括以下 5 种可视化元素，分布在图形的不同位置。

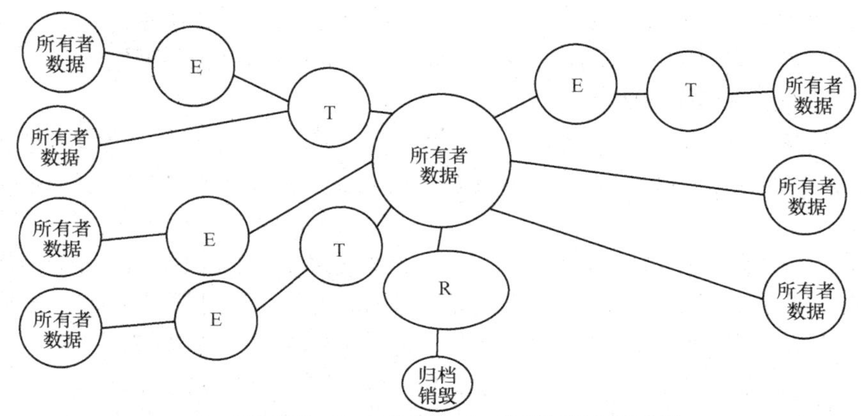

图 7-4 数据血缘关系可视化图形

① 信息节点。信息节点用来表现数据的所有者和数据层次信息或终端信息。根据血缘关系层次的不同，数据信息有所区别。所有者层次只有所有者的信息，其他的层次则包括所有者信息和数据层次信息或终端信息，例如，关系数据库字段间的血缘关系，该节点的描述信息是所有者、数据库、数据表、数据字段。

信息节点有主节点、数据流出节点和数据流入节点 3 种类型。

主节点只有一个，位于整个图形的中间，是可视化图形的核心节点，图形展示的血缘关系就是此节点的血缘关系，其他与此节点无关的血缘关系都不在图形上展示，以保证图形的简单、清晰。

数据流入节点可以有多个，流入节点是主节点的父节点，表示数据来源，位于整个图形的左侧。

数据流出节点也可以有多个，是主节点的子节点，表示数据的去向，位于整个图形的右侧。数据流出节点包括一种特殊的节点，即终端节点，表示数据不再往下进行流转，这种数据一般用于可视化展示。

② 数据流转线路。数据流转线路表现的是数据的流转路径，数据流转线路从数据流入节点流入主节点，又从主节点流出，向数据流出节点扩散。

数据流转线路表现了 3 个维度的信息，分别是方向、数据更新量级、数据更新频次。方向的表现方式没有做特别的设计，默认从左到右流转。数据更新量级通过线条的粗细来表现。线条越粗表示数据量级越大，线条越细则表示数据量级越小。数据更新频次用线条中线段的长度来表现。线段越短表示更新频次越高，线段越长表示更新频次越低，一根实线则表示只流转一次。

（3）清洗规则节点

清洗规则节点用来表现数据流转过程中的筛选标准。大量的数据分布在不同的地方，每个地方对数据质量的要求有所不同，数据接收方会根据自己对数据的要求来过滤接入的数据，这些要求形成数据标准，数据接收方会依据这些标准来清洗数据。

清洗规则有多种，例如，要求不能是空值、要求符合某种格式等。在可视化图形上，清洗规则用一个标有大写字母“E”的圆圈表示，以对各种规则进行简略化表达，从而保证图形的简洁、清晰。查看规则内容的操作也很简单，鼠标指针移动到标有大写字母“E”的圆圈上，计算机则会自动展示标准清单。

清洗规则的简略图形位于数据流转线路上，表示该线路上流转的数据只有符合这些标准才能继续流转下去。

（4）转换规则节点

转换规则节点在表现形式上类似于清洗规则节点，用一个标有大写字母“T”的圆圈表示。转换规则节点位于数据流转线路上，用来表现数据在流转过程中发生的变化。

（5）数据归档和销毁规则节点

数据是有生命周期的，当数据不再具备使用价值时，“生命”就结束了，要么被归档，要么直接被销毁。

判断数据是否仍具备使用价值非常困难，需要设计一些条件，当数据满足这些条件以后就不再具有使用价值，就可以被归档或者被销毁。

在可视化图形上，我们设计了一个标有大写字母“R”的圆圈，用来简略地表示数据归档和销毁规则。当鼠标指针移动到标有大写字母“R”的圆圈上时，计算机会自动展示归档和销毁规则清单。

5. 数据血缘关系的作用

数据血缘关系的作用有以下 4 个方面。

（1）数据溯源

数据的血缘关系体现了数据的来龙去脉，能帮助我们追踪数据的来源，追踪数据处理过程。在数据的血缘关系可视化图形中，主节点的左边就是数据来源节点，能够非常清晰地展示数据的转换，对异常数据产生的原因分析帮助很大。

（2）评估数据价值

数据的价值在数据交易领域非常重要，数据的价值涉及数据的定价。如果要对数据价值进行评估，就需要有依据，数据血缘关系可以从以下 3 个方面给数据价值的评估提供依据。

① 数据受众。在血缘关系可视化图形中，右边的数据流出节点表示受众，即数据需求方，数据需求方越多，数据价值越大。

② 数据更新量级。在数据血缘关系可视化图形中，数据流转线路的线条越粗，

表示数据更新的量级越大，从一定程度上反映了数据价值的大小。

③ 数据更新频次。数据更新越频繁，表示数据越鲜活，价值越高。在血缘关系可视化图形中，数据流转线路的线段越短，表示更新越频繁。

（3）数据质量评估

从数据的血缘关系可视化图形中，我们可以看到数据清洗的标准清单，这个清单反映了企业对数据质量的要求。

（4）数据归档和销毁的参考

如果数据没有了受众，就失去了使用价值。在数据的血缘关系可视化图形中，如果最右边没有数据节点，就可评估主节点所代表的数据是否被归档或者被销毁。

6. 数据质量监控工具

数据质量监控工具可保证数据采集过程中收集和产生的数据的准确性、一致性和完整性。数据质量监控工具包括以下内容。

① 在线数据质量监控，例如，业务数据库实时产生的数据。

② 离线数据质量监控，例如，数据仓库或数据开发平台的离线数据。

③ 数据质量事件处理流程，根据监控结果，一旦发现数据质量异常，要及时告警和上报，并及时采取更正等处理措施。

1）数据监控平台

（1）数据质量关注点

数据质量需要关注完整性、准确性、一致性和及时性。这 4 个关注点体现在数据处理流程的各个环节。

① 完整性。完整性是指数据的记录和信息是否完整，是否存在缺失的情况。数据的缺失主要包括记录的缺失和记录中某个字段信息的缺失，二者都会造成统计结果不准确，因此，完整性是数据质量最基础的保障。数据临近平台的实现需要考虑两个方面：一是数据条数是否缺失，二是某些字段的取值是否缺失。完整的数据大多出现在日志级别的监控上，一般会在数据接入时进行数据完整性校验。

② 准确性。准确性是指数据的内容是否准确，是否存在异常或错误的信息。一般来说，对数据的准确性进行监控大多集中在对业务结果数据的监控上，例如，每日的活跃、收入等数据是否正常。

③ 一致性。一致性是指同一指标在不同地方的结果是否一致。数据不一致的情况大多是因为在数据系统达到一定的复杂程度后，同一指标会在多处进行计算，由于计算口径或开发人员不同，同一指标可能会出现不同的结果。

④ 及时性。在确保数据的完整性、准确性和一致性后，接下来就要保障数据能够及时产出，这样才能体现出数据的价值。及时性主要体现在监控结果数据能

否在指定的时间内计算完成。

（2）数据处理各环节的数据质量

在数据的各个环节都可能会出现数据质量问题，本节以一个简单且典型的数据处理链条为例，介绍每个阶段容易出现的数据质量问题。数据质量监控流程如图 7-5 所示。

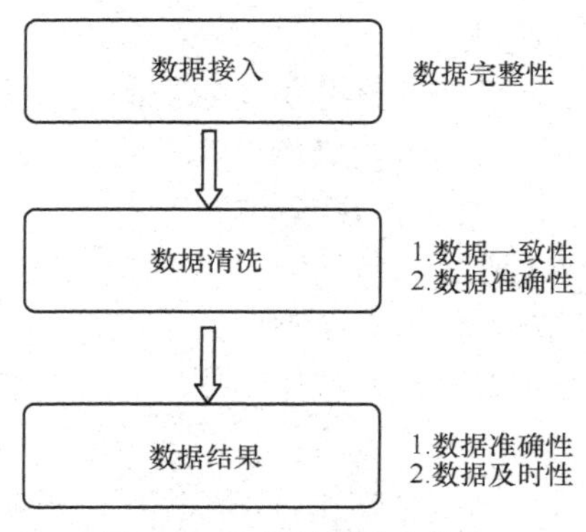

图 7-5　数据质量监控流程

① 数据接入。数据接入环节易出现数据完整性问题，这里要特别注意数据量是否陡增和陡降。数据量陡增意味着可能会出现大量数据重复上报或异常数据侵入等情况，数据量陡降意味着可能出现数据丢失的情况。另外，也要检查不同字段的取值是否有丢失，例如，地址和设备字段是否出现大量空值等异常情况。

② 数据清洗。数据清洗环节易出现数据一致性和数据准确性的问题。数据中间层保障数据从统一出口出来，让数据一起对或一起错，但是很难保证数据的准确性，因此，在数据清洗阶段需要尽量保障数据的准确性。

③ 数据结果。数据结果主要强调对外提供数据的过程，一般从中间表中计算或直接获取可展示数据。数据结果是业务方最容易接触到的环节，因此，在这个环节主要关注的是数据准确性和数据及时性。

整体来讲，数据的完整性、准确性、一致性和及时性在数据处理的各个阶段都需要关注，但是可以先解决核心问题来。

（3）业务流程各环节的数据质量

数据最终的价值是服务于业务，数据质量也要从解决业务问题的角度出发，因此，本节引用典型的业务场景来讲解数据质量。监控业务指标可以从两个角度来考虑：一是单个指标的数值异常，例如，数据是否达到某个临界值，是否有陡增或陡降的现象；二是整个业务链条的数据是否有异常，例如，从曝光到注册的转化是否有异常。

某 App 用户行为漏斗分析如图 7-6 所示，图 7-6 是一个从获取用户到数据转化的简单链路。针对该链路，我们在进行数据质量监控时，除了要告诉使用方某个节点的值有问题，也需要告诉他们整个链条出现的问题。

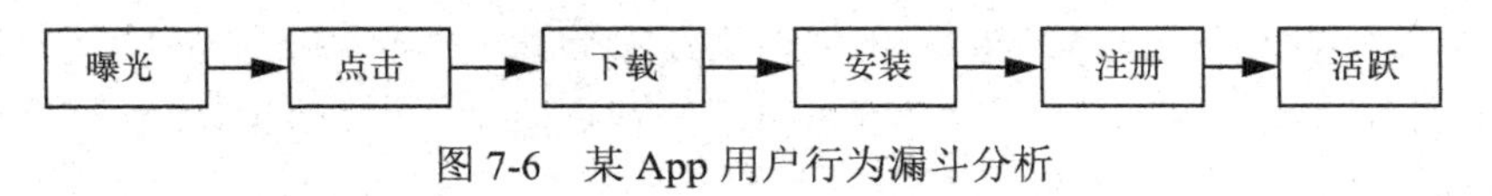

图 7-6　某 App 用户行为漏斗分析

2）如何实现数据质量监控

实现数据质量监控要从两个角度分析：宏观的设计思路和技术实现思路。

在宏观的设计思路中，数据质量监控设计主要分为 4 个模块：数据、规则、告警和反馈。数据质量监控设计如图 7-7 所示。

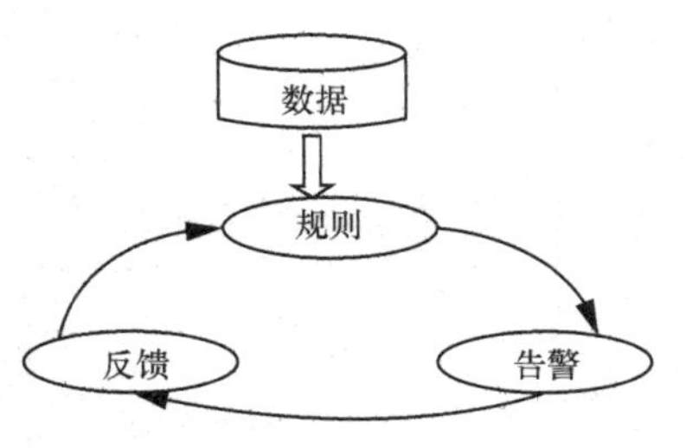

图 7-7　数据质量监控设计

数据主要是指需要被数据质量监控到的数据，数据可能存放在不同的存储介质中，例如，Hive、PG、ES 等。

规则是指发现异常的规则，一般而言，主要采用数值的异常和环比等异常监控方式，也有一些通过算法来发掘异常数据的方法。

告警是指发出告警的动作，可以通过微信消息、电话、短信等方式来触发告警内容。

反馈是指对告警内容的反馈，例如，收到告警内容后，负责人要回应告警消息是否真的异常、是否需要被忽略、是否已经被处理。有了反馈机制，整个数据质量监控才容易形成闭环，更能体现业务价值。

技术实现需要关注以下 4 个方面。

① 关注要监控的核心内容，例如，从准确性的角度对一些核心指标进行监控。

② 监控平台不要做太复杂的规则逻辑，尽可能只对结果数据进行监控，例如，监控日志量是否波动过大，应该把计算流程前置，先计算好结果表，最后监控平台的监控结果表是否异常即可。

③ 多数据源的监控有两种方式：一是对每个数据源进行定制实现一部分计算逻辑；二是通过额外的任务，将多数据源中的数据结果写入一个数据源，并监控该数据源，这样可以减少数据监控平台的开发逻辑。

④ 实时数据监控，实时和离线数据监控的主要区别在于扫描周期不同，因此，在设计时可以先以离线数据为主，但是尽量预留好实时监控的设计。

在设计数据质量监控时，尽量预留好算法监控的设计，具体的结合方式可以参考第②点建议，例如，将算法异常数据放到一张结果表中，再在上面配置简单的告警规则即可。

7.3　数据传输阶段

数据传输的主要作用是实现点与点之间的信息传输与交换。一个良好的数据传输方式可以提高数据传输的实时性和可靠性。

数据传输安全是数据安全的重要阶段，也是发生数据安全事件（例如，数据泄露、窃取、篡改等）比较频繁的阶段，因此，该阶段的重要性不言而喻。

数据传输阶段的安全控制措施见表 7-2。

表 7-2　数据传输阶段的安全控制措施

数据传输风险与挑战	安全需求	管理措施	技术措施
• DDoS 攻击 • 保密性 • 完整性 • 可用性 • 不可否认性	• 数据传输安全策略和规范 • 数据传输安全 • 网络可用性	• 网络传输策略与规范	• 网络身份鉴别 • 数据传输加密 • 制定网络可用性安全防护方案

7.3.1　数据传输风险与挑战

数据传输的风险与挑战主要体现在以下 5 个方面。

1．DDoS 攻击

随着黑客技术的不断发展，DDoS 攻击事件不断涌现。2016 年 4 月，Lizard Squad 组织对暴雪公司网站服务器发起 DDoS 攻击，这次攻击导致《星际争霸 2》《魔兽世界》《暗黑破坏神 3》等重要游戏作品离线宕机，使玩家无法登录。名为“Poodle Corp”的黑客组织也曾针对暴雪公司发起多次 DDoS 攻击，攻击不仅导致网站服务器离线，还使平台多款游戏受到影响，包括《守望先锋》《魔兽世界》《暗黑 3》《炉石传说》等，甚至连主机平台的玩家也遇到了登录困难的问题。

Mirai 是一个十万数量级别的“僵尸网络”，由物联网设备（智能手机、摄像头等）构成，攻击者通过猜测设备的默认用户名和口令控制系统，将其纳入 Botnet，在需要的时候执行各种恶意操作，例如发起 DDoS 攻击等，对网络安全造成巨大的威胁。

2016 年 9 月 20 日，安全研究机构 KrebsonSecurity 遭遇 Mirai 攻击，没过多久，法国主机服务供应商 OVH 也遭到了两次攻击，罪魁祸首依然是 Mirai。据悉，KrebsonSecurity 被攻击时总流量达到了 665GB，而 OVH 被攻击时总流量则超过了 1TB。随着技术发展，利用物联网设备组建僵尸网络发起攻击的现象日益频繁，网络安全之路任重而道远。

2. 保密性

当信息在网络中传播时，可以利用工具将网络接口设置为监听模式，这种方式可以截获网络中正在传播的信息，从而进行攻击。

网络监听在网络中的任何一个位置模式下都可以实施，黑客一般会利用网络监听来截取用户口令。网络监听是很难被发现的，因为运行网络监听的主机只是被动地接收在局域网上传输的信息，不主动与其他主机交换信息，也没有修改在网上传输的数据包。

3. 完整性

在数据传输过程中，攻击者经常采用信息篡改的攻击手段，主动对监听到的信息进行修改（例如，删除或替代部分/全部信息），再将信息传送给原来的接收者。信息篡改攻击在有线通信网络中很常见，而在一些无线通信网络（例如，无线局域网络）中，两个无线站之间的信息传递需要其他无线站或网络中心的转发，这些“中转站”可能会篡改转发的信息。在移动通信网络中，信息篡改攻击能够对移动用户与基站之间的信令传输构成很大的威胁，数据加密不能避免消息被修改，接收者也无法判断消息是否被修改过。

4. 可用性

无论是有线传输网络还是无线传输网络，如果网络本身就很脆弱，那么很容易受到各种形式的攻击，从而造成网络传输中断，数据无法正常传输，例如，物联网的数据传输一般借助无线射频信号进行通信，无线网络固有的脆弱性使系统很容易受到各种形式的攻击。攻击者可以发射干扰信号，使读写器无法接受正常电子标签内的数据，或者使基站无法正常工作，造成通信中断。

光纤通信以高质量的信息传输功能成为主要的通信手段之一，但是光纤传输的物理层防御体系比较薄弱，在防御强光攻击、弱光攻击和防御利用光纤的微弯损耗而进行的信号窃听方面较为薄弱。强光攻击对光纤的物理伤害是最严重的，而且这种伤害通常是永久的、不可修复的。

另外，攻击者可以向网络发送恶意数据包，发起拒绝服务攻击，造成网络拥塞、瘫痪、服务中断，这也会对数据传输的可用性造成严重威胁。

5. 不可否认性

消息认证码可以用来验证消息的发送者，数字签名更是具有不可抵赖性，因为数字签名是使用发送者私钥加密的消息摘要，所以只有发送者才能产生。使用加密防止窃听，使用摘要防止篡改，使用数字签名防止仿冒，这一切似乎很完美，但事实却并不是这样，中间人攻击的方式可以轻松瓦解以上所有的防线。中间人攻击是指中间人冒充真正的服务器接收传给服务器的数据，然后再冒充发送者把数据传给真正的服务器。服务器和发送者之间的数据传送被中间人恶意篡改后，会出现很严重的问题。在通信双方交换公钥的过程中，攻击者拦截双方的公钥，并将自己的密钥发送给通信双方，这样通信双方就会使用攻击者的密钥加密，在这种情况下，所有的加密、签名都会失效。

7.3.2　安全需求

数据传输阶段的安全在过程维度可划分为以下 3 个方面。

1. 数据传输安全策略和规范

明确数据传输安全策略和规范，明确数据传输安全要求（例如，传输通道加密、数据内容加密、签名验签、身份鉴别、数据传输接口安全等），确定需要对数据传输加密的场景。

2. 数据传输安全

数据在利用不可信或较低安全性的网络进行传输时，容易发生数据被窃取、伪造和篡改等安全风险，因此，需要建立相关的安全防护措施，保障数据在传输过程中的安全性，而加密是保证数据安全的常用手段，通过加密来保障数据在传输过程中的机密性、完整性和可信任性。

3. 网络可用性

数据服务提供者应建立数据传输线路冗余机制，保证数据传输可靠性和网络传输服务可用性。通过网络基础设施及网络层数据防泄露设备的备份建设，实现网络的高可用性，从而保证数据传输过程的稳定性。

7.3.3　管理措施

建立网络传输策略与规范，明确数据传输的安全要求（例如，传输通道加密、数据内容加密、身份鉴别、数据传输接口安全等），确定需要对数据传输加密的场景。

7.3.4　技术措施

组织机构采用适当的加密保护措施，确保数据在传输过程中的安全性。然而对数据进行加密传输会消耗系统资源，降低数据传输接口的吞吐量和响应速度，增加使用成本，同时采用不同的加密算法和不同强度的密钥，也会导致系统开销的差异化，带来不同的使用成本。因此，组织需要对使用加密传输的业务场景及使用的加密传输方式进行明确定义，并建立相关的技术工具。

1. 网络身份鉴别

在建立传输加密通道前，企业要对两端的主体身份进行鉴别和认证，确保数据传输双方是可信任的。企业应在通信前基于密码技术对通信双方进行身份认证，使用密码技术的机密性和真实性功能来实现防截获、防假冒和防重用，保证传输过程中鉴别信息的机密性和网络设备实体身份的真实性。

2. 数据传输加密

组织机构首先应明确需要进行加密传输的场景，并非所有的数据都需要进行加密传输，通常需要进行加密传输的数据包括系统管理数据、鉴别信息、重要业务数据和重要个人信息等对机密性和完整性要求较高的数据。

这些数据在以下场景传输时应考虑加密方式传输。

① 通过不安全或不可控的网络进行数据传输，例如，互联网、政务外网等。

② 从高安全等级区域经过低安全等级区域向高安全等级区域传输。

③ 在等保定级为三级或三级以上的信息系统中传输。

在定义好需要加密的场景后，组织机构应选择合适的加密算法对数据进行加密传输，在数据传输场景中主要用到的加密算法有对称加密算法、非对称加密算法和哈希算法。

在实际的加密传输场景中，我们通常采用以上算法组合来实现对数据传输过程的机密性和完整性保护，通常较多地使用安全传输层协议、建立VPN加密传输通道等技术方式。这些技术普遍采用非对称加密算法建立连接，确认双方的身份并交换加密密钥，用对称加密算法传输数据，并用哈希算法保障数据的完整性，这样既保证了密钥分发的安全，也保证了通信的效率。

3. 制定网络可用性安全防护方案

通过网络基础链路、关键网络设备的备份建设，实现网络的高可用性，从而保证数据传输过程的稳定性。数据在网络传输过程中依赖网络的可用性，一旦发生网络故障或系统瘫痪，数据传输就会受到影响甚至中断。

企业应了解业务中对网络可用性的需求，以便能够根据不同业务对网络性能的需求制定有效的可用性安全防护方案。

在网络可用性管理过程具体落地时要重点关注以下内容。

① 对关键业务网络的传输链路、网络设备节点进行冗余规划与建设，包括硬件冗余（电源冗余、引擎冗余、模块冗余、设备堆叠、链路冗余、设备冗余、负载均衡）、软件冗余（链路捆绑技术）和路由冗余（虚拟路由器冗余协议、动态路由协议）。

② 借助负载均衡、防入侵攻击等安全设备来降低网络的可用性风险。

7.4 数据存储阶段

数据存储对象包括数据流在加工过程中产生的临时文件或加工过程中需要查找的信息。数据以某种格式记录在计算机的存储介质上，数据存储的命名要反映信息特征的组成含义。数据流反映了系统中流动的数据，表现出动态数据的特征；数据存储反映了系统中静止的数据，表现出静态数据的特征。

数据存储阶段安全控制措施见表 7-3。

表 7-3　数据存储阶段安全控制措施

数据存储风险与挑战	安全需求	管理措施	技术措施
• 数据存储安全成熟度有待提升 • 大数据存储存在诸多风险 • 云数据丢失	• 存储架构安全 • 存储媒体安全 • 逻辑存储安全 • 数据备份与恢复 • 个人信息存储保护	• 存储媒体安全策略及规范 • 逻辑存储安全策略及规范 • 数据备份与恢复策略及规范	• 存储加密技术 • 数据备份及恢复工具 • 备份加密技术

7.4.1　数据存储风险与挑战

数据被采集后通常汇集并存储在大型数据中心，而大量集中存储的有价值的数据容易成为某些人或团体的攻击目标，因此，数据存储面临的安全风险是多方面的，不仅包括外部黑客的攻击、内部人员的信息窃取，还包括不同利益方对数据的超权限使用等。

1. 数据存储安全成熟度有待提升

很多公司即使已逐渐意识到数据安全的重要性，但仍没有明确的应对措施。在国内，大型银行的加密应用相对较多，但是采用加密的用户在所有备份用户中所占的比例非常少，而且加密数据占所有数据的比例也非常少。

存储用户对安全需求并不迫切的主要原因是，用户把存储网络看作第二网络，并且默认它是安全的，与用户最关心的可靠性、可用性、高性能等方面比较，安全性需求就没有那么重要了。

数据存储安全解决方案在推广过程中通常会面临以下 3 个关键挑战。

① 成本问题。许多用户都意识到了安全问题，但是却因为数据存储安全方案实施预算过高而没有落实。成本开支包括需要额外购买具有加密功能的磁带机，而且在进行加密时由于不能使用磁带的压缩功能，所需的磁带数量比原先要多一倍。

② 缺乏统一标准。用户需要利用各种形式的保护方法来进行加密，但是这些方法实施起来太复杂，如果不采用统一的标准，则会产生更多问题。

③ 安全产品要经过认证。所有涉及加密、算法等的安全产品都需要通过国家有关部门的认证，这也是许多厂商没有大力宣传数据存储安全的一个重要原因。

2. 大数据存储存在诸多风险

随着大数据规模的不断扩大，结构化数据和非结构化数据相互混杂，数据来源多种多样，传统的结构化存储系统已经无法满足大数据应用的需求。大数据对存储的需求主要体现在海量数据处理、大规模集群管理、低时延读写速度，以及较低的建设及运营成本等方面。目前，大多数企业采用非关系型数据库来存储大数据，和关系型数据库通过集成的安全功能保证数据的机密性、完整性和可用性不同，非关系型数据库通常存在诸多安全风险，具体表现如下。

① 非关系型数据库模式成熟度不够。目前，标准的关系型数据库包括严格的访问控制和隐私管理工具，而在非关系型数据库中，并没有这样的要求，相反，非关系型数据库中，列和行级的安全性更为重要。另外，非关系型数据库可以不断地对数据记录添加属性，并为这些新属性定义安全策略。

② 非关系型数据库系统成熟度不够。在饱受各种安全问题的困扰后，关系型数据库和文件服务器系统的安全机制已经变得比较成熟，虽然非关系型数据库可以参考学习关系型数据库安全设计中的经验教训，但在短时间内它仍然会存在各种漏洞。

③ 客户端软件问题。由于非关系型数据库服务器软件没有内置足够的安全机制，必须对访问这些软件的应用程序提供安全措施，例如，身份验证和授权功能，这样又会产生其他问题，该安全措施使应用程序更复杂。应用程序需要定义用户和角色，并且需要决定是否向用户授权访问权限。另外，困扰着关系型数据库的结构化查询语言注入问题也同样困扰着非关系型数据库。

④ 数据冗余和分散性问题。关系型数据库通常在相同位置存储数据，而大数据系统采用另外一种模式，就是将数据分散在不同地理位置、不同服务器中，以实现数据的优化查询处理及容灾备份，在这种情况下，系统难以定位这些数据并进行保护。

非关系型数据库虽然有扩展简单、读写快速和成本低廉的优势，但也存在很多劣势，例如，产品不够成熟、很难实现数据的完整性、缺乏强有力的技术支持等。

3. *云数据丢失*

云计算逐渐成为一种基础设施服务，其部署简单、安全性相对较高，且成本相对低廉，云存储服务被越来越多的中小公司使用。但中心化的云存储在安全性、可靠性及服务水平层面还存在很多问题，并亟待解决。企业的数据放在云存储中，企业最关心的是数据是否完整无误，如果系统出现故障，是否可以实现数据的恢复，并能够证明这些数据与原来数据完全一致，这就是“去中心”存储中经常提到的“数据完整性验证机制”。

在保障数据可信的层面，应该将数据交给数学和密码学来进行技术层面的保障。数据完整性验证机制根据是否对数据文件采用容错预处理，分为数据持有性证明（Provable Data Possession，PDP）和数据可恢复证明（Profs of Retrievability，POR）。二者相比，PDP 机制能快速判断远程节点上的数据是否损坏，更注重效率；POR 机制不仅能识别数据是否已损坏，还能恢复已损坏的数据。两种机制有着不同的应用需求，PDP 机制主要用于检测大数据文件的完整性，而 POR 机制则用于确保重要数据的完整性，例如，压缩文件的压缩表等，这类应用尽管只损坏了很小一部分数据，但却造成了整个数据文件的失效。

7.4.2　安全需求

数据存储阶段的安全在过程维度可划分为 5 个方面。

1. *存储架构安全*

信息系统要建立开放、可伸缩的数据存储架构，以满足数据量持续增长、数据分类分级存储等需求，同时数据存储架构决定了安全机制的实现方式。

企业或组织需要制定与数据存储架构相关的管理规范和安全规则。这些规则包括访问控制规则、监控预警规则、审计规则、存储转移安全规则、存储完整性和多副本一致性管理规则等。

企业或组织采用必要的技术和管控措施来保证数据存储架构安全管理规则的实施，确保数据存储完整性和多副本一致性真实有效，确保存储架构对个人信息和重要数据等加密存储的能力，确保存储架构具备数据存储跨地域的容灾能力，还要建立满足应用层、数据平台层、操作系统层、数据存储层等不同层次数据存储加密要求的数据存储加密架构。

2. *存储媒体安全*

企业或组织需要对数据存储媒体进行访问和使用的场景提供有效的技术和管理手段，防止对媒体的不当使用而引发数据泄露，存储媒体包括终端设备及网络存储。

在介质使用上，例如，使用物理实体介质（磁盘、硬盘）、虚拟存储介质（容器、虚拟盘）等，数据存储如果使用不当，则容易引发数据泄露。该过程主要关注数据存储在物理安全层面的数据保护。

3. *逻辑存储安全*

基于企业或组织内部的业务特性和数据存储安全要求，企业或组织应建立针对数据逻辑存储、存储容器和架构的有效安全控制机制。

企业或组织应针对存储容器和存储架构提出安全要求，例如，配置认证鉴权、访问控制、日志管理、通信举证、文件防病毒等安全策略，以保证数据存储安全。

4. *数据备份与恢复*

企业或组织要通过执行定期的数据备份和恢复，实现对存储数据的冗余管理，保护数据的可用性。

备份和恢复是为了提高信息系统的高可用性和灾难可恢复性，在数据库系统崩溃时，没有数据库备份就无法找到数据，保证数据可用性是数据安全的基础。

5. 个人信息存储保护

信息系统凡是涉及个人信息存储的，应建立有效的安全控制。

个人信息存储期限应为达到个人信息主体授权使用目的所需的最短时间，法律法规另有规定或个人信息主体另行授权同意的除外；超出个人信息存储期限的，应对个人信息进行删除或匿名化处理。

收集完个人信息后，个人信息控制者应立即进行去标识化处理，采取技术和管理方面的措施将原信息与去标识化后的信息分开存储，并加强访问和使用的权限管理。

存储个人敏感信息时，应采用加密等安全措施，采用密码技术时应遵循密码管理的相关国家标准。个人生物识别信息应与个人身份信息分开存储，原则上不应存储原始个人生物识别信息。

当个人信息控制者停止运营其产品或服务时，应做以下处理：及时停止收集个人信息；将停止运营的通知以逐一送达或公告的形式通知个人信息主体；对其所持有的个人信息进行删除或匿名化处理。

7.4.3 管理措施

1. 存储媒体安全策略及规范

制定存储媒体访问和使用的安全策略和管理规范，建立媒体使用的审批和记录流程。

建立购买或获取存储媒体的规范流程，要求通过可信渠道购买或获取存储媒体，并针对各类存储媒体建立标准的净化规程。

对存储媒体进行标记，明确媒体存储的数据对象。

对存储媒体进行常规和随机检查流程，确保存储媒体的使用符合企业或组织公布的关于媒体使用的规范。

案例 1：《某企业存储介质安全管理规定》关键内容如下。

① 存储介质定义。

② 安全管理员职责。

③ 存储介质管理要求。

④ 存储介质中的数据测试。

⑤ 存储介质维修要求。

⑥ 存储介质销毁和报废要求。

⑦ 附件：使用/维修/报废登记表。

案例 2：《某企业介质安全管理规范》关键内容如下。

① 存储介质及其分类定义。

② 介质存放环境要求：仓库、指定区域、防尘、防潮、防静电、防盗、监控、出入库登记。

③ 介质运输安全：发货、收货。

④ 介质使用规范：申请工单、使用人登记。

⑤ 介质维修规范：返厂、操作人、时间、场地等。

⑥ 介质销毁规范：消磁机、固态硬盘（Solid State Disk，SSD）数据擦除机、销毁平台、销毁方式、销毁记录等。

2. 逻辑存储安全策略及规范

建立数据逻辑存储管理安全规范和配置规则，明确各类数据存储系统的账号权限管理、访问控制、日志管理、加密管理、版本升级等方面的要求。

内部的数据存储系统在上线前应遵循统一的配置要求，进行有效的安全配置，对使用的外部数据存储系统也应进行有效的安全配置。

明确数据逻辑存储隔离授权与操作规范，确保具备多租户数据存储安全隔离的能力。

案例 1：《某存储系统的安全配置》关键内容如下。

① 认证鉴权——存储系统通过管理平面认证和业务平面认证，限制可访问存储系统的维护终端及应用服务器。当用户使用存储系统时，只有认证通过后才能对存储系统执行管理操作，并对存储系统上的业务数据进行读写操作。

② 访问控制——提供图形用户界面和命令行界面两种方式供用户访问存储系统，并对管理资源和业务资源进行访问控制，以确保存储设备和业务数据的安全。

③ 日志管理——按时间顺序记录存储系统发生的一系列活动。日志记录可以帮助用户按照顺序搭建及测试周边环境，也可以帮助用户了解与安全相关的事务所涉及的操作、流程及事件的整体信息。

④ 安全策略——管理界面配置用户名策略、密码策略、登录策略和账号审计策略的方法。

⑤ 通信矩阵——各类组件所使用的数据传输端口是存储系统通信重要的部件。当用户对网络配置安全性要求较高时，企业应先了解各类组件所需的网络端口类型，以便在搭建组网时，开启相应的端口，方便链路正常连接。

⑥ 安全加固——对存储系统的弱点进行识别和修复，消除或降低存储系统的安全隐患。OceanStor 2200 V3/2600 V3 存储系统支持对操作系统加固、Web 服务加固、HTTP 服务加固及其他组件加固。

⑦ 文件防病毒——当存储系统运行文件业务并通过网络文件系统将文件系统共享给客户端时，利用第三方防病毒软件触发病毒扫描，及时清理被病毒感染的文件，可以提高存储系统的安全性。

案例 2：《Oracle 逻辑存储结构介绍》关键内容如下。

① 逻辑存储结构：逻辑存储层次结构和逻辑空间管理。

② 数据块：数据块和操作系统块、数据块格式、数据块压缩、数据块的空间管理。

③ 扩展区：分配扩展区、释放扩展区、扩展区的存储参数。

④ 段概述：用户段、临时段、撤销段、段空间和高水位标记。

⑤ 表空间：永久表空间、临时表空间、表空间模式、表空间文件大小。

⑥ 管理归档日志：预备知识、归档重做日志文件、利用归档恢复过程。

3. 数据备份与恢复策略及规范

建立数据备份与恢复的策略和管理制度，以满足数据服务可靠性、可用性等安全目标。

建立数据备份与恢复的操作流程，明确定义数据备份和恢复的范围、频率、工具、过程、日志记录规范、数据保存时间等。

建立数据备份与恢复的定期检查和更新工作程序，包括数据副本的更新频率、保存期限等，确保数据副本或备份数据的有效性。

依据数据生命周期和业务规范，建立不同阶段数据归档存储的操作流程。

建立归档数据的压缩或加密策略，确保归档数据存储空间的有效利用和安全访问。

建立归档数据的安全策略和管控措施，确保非授权用户不能访问归档数据。

识别适用于企业或组织的国内外法律法规要求，确保按照法律规定和监管部门的要求，对相关数据予以记录和保存。

制定数据存储时效性管理策略和规程，明确数据分享、存储、使用和清除的有效期，以及在有效期到期时对数据的处理流程、过期存储数据安全的安全管理策略。

建立过期存储数据的安全保护机制，对超出有效期的存储数据应具备再次获取数据控制者授权的能力。

案例 1：《某公司电子数据备份和恢复管理规程》关键内容如下。

① 术语定义：备份、恢复、存档。

② 备份整体要求和原则。

③ 独立数据文件：全量和增量。

④ 稳健性数据库备份。

⑤ 关系型数据库备份。

⑥ 备份周期。

⑦ 备份完整性检查。

⑧ 备份数据的存储介质要求及其标识。

⑨ 恢复场景。

⑩ 备份日志。

⑪ 相关表格模板：备份记录、检查记录。

案例 2：《某公司数据备份和恢复管理规范》关键内容如下。

① 总则：备份和恢复管理范围、关键信息系统定义、管理团队等。

② 数据备份、归档和恢复原则。

③ 存储、备份设备及相关设备管理。

④ 备份和恢复相关人员职责。

⑤ 运维管理流程。

⑥ 惩罚措施。

7.4.4　技术措施

1. *存储加密技术*

拖库、数据泄露等层出不穷的安全事件表明，要想从根本上解决越过网络防护、绕开权控体系、直接复制文件块并异地还原解析的攻击方式，必须采用存储层的加密技术，确保敏感信息一旦写入磁盘，必须进行密文存储。以下是目前市面上比较常用的 5 种存储加密方法。

（1）文件级加密技术

文件级加密技术可以在主机上实现，也可以在网络附加存储这一层以嵌入的方式实现。对于一些应用，这种加密方法会引起性能问题，使应用在执行数据备份操作时，带来一定局限性。另外，文件级加密技术会导致密钥管理相当困难，从而系统需要根据文件级目录位置来识别相关密钥，并进行关联。

在文件层进行加密也存在一些不足，因为企业加密的数据比企业需要使用的数据多，如果企业关心的是无结构数据，例如，法律文档、工程文档、报告文件或其他不属于组织严密的应用数据库中的文件，那么使用文件层加密是一种理想的方法。如果数据在文件层被加密，当其被写回存储介质时，写入的数据都是经过加密的，任何获得存储介质访问权的人都不可能找到有用的信息，对这些数据进行解密的唯一方法就是使用文件层的加密/解密机制。

（2）数据库级加密技术

当数据存储在数据库时，数据库级加密技术可实现对数据字段进行加密，这种部署机制又称为列级加密，它是对数据库表中的列这一级进行加密。对敏感数据全部放在数据库中一列或两列的企业或组织而言，数据库级加密技术的成本较低。不过，因为加密和解密一般由软件而不是由硬件来执行，所以这个过程会导致整个系统的性能快速下降。

数据库中数据的结构和组织都非常明确，因此，对特定数据条目进行控制也更加容易。用户可以对一个具体的列加密，每个列都会有自己的密钥。根据数据库用户的不同，企业可以有效地控制其密钥，因此，企业能够决定谁有权对该数据条目进行解密。通过这种方式，企业只要对关键数据进行加密即可。

数据库级加密技术所面临的挑战是，用户希望加密的许多数据条目在应用查询中具备同样的值，因此，系统设计师应当确保加密数据不参加查询，防止加密对数据库的性能造成负面影响。例如，如果账户编号已经被加密，而用户想查找一系列的编号，那么应用就必须读取整个表，对整个表进行解密并对其中的值进行对比，如果不使用数据库索引，那么这种原本只用 3 秒就可以执行完毕的任务，可能会耗费 3 小时进行漫长的查询。但这种方法也有积极的一面，数据库厂商已经在新版产品中加入了一些服务，能够帮助企业解决上述问题。

市面上具有代表性的数据库级加密技术有以下两种。

① 前置代理及加密网关技术，总体技术思路是在用户访问数据库之前增加一道安全代理服务，访问数据库的用户都必须经过该安全代理服务，在此服务中实现数据加解密、存取控制等安全策略，然后安全代理服务通过数据库的访问接口实现数据存储。安全代理服务在客户端应用与数据库存储之间，负责完成数据的加/解密工作。该方案需要在安全代理服务层提供非常复杂的数据库管理功能，例如，结构化查询语言命令解析、通信服务、加密数据索引存储管理、事务管理等，因此，前置代理及加密网关技术开发的工作量巨大，技术复杂度很高，另外，还存在类似于存储过程、触发器等无法解决的技术问题。

② 基于视图及触发器的后置代理技术，这种技术使用“视图+触发器+扩展索引+外部调用”实现数据加密，同时保证应用完全透明。其核心是充分利用数据库自身提供的应用定制扩展能力，使用触发器扩展能力、索引扩展能力、自定义函数扩展能力及视图等技术来满足数据存储加密、加密后的数据检索、对应用无缝透明等核心需求。后置代理加密技术逐渐被大家接受，这种技术拥有前置代理和应用改造所不具备的透明性、灵活性及数据库高端技术的兼容性，可谓率先走过了数据库加密这座风险与挑战都较为巨大的“独木桥”。然而，“独木桥”仍在，“在应用环境下，单表亿级数据规模被加密后其查询检索性能会不会受到明显影响?”“如何保证密文数据的统计分析操作速度基本不下降?”“实施加密后，如何对密文数据的运维、迁移、备份等操作的改动降至最低?”“大量的数据加密是否会带来更大的空间膨胀？”……这些自数据库加密技术问世以来就相伴而生的问题，不仅变成用户心头的疑云，还成为后置代理加密技术提供商亟须解决的问题。

（3）介质级加密技术

介质级加密技术是一种新技术，它对存储设备（包括硬盘和磁带）上的静态数据进行加密。虽然介质级加密技术为用户和应用提供了很高的透明度，但其提供的保护作用非常有限，数据在传输过程中没有被加密，只有到达存储设备，才会被加密，所以介质级加密技术只能防范有人窃取物理存储介质的风险。另外，如果在异构环境中使用这项技术，则需要使用多个密钥管理应用软件，这就增加了密钥管理过程的复杂性，从而加大了数据恢复面临的风险。

（4）嵌入式加密设备

嵌入式加密设备放在存储区域网中，介于存储设备和请求加密数据的服务器之间。这种专用设备可以对存储设备的数据进行加密，保护静态数据，然后对返回应用的数据进行解密。

嵌入式加密设备符合点对点的解决方案，扩展难度大且成本高。如果部署在端口数量多或者多个站点需要加以保护的企业环境，就会出现问题，在这种情况下，跨分布式存储环境安装成批硬件设备所需的成本会很高。另外，每个设备必须单独或者分成小批量进行配置及管理，这给管理工作带来了很多负担。

（5）应用层加密技术

将加密技术集成在商业应用中，是加密级别的最高境界，也是最接近“端对端”加密解决方案的方法。在应用层，企业能够明确地知道谁是用户及用户的典型访问范围。企业可以将密钥的访问控制与应用本身紧密地集成在一起，确保只有特定的用户通过特定的应用访问数据，从而获得关键数据的访问权，任何试图在该点下游访问数据的人都无法达到访问的目的。

因为用户可以改变查询的类型，所以集成加密技术确实有助于避免数据库层的性能受到影响。然而，许多数据条目需要通过多种不同的应用访问，企业要及时管理这些应用及不同用户群的变化。事实上，企业如果使用厂商提供的打包应用，则很可能无法实施应用层的加密技术，因为企业不可能获得这些应用的源代码。

应用层加密技术的主要原理是应用系统通过加密 API 对敏感数据进行加密，将加密数据存储到数据库的底层文件中，在进行数据检索时，将密文数据取回客户端，再进行解密，应用系统自行管理密钥体系。该方法的不足是，应用程序必须对数据加解密，增加编程复杂度，而且无法对现有的系统做到完全透明，应用程序必须进行大规模改造，且这种技术无法利用数据库的索引机制，加密后数据的检索性能会大幅下降。

2. 数据备份及恢复工具

企业要提供统一的数据备份和恢复的技术工具，并做到自动化执行。

（1）总体架构

为确保数据安全，企业一般采用“两地三中心”的设计方案，方案以“同城双中心+异地灾备中心”模式为主，兼具高可用性和灾难备份能力。

同城双中心包括主中心和同城灾备中心，利用网络来均衡，并对外提供服务，当主中心网络出现故障时，所有业务数据都流向同城灾备中心，主中心与同城灾备中心之间建立高可用性监控技术，实现灾备中心应用服务器集群与主中心生产服务器集群之间的高可用性切换，两个中心通过数据复制技术，实现数据实时同步，保证了数据的安全性和业务的连续性。

异地灾备中心在选址上应进行风险分析，避免异地备份中心与主中心同时遭受同类风险，异地灾备中心无距离限制，带宽要求低，采用异步复制技术，增量数据复制或备份到异地灾备中心的效率较低、时间较长。

（2）基于应用层/数据库层的数据复制技术

基于应用层/数据库层的数据复制技术通过数据库自带的工具或第三方工具，利用数据库日志归档、复制、传递技术，在主库和备库之间实现两端数据的一致性。

应用层的数据复制技术的基本原理是在网络相通的情况下，将日志文件从源数据库传输到目标数据库，然后在目标数据库上应用这些日志文件，从而使目标数据库与源数据库保持同步。这种数据复制技术是一种数据库级别的高可用性方案，比较成熟。

应用层的数据复制技术的复制过程会抢占数据库服务器部分资源，软件技术与主机架构、存储架构无关，复制性能较高，复制方式多样，支持单向、多向、广播、合并、级联复制。

这种技术从软件层面实现数据库快速切换与灾难性恢复，常用的软件或工具有 Oracle DataGuard、Oracle GoldenGate、DNT IDR、DSG RealSync、Quest SharePlex 等。

（3）基于主机/系统层的数据复制技术

基于主机/系统层的数据复制技术通过操作系统或数据卷管理器实现对数据的远程复制。这种技术利用主中心与灾备中心之间的光纤线路，构成存储区域网络环境，通过卷管理功能，实现两中心之间的存储镜像，在主机器上写入 I/O 数据时，将同时写入两中心磁盘阵列。

当主存储损坏时，全部的读写操作会自动通过灾备中心备用存储来支撑，复制的数据在远程节点可即时使用，不影响上层应用。

常用工具有 IBM AIX LVM、HP-UINX MirrorDisk、Sun Solaris SVM、Symantec SF/VVR 等。

（4）基于虚拟层/网络层的数据复制技术

基于虚拟层/网络层的数据复制技术是伴随存储局域网出现的，是将数据构建在虚拟存储上的数据复制技术，依靠外加的网络层设备，实现两个存储设备之间的数据复制。

存储虚拟化设备通过交换机分别连接主机端和存储端，管理存储设备上的逻辑卷，对已有逻辑卷进行虚拟化或创建虚拟的条带卷，通过卷复制和镜像功能，实现两个虚拟卷之间的数据安全保护。

该技术通过存储虚拟化设备实现卷镜像复制功能，不需要主机参与，数据复制进程安全稳定。

（5）基于存储层的数据复制技术

基于存储层的数据复制技术利用存储阵列自身的盘阵对盘阵的数据块进行复制，实现对生产数据的远程复制，从而实现生产数据的灾难保护。在主数据中心发生灾难时，企业可以在灾备中心建立运营支撑环境，为业务继续运营提供技术支持。同时，企业也可以利用灾备中心的数据恢复主数据中心的业务系统，从而能够让企业的业务运营快速恢复到灾难发生前的正常运营状态。

基于存储层的数据复制技术不需要连接服务器上的任何管理工作。复制工作交给存储控制器来完成，对主机透明，不占用主机资源，对应用系统的影响较小。但是基于阵列的复制技术的最大劣势是缺少对异构存储系统的支持，投资金额较大，对网络连接的要求也较高。

其中，基于存储的容灾方案有两种：同步复制方式和异步复制方式。

同步复制方式可以做到主/备中心磁盘阵列同步进行数据更新，应用系统的 I/O 数据被写入主磁盘阵列后，主磁盘阵列将利用自身的机制同时将 I/O 数据写入后备磁盘阵列，后备磁盘阵列确认后，主中心磁盘阵列才返回应用的写操作并完成信息。同步复制方式使后备磁盘阵列中的数据总是与生产系统数据同步，因此，当生产数据中心故障时，不会造成数据丢失。为避免对生产系统性能产生影响，同步复制方式通常在近距离范围内进行，光纤通道（Fiber Channel，FC）连接范围通常在 200km 内，实际用户部署多在 35km 左右。

异步复制方式是在应用系统的 I/O 数据被写入主磁盘阵列后，主磁盘阵列立即将“写完成”的信息返回给主机应用系统，主机应用可以继续进行读写操作。同时，主中心磁盘阵列可利用自身的机制将 I/O 数据写入后备磁盘阵列，实现数据保护。异步复制方式使应用程序不必等待远程完成更新，因此，对远程数据备份性能的影响通常较小，并且备份磁盘的距离和生产磁盘间的距离理论上没有限制。

（6）持续数据保护技术

持续数据保护（Continuous Data Protection，CDP）技术可以捕获或跟踪数据的变化，并将其独立存放在生产数据之外，以确保数据可以恢复到过去的任意时间点的状态。持续数据保护系统可以基于块、文件或应用实现，可以为恢复对象提供足够细的恢复粒度，实现无限多的恢复时间点。

传统的数据保护解决方案重点关注对数据的周期性备份，因此，一直存在备份窗口、数据一致性及对生产系统的影响等问题。而 CDP 技术为用户提供了新的数据保护手段，因为CDP系统会不断监测关键数据的变化，从而可以自动实现对数据的保护，所以系统管理员不需要关注数据的备份过程。当发生灾难后，系统管理员只需选择需要恢复到的数据备份时间点，即可实现数据的快速恢复。

3. 备份加密技术

备份加密技术是存储安全中的一个重要内容，也是目前部署领域最多的技术。备份加密的技术主要有磁带加密、备份软件加密及专用设备加密。

（1）磁带加密

目前，IBM公司与Sun公司不约而同地选择将驱动器级加密技术引入各自旗下高端的磁带机产品线内，也就是说，这两家公司推出的新型磁带机均具备基于硬件的加密功能，其密钥管理系统可与大型主机服务器及开放式系统协同作业。与基于软件的加密技术及第三方专用设备相比，基于硬件的驱动器加密技术最大的优点在于，它可以在数据被压缩并写入磁带之后，对其进行加密处理。另外，基于硬件的加密技术对备份服务器的数据传输性能造成的负面影响相对较小。无论是IBM公司还是Sun公司，二者都认为引入驱动器级加密技术以后，磁带机的性能仅下降了不到1%。

（2）备份软件加密

与加密磁带机相比，备份软件更早实现了加密功能。在加密磁带机出现以前，多家公司就在备份软件中增加了加密功能。软件加密成本较低，虽然这种方式的加密效率不高，但它可以满足少量数据的加密需要。备份软件加密在某些方面比磁带机加密更具优势，如果用户备份环境中使用的磁带机是加密的，那么在统一管理的时候就存在一定的不便。数据可以在备份客户端进行加密，以确保其在公司网络传输或在基于磁盘备份复制到磁带的过程中能够得到有效保护，也就是说，数据在传输过程中是加密的，可以规避网络中存在的诸多安全风险。

软件加密存在两个问题：一是软件使用中央处理器的时间降低了备份的速度；二是备份应用要求用户在加密时关闭压缩功能，而在备份应用中，需要更多的存储容量，并且备份时间将显著增加。

（3）专用设备加密

随着专用设备加密中使用的专用设备的负载能力不断增强，从被NetApp收购后，Decru公司推出了一款用于磁带库的10端口专用设备和一款用于存储区硬盘和磁带的6端口专用设备。该公司以前所有的专用设备都是两端口配置，这两个系列的存储安全设备通过让客户将脱密密钥复制到远程站点来加强灾难恢复能力，并提供了完整的网络存储数据安全解决方案，包括256位高级加密标准（Advanced Encryption Standard，AES）算法的数据存储加密、互联网安全协议和安全套接字协议数据传输加密、活动目录及Unix网络信息服务集成的访问控制列表和认证授权计账特性、加密数据的快速安全销毁、数据生命周期内的密钥集中管理、基于专用硬件芯片的安全加固的系统架构。

另外，DataFort 系列的存储安全设备可以保护在生命周期内的数据的安全，备份、容灾的数据也都被置于整个安全体系内，它们可以透明地部署在已有的网络存储环境中，并且支持网络附属存储、存储区域网络、小型计算机系统接口、FC 磁带备份、小型计算机系统接口（Small Computer System Interface，SCSI）直联磁带备份、MainFrame（主机，大型商业服务器）磁带备份等多种企业数据存储结构，通过硬件的加密芯片，实现了在光纤通道和千兆以太网环境下的线速加密和解密，在保证网络安全的同时也保证了整个存储性能不受影响。

7.5　数据处理阶段

数据处理阶段是指组织在内部对数据进行计算、分析、可视化等操作的阶段。数据处理阶段的安全控制措施见表 7-4。

表 7-4　数据处理阶段的安全控制措施

风险与挑战	安全需求	管理措施	技术措施
• 敏感数据泄露风险 • 隐私数据挖掘分析、聚合风险 • 数据非正当使用带来的风险 • 大数据身份鉴别及访问控制能力弱	• 数据脱敏 • 数据分析安全 • 数据正当使用 • 数据处理环境安全 • 数据导入/导出安全 • 个人信息使用	• 数据脱敏规范 • 数据处理及分析过程规范 • 数据使用评估制度 • 数据权限管理制度 • 数据使用者安全责任制度 • 数据处理环境安全管理规范 • 数据导入/导出安全规范 • 个人信息安全使用规范	• 数据脱敏工具 • 个人信息去标识工具 • 监控与审计 • 异常行为分析 • 数据防泄露技术 • 机器学习与数据安全分析算法 • 统一的身份及访问管理平台 • 数据处理平台 • 数据导入/导出安全管理平台

7.5.1　风险与挑战

1. *敏感数据泄露风险*

随着企业各项业务的快速发展，业务生产系统积累了大量包含账户等敏感信息的数据，如果生产数据没有经过严格的脱敏处理就直接导入测试环境，可能导致重要业务数据和相关敏感信息存在泄露风险。另外，系统访问权限设置不合理，管理规范执行不到位，会导致客户信息或业务数据可能被非授权人员访问和下载，从而造成信息泄露。这些数据的泄露不仅会给企业带来经济上的损失，还会给企业的声誉带来负面影响。因此，业务分析、开发测试、审计监管等数据在使用过程中，如何保证生产数据的安全已经成为企业面临的一项重大挑战。

2. 隐私数据挖掘分析、聚合风险

虽然通过分析挖掘能够得到更有价值的数据，但是在这一过程中也存在用户隐私泄露的风险，具体事例如下。

一是过度披露用户隐私信息。通过知识挖掘、机器学习、人工智能等技术，将过去分离的信息进行整合，可以重新刻画用户的兴趣爱好、政治倾向和人格特征等，使原始数据中被隐藏的信息再次显现出来，甚至分析挖掘后得到的信息远远多于原始数据所拥有的信息。

二是越权访问用户隐私数据。数据分析员利用职务之便，在分析挖掘数据的过程中，由于权限分配过大或者权限控制存在安全缺陷，能够查看、下载与业务工作无关的、权限范围之外的数据。

三是违规分析挖掘隐私数据。数据分析人员在开展业务的过程中，没有严格按照业务目标和业务要求进行数据分析和挖掘，对基于授权的数据进行违规操作，开展与业务目标不相关的分析挖掘，导致用户隐私泄露。

3. 数据非正当使用带来的风险

大数据时代，数据的价值越来越高，从而容易导致组织内部人员在利益驱动下，利用工作便利条件，违法、违规获取数据，导致数据泄露。

4. 大数据身份鉴别及访问控制能力弱

大数据组件较多，缺乏统一的用户账号体系。大数据组件鉴别访问身份薄弱，对大数据访问入口缺乏有效的身份认证手段。数据授权能力弱，数据使用缺乏细粒度授权方式和精细化的权限控制保护机制。

7.5.2 安全需求

1. 数据脱敏

组织应根据相关法律法规、标准的要求及业务需求，给出敏感数据的脱敏需求和规则，对敏感数据进行脱敏处理，保证数据可用性和安全性的平衡。

2. 数据分析安全

通过在数据分析和挖掘过程中采取适当的安全控制措施，防止有价值信息和个人隐私泄露。

3. 数据正当使用

基于国家相关法律法规对数据分析和利用的要求，建立数据使用过程的责任机制、评估机制，保护国家秘密、商业秘密和个人隐私，防止数据资源被用于不正当途径。

4. 数据处理环境安全

为组织内部的数据处理环境建立安全保护机制，提供统一的数据计算、开发平台，确保数据处理的过程中有完整的安全控制管理和技术支持。

5. 数据导入/导出安全

通过对数据导入/导出过程中数据的安全性进行管理，减少这一过程中可能对数据自身的可用性和完整性构成的危害，降低可能存在的数据泄露风险。

6. 个人信息使用

组织在数据处理阶段涉及个人信息使用的限制，包括展示限制、使用范围限制、用户画像的使用限制、个性化展示的使用限制、个人信息的汇聚融合限制、信息系统自动决策机制的使用限制等。

7.5.3 管理措施

1. 数据脱敏规范

建立统一的数据脱敏制度规范和流程，明确数据脱敏的业务场景，以及在不同业务应用场景下数据脱敏的规则和方法，这里重点强调的是，企业需要统一策略，统一规范。

脱敏应根据使用者的业务权限和数据的使用场景来动态调整，用户申请对敏感数据的访问处理时，应根据使用者的岗位职责、业务范围等来评估其使用真实数据的必要性，并根据其业务职责来选择不同的数据脱敏规则及方法。

以下数据在使用时应进行脱敏处理。

① 个人信息。个人信息是指能够单独或者与其他信息结合识别特定自然人身份或者反映特定自然人活动情况的各种信息，包括个人基本资料、个人身份信息、个人生物识别信息、网络身份标识信息、个人健康生理信息、个人教育工作信息、个人财产信息、个人通信信息、联系人信息、个人上网记录、个人常用设备信息、个人位置信息等。具体可参考 GB/T 35273《信息安全技术 个人信息安全规范》。

② 企业敏感信息。组织敏感信息是指涉及企业的商业秘密、经营状况、核心技术的重要信息，包括客户信息、供应商信息、产品开发信息、关键人事信息、财务信息等。

③ 国家重要数据。国家重要数据是指企业在境内收集、产生、控制的不涉及国家秘密，但与国家安全、经济发展、社会稳定，以及企业、公共利益密切相关的数据，包括这些数据的原始数据和衍生数据。

数据脱敏规范可参考下列标准。

——ISO/IEC 27038—2014《数字脱敏规范》。

——DB52/T 1126—2016《政府数据 数据脱敏工作指南》。

2. 数据处理及分析过程规范

在大数据环境下，企业对多来源、多类型数据集进行关联分析和深度挖掘，可以复原匿名化数据，进而能够识别特定的个人，获取有价值的个人信息或敏感数据。本过程域的设定用于规范数据分析的行为，通过在数据分析过程采取适当的安全控制措施，防止数据在挖掘、分析过程中有价值信息和个人隐私泄露的安全风险。

企业应制定数据处理与分析过程的安全规范，覆盖构建数据仓库、建模、分析、挖掘、展现等方面的安全要求，明确个人信息保护、数据获取方式、访问接口、授权机制、分析逻辑安全、分析结果安全等内容。

企业应制定数据分析过程中的数据资源操作规范和实施指南，明确各种分析算法可获取的数据来源和授权使用范围，并明确相关的数据保护要求。

企业应建立对数据分析结果进行风险评估的机制，确保衍生数据不超过原始数据的授权范围和安全使用要求，避免分析结果中包含可恢复的个人信息等重要数据和结构标识，从而防止个人信息、重要数据等敏感信息泄露。

数据分析是指企业有目的地收集数据、分析数据，使数据成为对组织经营有帮助的信息内容，数据分析是数据产生价值的关键，是为了提取有用信息和形成结论而对收集来的数据加以详细研究和概括总结的过程。数据分析的目的是把隐藏在一大批看来杂乱无章的数据中的信息提炼出来，以找出研究对象的内在规律，在实际应用中，数据分析可帮助人们做出预测性的判断，以便采取适当的行动。数据分析过程往往会获取一些对企业来说较为敏感的数据，因此，需要对分析的过程进行安全控制。

数据安全分析规范的制定可以从以下 5 个方面来考虑。

① 明确各种数据分析工具所用到的算法，以及该算法如何具体使用数据、使用哪些数据，并对算法本身进行风险评估，以确定该算法输出的分析结果不会涉及用户个人隐私和组织的敏感信息。

② 明确哪些人员可以使用数据分析工具，开展分析业务的方向，根据最少够用原则，允许其获取完成业务所需的最少数据集。

③ 制定数据分析结果审核机制，规定数据分析的结果需经过二次评估后才允许导出，重点评估分析结果是否与使用者所申报的使用范围一致。

④ 对分析算法的变更要重新进行风险评估，以确保算法的变更不会导致敏感信息和个人隐私的泄露。

⑤ 应在制度中规定数据分析者不能将数据分析结果用于授权范围外的其他业务。

3. 数据使用评估制度

所有个人信息和重要数据的使用应先进行安全影响评估，满足国家合规要求后，允许使用。数据的使用应避免精确定位到特定的人，避免评价信用、资产和健康等敏感数据，不得超出与收集数据时所声明的目的和范围。

4. 数据权限管理制度

制定整体的数据权限管理制度，基于国家相关的法律法规要求及企业数据分类分级标准规范，建立不同类别和级别的数据访问授权规则和授权流程，明确谁申请、谁授权、谁审批、谁使用、谁监管，确保所有的数据使用过程都是经过授权和审批的。

企业的数据授权管理制度应具备以下5个方面的要求。

① 明确授权审批的整个流程、关键节点的人员职责。

② 如需使用个人信息，必须取得个人信息主体的明确同意。

③ 数据授权过程应遵循最少够用原则，即给予使用者完成业务处理活动的最少数据集。

④ 定期审核当前的数据资源访问权限是否合理。

⑤ 制定违规处罚制度。

5. 数据使用者安全责任制度

建立数据使用者安全责任制度，确保数据使用者在事先声明的使用目的和范围内使用受保护的数据，并在使用过程中采取保护措施。

6. 数据处理环境安全管理规范

数据处理的环境安全是指如何有效防止数据在录入、处理、统计或打印中，由于硬件故障、断电、死机、人为的误操作、程序缺陷、病毒等造成的数据库损坏或数据丢失现象，某些敏感或保密的数据可能被不具备资格的人员或操作员阅读，造成数据泄露等后果。组织通过建立统一的数据计算、开发平台，实现统一的安全管理措施。

7. 数据导入/导出安全规范

制定数据导入/导出安全保障制度流程，应建立数据导入/导出安全制度规范，规范导入/导出安全策略，并规范相应的权限审批和授权流程，同时建立数据导出介质的安全技术标准，保障导出介质的合法合规使用。

① 定义数据导入/导出的场景，明确数据导入/导出的范围、内容、格式等。

② 建立数据导入/导出安全规范，并依据不同的场景，制定不同的安全策略，例如，访问控制策略、审核策略、处理策略等。这些策略应该细化可执行，并经过评审才可以实施。

③ 制定数据导入/导出的安全审核策略，明确导入/导出的数据内容、涉及的部门组织、数据用途、授权审核结果等。

④ 对导出数据的存储介质进行标识，明确介质命名规则，统一编号格式，定期对数据的完整性和可用性进行验证。如果这些数据不再使用，则建议对这些数据进行删除销毁，避免数据泄露。

⑤ 对导入/导出的过程进行日志记录，以便溯源和开展监控工作，并定期进行审计，发现存在的安全风险。

案例：《某企业数据导入/导出安全管理规范》的关键内容如下。

① 总体说明（目的）。

② 导入/导出场景。

③ 安全要求（包含工具、介质等）。

④ 岗位职责说明。

⑤ 导入/导出工具。

⑥ 导入/导出流程。

8. 个人信息安全使用规范

企业在数据处理阶段涉及个人信息使用的，可通过建立个人信息适用制度来规范个人信息使用，制度包括展示限制、使用范围限制、用户画像的使用限制、个性化展示的使用限制、个人信息的汇聚融合限制、信息系统自动决策机制的使用限制等。

7.5.4 技术措施

1. 数据脱敏工具

数据是一种重要的生产资料，充分分析与挖掘数据的内在价值成为现代企业创新成长的必经之路，但同时敏感数据的泄露风险也与日俱增。严格来讲，任何有权限访问数据的人员均有可能导致敏感数据的泄露。没有数据访问权限的人员可能会有对敏感数据进行分析挖掘的需求，但数据的访问限制又约束大大充分挖掘数据价值的范围。数据脱敏技术通过将敏感数据变形，为用户提供虚假数据而非真实数据，实现敏感隐私数据的可靠保护，这样就可以在开发、测试和其他非生产环境，以及外包环境中安全地使用脱敏后的真实数据集。这种方法既保护了企业的敏感信息不被泄露，又达到了挖掘数据价值的目的。组织主要通过建立脱敏机制来防止组织敏感数据的泄露。

企业具备统一的数据脱敏工具，数据脱敏工具应具备静态脱敏的功能和动态脱敏的功能。

脱敏工具应与组织的数据权限管理平台实现联动，可以根据使用者的职责权限或业务处理活动，动态化地调整脱敏的规则，职责权限一般用来决定使用者可以访问哪些敏感数据，业务处理活动主要决定采用哪些脱敏方式，例如，用户展现的敏感数据可以通过部分数据遮蔽等方式实现，用户开发测试的数据则可以通过同义替换的方式实现。

脱敏工具对数据的脱敏操作过程应该留存日志记录，以审核其是否有违规使用和恶意行为，防止意外的敏感数据泄露。

1）数据脱敏技术

（1）泛化技术

在保留原始数据局部特征的前提下，使用一般值替代原始数据，泛化后的数据具有不可逆性，具体的技术方法主要如下。

① 数据截断。直接舍弃业务不需要的信息，仅保留部分关键信息，例如，将手机号码 135××××××××截断为 135。

② 日期偏移取整。按照一定粒度对时间进行向上或向下偏移取整，可在保证时间数据一定分布特征的情况下隐藏原始时间，例如，将时间 20150101 01:01:09 按照 5 秒粒度向下取整得到 20150101 01:01:05。

③ 规整。将数据按照大小规整到预定义的多个挡位，例如，将客户资产按照规模分为高、中、低 3 个级别，并将客户资产数据规整到这 3 个级别。

（2）抑制技术

抑制技术又称为隐藏技术，它是通过隐藏数据中部分信息的方式来对原始数据的值进行转换的。该技术方法有掩码，可用通用字符替换原始数据中的部分信息，掩码后的数据长度与原始数据相同。

（3）扰乱技术

通过加入噪声的方式对原始数据进行干扰，以实现对原始数据的扭曲、改变，扰乱后的数据仍保留原始数据的分布特征，具体的技术方法主要如下。

① 加密。使用加密算法对原始数据进行加密，例如，将 12345 加密为 abcde。

② 重排。将原始数据按照特定的规则进行重新排列，例如，将 12345 重排为 54321。

③ 替换。按照特定规则对原始数据进行替换，例如，统一将女性替换为 F。

④ 重写。参考原数据的特征，重新生成数据，重写与整体替换较为类似，但替换后的数据与原始数据通常存在特定规则的映射关系，而重写生成的数据与原始数据一般不具有映射关系，例如，对于雇员工资，可使用在一定范围内随机生成的方式重新构造数据。

⑤ 均化。针对数值性的敏感数据，在保证脱敏后数据集总值或平均值与原数据集相同的情况下，改变数值的原始值。

⑥ 散列。即对原始数据取散列值，使用散列值来代替原始数据。

（4）有损技术

通过损失部分数据的方式来保护整个敏感数据集，适用于数据集的全部数据汇总后构成敏感信息的场景，具体的技术方法主要如下。

① 限制返回行数，仅返回可用数据集中一定行数的数据，例如，商品配

方数据，只有在拿到所有配方数据后才具有意义，可在脱敏时仅返回一行数据。

② 限制返回列数，仅返回可用数据集中一定列数的数据，例如，在查询人员基本信息时，某些敏感列不包含在返回的数据集中。

数据脱敏的核心是实现数据可用性和安全性之间的平衡，既要考虑系统开销，满足业务系统的需求，又要兼顾最小可用原则，最大限度避免敏感信息泄露。因此，在实施过程中，应围绕这两点进行规范，一是，需要对敏感数据进行识别和定义，二是，基于使用者的职责及业务范围，判断其是否需要使用这些敏感数据，用这些数据做哪些事，基于这些判断来选择数据脱敏的方法和技术措施。例如，开发人员需要用一部分数据进行测试，这些数据应能够保留数据属性特征，可以采用扰乱等脱敏方式，如果是投到大屏做展示用，则可以选择掩码方式隐藏部分敏感内容。企业应结合自身业务开展的情况，分类分析数据需要脱敏的场景，规范每种场景下的数据脱敏的规则和流程。企业只有在确定好数据脱敏的场景和脱敏的规则并形成制度文件后，才可以选择并配置相关的数据脱敏工具，统一在业务系统中部署。

2）数据脱敏流程

数据脱敏流程一般分为敏感数据发现、敏感数据梳理、脱敏方案制定、脱敏任务执行 4 步，结合数据脱敏算法、数据脱敏规则及脱敏的环境，使数据达到最佳的脱敏效果。

（1）敏感数据发现

敏感数据的发现分为人工发现和自动发现。对于相对固定的业务数据，可以采用人工甄别，明确指定哪些列、哪些库的数据需要脱敏，一般这些的结构和长度不会有变化，大部分为数值型和固定长度的字符。例如，单位代码等标识列，针对这些数据可以通过人工指定脱敏规则和不同的数据访问策略来保证敏感信息不被泄露。自动发现则根据人工指定或预定义的敏感数据特征，借助敏感数据信息库和分词系统，自动发现数据库中包含的敏感信息，相对于人工发现，可以减少工作量和防止遗漏。一般以自动发现为主，结合人工发现和审核来完成敏感数据的发现和定义，最终形成完善的敏感数据字典。

（2）敏感数据梳理

在敏感数据发现的基础上，完成敏感数据列、敏感数据关系的调整，以保证数据的关联关系。通过屏蔽、变形、替换、随机、格式保留加密、强加密等数据脱敏算法，对不同的数据类型进行数据掩码扰乱。

（3）脱敏方案制定

对于不同的数据脱敏需求，在基础脱敏算法的基础上，可配置专门的脱敏策略。脱敏方案的制定主要依靠脱敏策略和脱敏算法的复用来实现，通过配置和扩展脱敏算法以制定最优方案。

（4）脱敏任务执行

脱敏任务的停止、启动、暂停等操作，支持任务并行处理、支持脱敏任务的中断延续等。

2. 个人信息去标识工具

在技术工具的选择上，对需要汇聚大量个人信息进行分析的业务场景，应选取具有个人信息去标识化的工具，断开这些信息和个人信息主体的关联，确保数据集中后无法联系到个人主体。具体可参考《个人信息去标识化指南》附录 A。

在针对个人信息的数据分析中，企业应采用多种技术手段以降低数据分析过程中的隐私泄露风险，例如，差分隐私保护、匿名等。

应采取必要的技术手段（例如，对分析结果数据进行扫描并采取必要的控制措施）避免输出的数据分析结果包含可恢复的个人信息等重要数据和结构标识（例如，用户鉴别信息的重要标识和数据结构），以防止数据分析结果危害个人隐私、公司商业价值、社会公共利益和国家安全。

3. 监控与审计

应采取必要的监控审计措施，确保实际进行的分析操作、分析结果使用与其声明一致，整体保证数据分析的预期不会超过相关分析团队对数据的权限范围。

应明确数据分析结果输出和使用的安全审核、合规评估和授权流程，防范数据分析结果输出出现安全风险。

应记录并保存在数据处理与分析过程中对个人信息、重要数据等敏感数据的操作行为。

应提供组织统一的数据处理与分析系统，并能够呈现数据处理前后数据间的映射关系。

数据分析工具应具备日志记录功能，记录完整的数据分析过程日志，并实时传输到日志集中平台，确保数据分析事件可被审计和追溯。

应建立数据分析过程的安全风险监控系统，对数据分析可能涉及的安全风险进行批量分析和跟进。

4. 异常行为分析

用户和实体行为分析技术关注的是数据“操作主体”的安全，通过对账号、IP 等主体的行为进行建模分析，发现行为异常。相对于日志记录和安全审计等“事后”追查性质的安全技术措施，异常行为实时监控是实现“事前”“事中”环节监测预警和实时处置的必要技术措施。异常行为监控系统应当能够对数据的非授权访问、数据文件的敏感操作等危险行为进行实时监测。

5. 数据防泄露技术

数据防泄露技术以内容识别技术为核心，通过对敏感数据的识别扩展到对数据的防控，可帮助企业实时监听通过不同网络协议外发的数据是否含有关键类别的数据，通过终端、网络、邮件等多重防护，对关键数据的流转和使用进行监控和操作控制，从而监控和审计关键数据，避免敏感数据泄露。数据防泄露架构如图 7-8 所示。

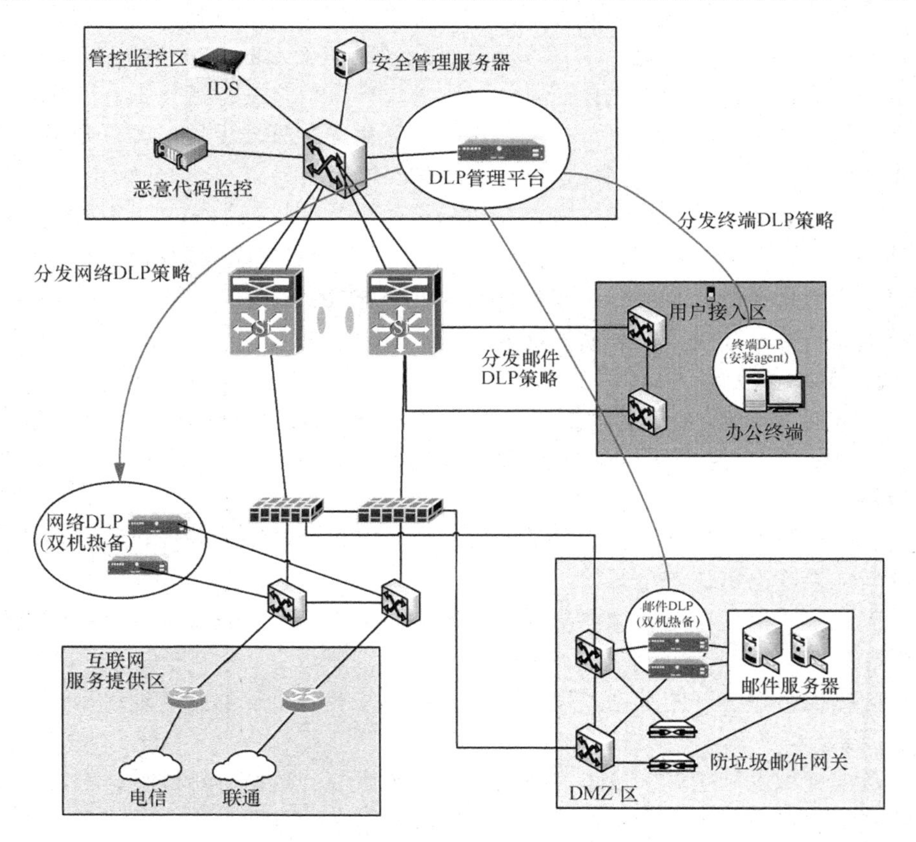

图 7-8　数据防泄露架构

注：1.DMZ（Deomi Litarized Zone，隔离区）

1）数据泄露防护的主要功能

（1）数据分类分级

支持对服务器、终端设备进行远程扫描和敏感信息分类，随时随地发现企业敏感数据的分布及数据的安全状态。

根据企业的数据分类分级管理办法，分析业务和数据的重要程度，建立敏感数据字典。

（2）数据识别

提供关键字、指纹、基于机器学习的智能化数据识别技术，可识别 DOC、EXC、PPT、PDF、TXT、RAR、ZIP、7Z、GZ 等多种格式和非格式化文档格式。

（3）网络数据防泄露

全面、准确地分析技术，支持对通过网络传输的敏感数据进行监查和防护（例如，网盘、微博、论坛等）。

（4）终端数据防泄露

① 终端敏感文件扫描。

② 对用户操作行为进行跟踪。

③ 支持拦截敏感数据通过终端外设接口（例如，硬盘、打印机等），以及常见应用（例如，聊天工具、邮件客户端等）进行传输。

④ 敏感文件外发时进行阻断等处理。

（5）邮件防泄露

支持对企业邮件进行全方位的敏感识别（例如，正文、标题、收发件人、附件等），如果发现敏感信息，则进行隔离审批，防止敏感数据通过企业邮箱泄露。

（6）审计报表

提供日志记录、统计报表等功能，实现安全现状可掌控、数据泄露事件可追溯、安全态势可度量。

2）DLP 的主要数据识别技术

DLP 的主要数据识别技术如图 7-9 所示。

6. 机器学习与数据安全分析算法

应结合技术手段降低数据分析过程中的安全风险，具备基于机器学习的敏感数据自动识别、数据分析算法安全设计等数据分析安全能力。

7. 统一的身份及访问管理平台

建立统一的身份及访问管理平台，实现对数据访问人员的统一账号管理、统一认证、统一授权、统一审计，确保组织数据权限管理制度的有效执行。

身份及访问管理平台应具备双因素认证及细粒度的授权能力。

数据权限管理平台可参考业界成熟的身份识别与访问管理（Identity and Access Management，IAM）系统，同时可部署日志审计类产品，集中收集数据使用过程中的日志，以便进行行为分析和操作溯源，对潜在违约使用者的责任进行识别和追责。

8. 数据处理平台

通过数据处理平台进行统一管理，采取严格的访问控制、监控审计和职责分离来确保数据处理安全。

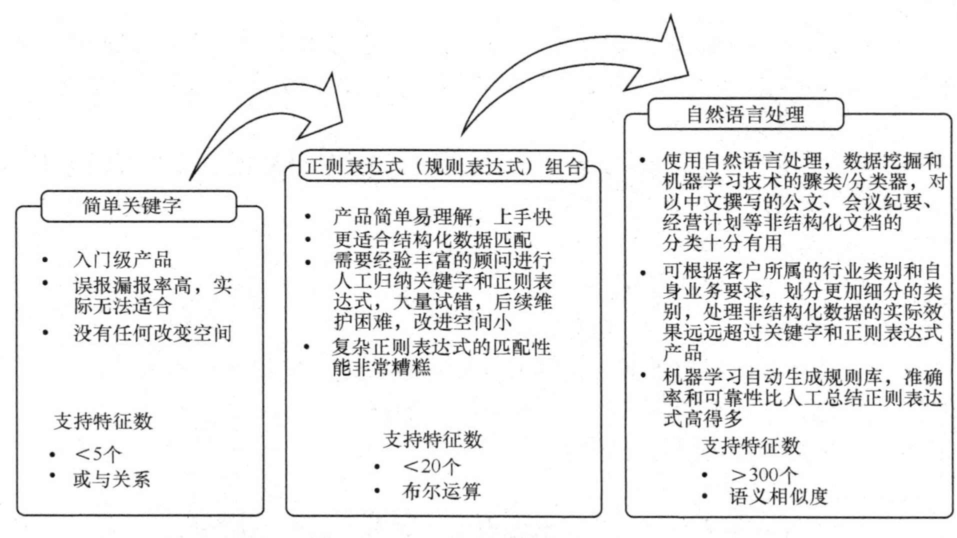

图 7-9 DLP 的主要数据识别技术

1）网络访问控制

（1）网络隔离

平台对生产数据网络与非生产数据网络进行安全隔离，从非生产数据网络不能直接访问生产数据网络的任何服务器和网络设备，也就不能从非生产数据网络发起对生产数据网络的攻击。

对租户之间的网络及设备进行安全隔离，内部无法直接访问租户间的服务器和网络设备。

（2）堡垒机

为了平衡效率和安全性，可在运维入口部署堡垒机，只允许办公网的运维人员快速通过堡垒机进入数据处理平台，进行运维管理。

运维人员登录堡垒机时，使用域账号密码加动态口令方式进行双因素认证。堡垒机使用高强度加密算法保障运维通道数据传输的机密性和完整性。

（3）远程运维

组织为不在公司的员工提供远程运维通道，运维人员预先申请虚拟专用网络（Virtual Private Network，VPN），接入公司办公网后才有访问堡垒机的权限。

VPN 拨入公司办公网络的接入区时，使用域账号密码加动态口令的方式进行双因素认证，再从办公网接入区访问堡垒机，VPN 使用高强度加密算法保障运维通道数据传输的机密性和完整性。

2）账号管理和身份认证

数据处理平台使用统一的账号管理和身份认证系统，每个员工存在唯一的账号，账号的唯一性保证审计时可以定位到个人，集中下发密码策略，强制要求员工设置符合密码长度、复杂度要求的密码，并定期修改密码。账号管理和身份认证的集中使其他信息系统不需要管理身份信息，也不需要保存多余账号密码，从而降低了应用的复杂性，提高了账号的安全性。账号管理与授权管理分离还可以防止私建账号越权操作的行为。

3）授权

数据权限管理平台统一权限申请和授权管理系统，基于员工工作岗位和角色，遵循最小权限和职责分离原则，授予员工有限的资源访问权限，员工根据工作需要，通过权限管理平台申请 VPN 访问权限、堡垒机访问权限、管控平台及生产系统访问权限，经主管、数据或系统所有者、安全管理员及相关部门审批后，方可进行授权。运维和审计实施职责分离，由安全管理部门负责审计，数据库管理员和系统管理员由不同的人员担任，适当的职责分离能有效防止权限滥用和审计失效。

4）监控

使用自动化监控系统对云平台网络设备、服务器、数据库、应用集群及核心业务进行实时监控。

监控系统可展示云平台的关键运营指标，并可配置告警阈值，当关键运营指标超过设置的告警阈值时，系统自动通知运维人员和管理人员。

5）审计

员工对数据处理平台的所有运维操作只能通过堡垒机进行，所有操作过程完整记录下来并实时传输到集中日志平台，堡垒机可以记录 Linux 系统的所有命令行，可以录屏并记录 Windows 系统的键盘操作。员工需要通过数据处理平台唯一的数据权限管理账号对数据进行处理、访问和使用，所有的操作及过程都会被完整地记录下来，并实时传输到集中日志平台。

9. 数据导入/导出安全管理平台

1）数据导入/导出在线审核平台

建立数据导入/导出审核流程的在线平台，组织机构内部对数据导入/导出可通过平台进行审核并详细记录，确保没有超出数据服务提供者的数据授权使用范围。

建立针对数据导入/导出过程的安全技术方案，对数据导入/导出终端、用户或服务组件执行有效的访问控制，实现对其身份真实性和合法性的保证。

针对数据导入/导出的日志建立相应的管理和审计方案，以保证对导入/导出过程中的相关日志信息进行有效记录，并通过开展定期的审计工作，发现其中存在的安全风险。

2）数据导入/导出安全控制平台

建立独立的数据导入/导出安全控制平台，或者在统一的用户认证平台、权限管理平台、流程审批平台、监控审计平台中支持数据导入/导出的安全控制功能。该平台的具体核心功能包括以下6个方面。

① 数据导入/导出权限管理。权限管理设置数据目录或数据资产的导入/导出访问权限，包括访问范围、访问人员分组、访问时间、访问频次等。

② 数据导入/导出审批人管理。支持设置数据访问权限的审核人和审批人，支持设置多级审批人。

③ 数据导入/导出工作流管理。建立数据导入/导出工作流机制，对数据导入/导出进行审核和授权。数据操作人员通过工作流申请数据导入/导出权限，通过审核和授权后，遵循数据导入/导出权限管理的数据，才能被允许执行导入/导出。

④ 数据导入/导出身份认证。对数据导入/导出的操作人员进行多重身份鉴定，包括双因子认证等，确保操作人员身份的合法性。

⑤ 数据导入/导出完整性验证。为了防止数据在导入/导出过程中被篡改，在数据导入/导出的过程中增加了数据完整性保护，数据在完成导入/导出后需要进行完整性效验，确保数据的合法性。

⑥ 数据导入/导出日志审计和风险控制。对数据导入/导出的所有操作和行为进行日志记录，并对高危行为进行风险识别，在安全事件发生后，能够通过安全日志快速进行回溯分析。

7.6 数据交换阶段

数据交换阶段是指组织机构与外部组织机构及个人进行数据交互的阶段。

数据交换阶段的安全控制措施见表7-5。

表7-5 数据交换阶段的安全控制措施

数据交换面临的风险与挑战	安全需求	管理措施	技术措施
• 数据导入/导出过程中数据被篡改和泄露的风险 • 数据共享安全风险 • 数据发布安全风险 • 数据接口安全风险 • 数据交换安全风险 • 数据出境安全风险	• 数据共享安全 • 数据发布安全 • 数据接口安全 • 数据交换监控 • 数据出境安全	• 数据共享安全规范 • 数据发布安全规范 • 数据接口安全规范 • 数据出境安全规范	• 数据共享安全管理平台 • 数据公开服务平台 • 数据接口安全控制措施 • 数据交换监控措施 • 数据出境安全监控

7.6.1　数据交换面临的风险与挑战

在讨论数据安全交换的风险与挑战前，我们先来关注一个数据交换导致数据泄露的案例：Facebook 5000 万用户隐私信息泄露事件。

2018 年 3 月 17 日，美国纽约时报和英国卫报共同发布了深度报道，曝光了 Facebook 超过 5000 万用户信息数据被一家名为“剑桥分析”的公司泄露。这起事件的焦点在于，在用户不知情的情况下，数千万 Facebook 用户的信息被该公司获取并利用，并不断向这些用户精准地投放广告内容，而且 Facebook 在两年前就知晓该事件的情况下，未及时对外披露这一信息。

通过 Facebook 事件，企业如果涉及数据交换业务，需要思考以下问题。

① 数据交换的前提是企业需要加强数据监管及数据的妥善管理，防止数据被复制、被滥用。Facebook 的问题来自生态体系，而且是在 Facebook 规则之内获取数据的。数据并不是 Facebook 直接泄露，而是 Facebook 一直没能对这些信息做到有效监督和妥善管理，导致数据被复制和滥用。

② 数据交换需要控制和评估第三方安全。Facebook 的问题是没有控制与第三方合作平台数据交换的安全，Facebook 允许用户在其他应用平台上通过 Facebook 的账号进行登录，并且授权这些应用获取用户的社交关系和其他信息。因此，第三方合作平台可以通过 Facebook 获取大量用户数据，并私自将收集的用户信息进行二次转移。

该事件之后 Facebook 采取了几大举措，例如，评估获取大量数据的第三方平台和有可疑行为的 App；向所有个人信息被第三方平台误用的用户发出警告；改变 Facebook 的登录数据，管理 App 所能获取的数据；用户发现 App 开发者不正确使用用户数据的行为，可对其进行举报并获得奖励。当前，大多数的企业用户也存在同样的问题，关注外部的威胁而漠视了内部、合作伙伴与生态链的威胁与风险。

③ 数据交换需要加强对数据的采集、使用范围和授权管理，防范数据聚合、关联推理带来的风险。在 Facebook 事件中，选举采集数据种类和以前 Facebook 许可的商业采集是一样的，只是将关联分析数据用于其他用途，之前很难预想到这样的风险，即使预想到这个风险，如果只是不再许可这种数据的采集，那么很多有价值的商业模式就会受影响。

④ 数据交换需要加强动态风险控制，避免数据流动带来的业务层风险。以数据为中心是因为数据流动性带来的保护边界的消失，数据最多的流动来自应用层，但对于应用层的保护是缺失的，站在数据风险治理的视角，数据分类分级、数据血缘传递、数据责任人、数据细粒度权限、数据来源去向和授权用途等，这些动

态风险控制必需的基础层数据也是缺失的。Facebook 的这次事件是数据的流动性风险，是数据在业务层的滥用失控。

⑤ 数据交换需要加强对数据传递追踪和溯源体系的建设。Facebook 事件缺乏对数据的传递追踪能力，包括不同系统之间数据的血缘传递和授权访问传递，缺乏对数据安全事件溯源体系的建设，尽管事前预防很重要，但是事后可溯源更经济。

1. 数据导入/导出过程中数据被篡改和泄露的风险

数据导入/导出广泛存在于数据交换过程中，通过数据导入/导出，数据被批量化流转，加速了数据应用价值的体现。如果没有安全保障措施，非法人员会通过非法技术手段导出非授权数据、导入恶意数据等，造成数据被篡改和数据被泄露等重大事故，由于一般数据导入/导出的数量都很大，因此，相关安全风险和安全危害也会被放大。相关人员需要采取有效的制度和工具措施，控制数据导入/导出的安全风险。

2. 数据共享安全风险

在数据交换环节中，业务系统将数据共享给外部组织机构，或者以合作方式与第三方合作伙伴交换数据，数据在共享后释放出更大的价值，并支撑数据业务深入开展。数据本身存在敏感性，共享保护措施不当将导致敏感数据和重要数据泄露。因此，需要采取安全保护措施保障数据共享后数据的完整性、保密性和可用性，防止数据丢失、篡改、仿造和泄露。

3. 数据发布安全风险

组织内部数据可通过各种途径向外部组织公开进行数据发布，例如，数据开放、企业宣传、网站内容发布、社交媒体发布、PPT 资料对外宣传等，在对外部组织机构进行数据发布的过程中，如果对发布数据的格式、适用范围、发布者与使用者权利和义务等未执行必要的控制，则可能会出现违规对外披露，对组织造成名誉损害、资产损失等不良影响。因此，如何保障数据发布内容的真实性、正确性、实效性和准确性，是企业面临的一大挑战。

4. 数据接口安全风险

在数据共享交换中，通过 API 获取数据是常见的方式，如果对数据接口进行攻击，则会导致数据通过数据接口泄露。常见的 API 安全风险包括以下 3 个方面。

① API 鉴权失效。调用 API 本质上是对后端服务的调用，但后端服务并不对所有人开放，除了少数 API（例如，提供公开素材下载的网站），绝大部分 API 需要对用户进行鉴权后，再决定是否允许用户调用该服务。鉴权，简而言之，就是验证用户是否有权访问资源、能访问哪些资源，其通常分成两个环节：先身份

验证；后权限控制，二者不可分割。尽管如此，不少 API 存在开发、配置缺陷等问题，导致鉴权机制失效。常见的鉴权失效有用户身份鉴权失效、对象级别的鉴权失效和功能级别的鉴权失效。用户身份鉴权失效通常是指用户无需认证令牌，或通过一定方式可以绕过认证环节，使非法用户入侵后台系统，进而导致存储在该系统内的个人信息泄露。对象级别的鉴权失效即为水平越权，具体是指用户只须更改 API 路径即可实现对请求中的对象 ID 所属的敏感数据进行未授权访问，例如，通过修改薪资系统 API 参数中的员工号，即可了解其他员工的薪资待遇水平。功能级别的鉴权失效即为垂直越权，具体是指通过更改 API 中关于层级、群组或角色的参数即可实现对不同层级、群组或角色的敏感信息的未授权访问，例如，将普通用户名篡改为管理员用户名，访问本来只有系统管理员才能查看的敏感信息。

② 过量数据暴露风险。该风险是指 API 在接收参数请求时，后台服务器未做筛选便将大量数据返回至前端，仅依赖客户端对数据数量及类型进行选择性展示，但此时的数据，尤其是敏感数据，可能已经全部在前端界面进行缓存，访问者查看前端，即可获取大量数据。例如，王五在前端界面提交了访问 A 部门所有员工电话号码的请求，但是后端服务器除了返回了 A 部门所有员工的电话号码，还返回了身份证号码、家庭住址等个人敏感信息，造成个人信息的过度收集和敏感信息的暴露。同理，在通过数据接口间接收集个人信息时，如果配置不当，则可能导致大量无关个人信息被过度收集。

③ 第三方通过 API 违规留存数据。当下社会分工逐渐细化，企业会开放很多不同的 API 给第三方合作伙伴，从而支持数据处理、资源共享等操作。但是如果双方未约定，或第三方未遵守约定，则可能存在第三方通过频繁访问合作接口，私自过量缓存、获取数据资源的行为。当留存的数据资源达到一定程度时，其效果等同于“拖库”。例如，在被曝光的某征信企业非法倒卖个人信息的案件中，该企业利用上游企业接口非法缓存公民个人信息，累计缓存公民姓名、身份证号码和身份证照片一亿多条，供下游企业牟利，造成公民个人信息严重泄露。

5. *数据交换安全风险*

数据交换过程存在巨大的安全风险，组织内部不同等级安全域数据交换、跨组织机构数据交换等，都需要采取安全保护措施保障数据交换的完整性、保密性和可用性，防止数据丢失、篡改、仿造和泄露。

例如，政府机关中常见的财政系统，财政的业务专网和业务外网属于两个安全级别的区域。财政业务专网是一个纵向网络，承载了重要的财政业务工作，例如，预算编制、预算执行、政府财务报告等，它的信息安全等级保护级别是三级；财政业务外网是各级财政部门为内部用户提供互联网接入和向社会公众提供财政业务服务的网络，该网络与互联网是隔离的。很明显，这两个区域的安全级别是不同的，财政业务专网的安全级别比业务外网高很多，如果这两个区域需要进行数据交互，就会存在数据交换边界。

类似的还有医疗机构，例如，医院的信息内网，承载了医院信息系统（Hospital Information System，HIS）、实验室信息管理系统（Laboratory Information management System，LIS）等重要系统，因为网上挂号、银医通等业务都需要跟外界进行数据交互，所以医院的信息内网和信息外网之间也存在数据交换边界。

在金融行业中，例如银行业，银行的生产网、办公网、互联网都是互相隔离的，而 3 个网络区域的安全防护要求各不相同，当三者之间发生数据交互时，也会产生数据交换边界。

在工业行业中，原来与外界隔断的生产网，也渐渐产生了外联的需求。像电力企业，随着“互联网+”的发展，向外提供的在线服务越来越多，数据交互也越来越多。

“云”有没有数据交换边界，很多行业使用云服务后，其数据交换边界的数量确实大大减少，甚至有些边界不是那么明显了，例如公有云，当业务被上传到公有云后，业务对用户来说，类似于“黑匣子”，数据的存储和传输都由云计算环境独立完成，数据交换边界并没有有效形成。

6. 数据出境安全风险

数据出境及出境数据的汇聚可能对国家安全、社会公共利益、个人合法利益带来风险。

数据出境及出境再转移存在被泄露、毁损、篡改、滥用等风险。

7.6.2 安全需求

1. 数据共享安全

数据共享安全是指通过业务系统、产品对外部组织提供数据时，以及通过合作的方式与合作伙伴交换数据时，执行共享数据的安全风险控制可以降低数据共享场景下的安全风险。

2. 数据发布安全

数据发布安全是指在对外部组织进行数据发布的过程中，通过对发布数据的格式、适用范围、发布者与使用者权利和义务执行的必要控制，实现数据发布过程中数据的安全可控与合规。

3. 数据接口安全

数据接口安全是指通过建立组织的对外数据接口安全管理机制，防范组织数据在接口调用过程中产生的安全风险。

4. 数据交换监控

数据交换监控是指通过建立组织数据交换监控机制，对组织异常或高风险数据交换进行记录、监控、风险预警。

5. 数据出境安全

数据出境安全是指通过建立组织的数据出境安全管理规范和技术控制措施，降低组织数据出境安全风险。

7.6.3 管理措施

1. 数据共享安全规范

组织保障数据共享交换安全保障，应建立数据共享交换安全制度规范。

① 明确数据共享的场景，例如，内部业务系统之间的共享、基于业务需要的对外共享等，细化数据共享涉及的数据范围、数据类型、数据内容及数据格式等，要区分内外共享场景，评估不同场景的数据共享风险。

② 开展数据共享活动前，对数据接收方的背景、资质进行审查；当满足国家关于个人信息和重要数据出境安全评估相关判定条件时，还应按照相关法律法规和国家标准开展安全评估；检验数据接收方的数据安全保护能力时，可以通过要求数据接收方出具相关资质、权威检测报告等形式进行验证，其目的是保障数据共享后的安全。

③ 在提供数据共享时，要明确数据提供者和数据使用者的安全责任，例如，建立书面的安全责任说明/协议，明确双方的责任义务，对数据保护采取加密、完整性校验技术防护要求，明确数据接收方是否有权向他人再次提供数据等。

④ 建立数据共享的审核流程，包括共享的数据内容、涉及的部门和组织、授权审批结果、归档记录等，尤其对于向外部提供的共享数据，一定要有严格的审核流程。

⑤ 制定数据共享审计日志管理规范，所有的数据共享内容和过程都需要提供日志记录并保存，以便进行应急处置和溯源。

⑥ 对于涉及第三方数据交换加工平台的场景，例如，使用外部第三方的软件开发工具包（Software Development Kit，SDK）、组件、源代码等，需要制定明确的安全评估要求和流程，确保符合数据共享安全要求。

⑦ 在数据共享交换过程中，需要采取必要的措施对个人隐私敏感数据等重要数据进行防护，做到“可用不可见”，例如，电话信息不可见但是可以直接拨打、***信息不可见但是可以进行比对认证等。

组织机构制定了数据共享的原则及数据保护措施，从国家安全、组织机构的核心价值保护、个人信息保护等方面的数据共享风险控制提出了要求，明确数据共享涉及机构或部门的相关职责和权限，明确共享数据相关使用者的数据保护责任，确保数据使用的相关方具有足够保护共享数据保护能力，从而保障数据共享安全策略的有效性。

组织机构在原则要求的基础上，根据数据共享涉及的数据类型、数据内容、数据格式及数据共享的常见场景制定了细化的规范要求，以满足数据共享业务场景需求范围，提高数据共享效率，指导具体数据共享场景的风险把控。

组织机构建立了规范的数据共享审核流程，审核流程包括数据共享的业务方、共享数据在组织机构内部的管理方、数据共享的安全管理团队，以及根据组织机构数据共享的规范要求参与具体风险判定的相关方等，例如，法律团队、对外公关团队、财务数据对外管理团队等其他重要的与数据价值保护相关的团队，确保共享的数据未超出授权范围。

组织机构制定了数据共享审计策略和审计日志管理规范，明确审计记录要求，为数据共享安全事件的处置、应急响应和事后调查提供帮助。

针对数据交换过程中涉及第三方的数据交换加工平台的场景，组织机构制定了明确的安全评估要求和流程，以保证数据交换加工平台符合组织机构对数据交换过程中的数据安全要求。

2. *数据发布安全规范*

数据发布管理制度建立在数据分类分级的基础上，针对可对外公开和发布的数据进行发布前、发布中、发布后的安全管理，包括发布前的数据内容、发布范围等审核，发布中的定期审查，以及发布后可能出现不良影响的应急处理。

数据发布安全主要强调数据发布过程中数据安全的可控与合规。

① 建立数据发布审核制度和流程，包括数据待发布内容、涉及的部门和组织、审核结果、数据发布应急处理流程等，确保发布内容可以公开并且符合法律法规要求，这就需要和相关部门一起进行会议协商、评审，确保制度和流程的合理可行。

② 发布的数据内容应明确适用范围、发布者和使用者的权利和义务。例如，所有权归属，未经同意禁止转载、禁止商业使用等。

③ 建立定期审核检查制度，对已发布的数据进行监控，确定符合数据发布安全管理规定，同时对有效性进行监控，及时检查已发布数据在现有情况下是否仍然有效。

案例：《某企业数据发布安全管理制度》关键内容如下。

① 明确数据发布的内容和适用范围。

② 数据发布相关人员职责和分工。

③ 数据发布的管理和审核流程。

④ 数据发布事件应急处理流程。

⑤ 数据发布的监管要求。

3. 数据接口安全规范

建立数据接口安全保障的制度流程，应当首先建立数据接口安全制度规范。

从接口身份认证、防重放、数据防篡改、数据防泄露的角度制定数据接口的安全限制和安全控制措施。

通过制定数据接口安全规范，明确数据接口设计要求。

通过合作协议明确数据接口调用的目的、用途等内容，对接口调用方的行为进行合法性和正当性约束。

在数据共享交换中，通过 API 获取数据是常见的方式。如果对数据接口进行攻击，则会导致数据通过数据接口泄露。通过建立组织机构的对外数据接口安全管理机制，防范组织机构在数据接口调用过程中的安全风险。

① 制定接口开发规范，对涉及的接口类型、编码格式、变量名称、变量类型、长度、大小等内容进行规范定义。

② 制定接口安全策略，包括但不限于接口身份鉴别、访问控制权限、签名防抵赖、时间戳、安全传输协议等。

③ 与接口调用方签订安全责任声明书，包括双方权利义务、数据使用目的、调用频次、责任归属等。

④ 建立统一的数据接口管理平台，实现对数据接口的管理和审核，保证开放的接口符合安全规定要求。

⑤ 对接口调用进行日志记录，包括日期、时间、调用人、状态、返回内容等，方便后期进行溯源，同时对接口异常事件进行告警通知。

4. 数据出境安全规范

《中华人民共和国网络安全法》第三十七条规定，关键信息基础设施的运营者在中华人民共和国境内运营中收集和产生的个人信息和重要数据应当在境内存储。因业务需要，确需向境外提供的，应当按照国家网信部门会同国务院有关部门制定的办法进行安全评估；法律、行政法规另有规定的，依照其规定。

《个人信息安全保护规范》中明确，在中华人民共和国境内运营中收集和产生的个人信息向境外提供的，个人信息控制者应遵循国家相关规定和相关标准的要求。

组织应按照国家法律法规的要求，建立组织数据出境安全管理规范，防范数据出境安全风险。

7.6.4 技术措施

1. 数据共享安全管理平台

1）数据共享审核平台

组织机构可建立数据共享审核流程的在线平台，组织机构内部的对外数据共享可通过平台进行审核并详细记录，确保没有超出数据服务提供者的数据所有权和授权使用范围。

利用数据加密、安全通道等措施保护数据共享过程中的个人信息、重要数据等敏感信息。

建立数据共享过程的监控工具，对共享数据及数据共享服务过程进行监控，确保共享数据未超出授权范围。

建立数据共享审计和审计日志管理的工具，明确审计记录要求，为数据共享安全事件的处置、应急响应和事后调查提供帮助。

2）数据共享安全控制平台

建立数据共享安全管理平台，或者统一用户认证平台、权限管理平台、流程审批平台、监控审计平台，支持数据共享的安全控制功能，并结合数据脱敏等技术保护敏感数据。数据共享安全工具对共享资源的数据目录或者数据资产进行安全管理，确保共享数据的规范性和安全性，其主要核心功能如下。

① 审核数据共享目录，确认工作流。建立数据共享审核流程，确认工作流，对共享数据的目录进行审核，确保没有超出数据服务提供者的数据所有权和授权使用范围。

② 管理数据共享权限审批人。支持设置数据共享权限的审核人和审批人，支持设置多级审批人。

③ 保护敏感数据。如果共享数据中包含重要数据、个人隐私数据等敏感数据，支持对共享数据进行加密、脱敏等处理后再共享，有效保护敏感数据。

④ 安全交换数据。如果共享数据中包含重要数据、个人隐私数据等敏感数据，且因数据有效性不能对数据进行匿名化处理，则需要支持数据进行安全交换，做到数据“可用不可见”。在用户不直接接触原始数据的情况下，依然可以使用共享数据进行计算分析，并得到结果。

⑤ 审计数据共享日志和控制风险。对数据共享的所有操作和行为进行日志记录，并对高危行为进行风险识别。在安全事件发生后，能通过安全日志快速进行回溯分析。

2. 数据公开服务平台

建立数据资源公开数据库、数据发布平台和应急处理平台，实现公共数据资源登记、数据资源发布和数据发布事件应急响应功能。

建立数据资源公开数据库，实现公开数据资源登记、发布用户注册、发布数据和发布组件验证互认机制等功能。

建立数据发布平台，实现数据服务相关数据资源公告、资格审查、成交信息、履约信息等数据发布功能。

建立数据资源公开事件应急处理平台，对于各类安全事件进行有效应急处置。

这一平台的应用案例有浙江省政务公开服务平台、深圳数据开放平台。

3. 数据接口安全控制措施

通过超文本传输安全协议构建可进行加密传输、身份认证的网络协议，解决信任主机和通信过程中数据泄露和被篡改的问题。

通过公私钥签名或加密机制提供细粒度的身份认证和访问、权限控制，满足数据防篡改和数据防泄露的要求。

建立时间戳超时机制，数据过期后失效，满足接口防重放要求。

通过接口参数过滤和限制，防止接口特殊参数注入引发的安全问题。

通过接口调用日志的收集、处理、分析，从接口画像、IP 画像、用户画像等维度进行接口调用行为分析，产出的异常事件通过告警机制进行实时通知。

企业应将 API 安全纳入安全防护体系，在应用系统各个环节与其他技术手段协同，以达到加强 API 安全的目的。以加强 API 鉴权机制为例，在身份验证环节，应排查无须认证的 API 清单，定位弱密码 API，加强密码强度并强制定期更换密码，建立多因素认证，设立黑名单机制，将多次访问失败的 IP 纳入黑名单，拒绝其访问，有效减少非法访问风险。在授权管理环节，可采用角色授权、属性授权等多种不同细粒度权限管理，结合资源访问时环境因子认证等技术减少未授权访问的关键数据资源，同时，配置资源访问流量控制、访问次数限制和日志监测分析技术等防护手段，进一步强化安全屏障。定期对接口进行大量的安全测试，包括非授权登录、重放攻击、数据篡改、假冒伪装等，确保接口安全。

4. 数据交换监控措施

① 采用自动和人工审计相结合的方法或手段，对高风险数据交换操作进行监控。

② 记录数据交换操作事件，并制定数据交换风险行为识别和评估规范。

③ 部署必要的数据防泄露实时监控技术手段，监控及报告个人信息、重要数据等的外发行为。

④ 使用数据处理平台对监控的数据交换服务、流量数据进行数据安全分析。

⑤ 记录数据交换服务接口调用事件信息，监控是否存在恶意数据获取、数据盗用等风险。

⑥ 具备对异常或高风险数据交换操作的自动化识别和实时预警的能力。

5. 数据出境安全监控

组织应对出境数据进行安全监控，采取技术手段对出境数据进行记录、监控及预警。

7.7 数据销毁阶段

数据销毁阶段是指通过对数据及数据存储介质采取相应的操作手段，使数据彻底消除且无法通过任何手段恢复的过程。

数据销毁阶段的安全控制措施见表 7-6。

表 7-6 数据销毁阶段安全控制措施

数据销毁风险与挑战	安全需求	管理措施	技术措施
• 数据销毁误区 • 磁介质存在的数据泄露隐患 • 潜伏数据 • 文件删除不彻底 • 覆盖信号弱 • 影子数据 • 坏簇数据	• 数据销毁处置 • 介质销毁处置	• 数据销毁策略及管理制度 • 介质销毁处置策略及管理制度	• 数据销毁方法及技术 • 介质销毁技术工具

7.7.1 数据销毁风险与挑战

1. 数据销毁误区

在日常工作中，往往采取删除、硬盘格式化、文件粉碎等方法来销毁数据。事实上，由数据磁盘存储原理可知，在新数据写入硬盘之前，该数据会一直保留，没有被真正销毁，从而存在被他人刻意恢复的风险。

1）删除文件

删除命令只是对文件目录项做了一个删除标记，数据区并没有发生任何改变。删除操作不能真正擦除磁盘数据区的信息，一些数据恢复工具正是利用了这点，绕过文件分配表直接读取数据区，恢复被删除的文件，这种数据销毁方法是最不安全的。

2）格式化硬盘

格式化仅仅是为操作系统创建一个全新的空文件索引，将所有扇区标记为“未使用”状态，让操作系统认为硬盘上没有文件。格式化分为高级格式化、低级格式化、快速格式化等多种类型。多数情况下，格式化不会影响硬盘上的数据区，因此，采用数据恢复软件工具也可以恢复格式化后硬盘中的数据。

3）使用文件粉碎软件

粉碎软件所具有的文件粉碎功能，大多没有通过专门机构的认证，用于处理带有密级的数据时，其可信度和安全性都不高。

使用消除工具可以对存储介质进行多次数据覆写，但依然可能存在边沿信息残留的问题。因此，对于存储高密级数据的硬盘，信息消除后不能脱密使用，必须实施物理销毁。

2. 磁介质存在的数据泄露隐患

1）使用痕迹

磁介质被用来存放系统临时文件、注册表数据、互联网浏览器缓存和历史记录、存储在用户本地终端上的数据等。利用这些数据，很容易恢复秘密数据，存在无意泄露数据隐患。

2）扇区间隙

在老式的硬盘中，硬盘的每个磁道都包含相同数量的扇区，这样一来，外圈磁道的扇区显然要比里圈磁道的扇区大，因此，外圈磁道的扇区之间存在较大的缝隙，这个缝隙就是扇区间隙。扇区间隙可能被用来保存隐藏的数据，从而导致故意泄露数据。

3. 潜伏数据

磁盘驱动器以簇为单位为文件分配磁盘空间，每个簇只能由一个文件占用，即使这个文件很小，也决不允许两个以上的文件共用一个簇。一般情况下，文件不可能正好充满整个簇，在簇没被文件充满的部分，存放一些未知的数据，（可能是系统生成的随机数，也可能是上一个文件的残骸）我们称这部分数据为潜伏数据。潜伏数据是泄露数据的一大隐患。

4. 文件删除不彻底

使用操作系统命令删除的文件，实际上只是将文件转移到“回收站”，并没有真正删除，即便清空“回收站”，该文件也只是被操作系统忽略而已。在 Windows 系统下，被删除文件的名字的第一个字母被改成特殊字符，文件原先所占用的簇会被标记为可用簇，但原来的数据并没有马上被删除，直到下一次保存某个文件时，如果用到这些簇，才会用新的数据覆盖旧数据，在此之前，数据会一直保持完好无损，通过文件配置表（File Allocation Table，FAT）恢复方法和现成数据恢复方法，可以轻松找到被删除的文件。

5. 覆盖信号弱

一般认为，磁盘里的数据由“0”和“1”组成，其实不然。简单的磁盘擦除仍然存在较大隐患，在硬盘上写入一位数据时，读写头使用的信号有强弱之分。在写入一位数据时，为了不影响相邻的数据位，写入信号并不强，因此，可以通过数据位的绝对信号强弱来判断此前该位所保存的数据。事实上，如果用二进制数“1”覆盖“0”，其信号强度会比“0”覆盖“1”要弱一些。使用专门的硬件就可以检测出准确的信号强度，把被覆盖区域读出的信号减去所覆盖数据的标准信号强度，就能获得原数据的副本，这一恢复过程可以被重复 7 次，因此，如果想避免别人使用这种方法来窃取你的数据，至少要覆盖该区域 7 次，而且每次还应该使用不同的随机数据。

6. 影子数据

硬盘读写头每次进行写操作的位置并不是十分精确，在磁道的边缘能侦测到原有的数据（也称影子数据），这些磁道边缘的影子数据只有重复地被覆盖才能消除。

7. 坏簇数据

当高级格式化时，如果发现坏扇区，则整个簇都会被标记为坏簇，然而，并不是坏簇中所有的扇区都是坏的，因此，不法分子有机可乘，将秘密数据写到坏簇中完好的扇区中。况且，一个扇区是否为“坏”，是格式化程序在当时条件下的一种判断，这个判断不一定准确，所以就有了所谓的“物理坏扇区”和“逻辑坏扇区”。其中，逻辑坏扇区是系统的一种误判，可以修复，不法分子可以利用逻辑坏扇区来隐藏秘密数据，造成数据泄露。

数据销毁不彻底会导致数据安全事故。一项安全调查表明，人们在数据的清除上存在普遍的错误认识，大多数人并不知道仅仅删除文件是不够的，因为这样做并没有真正将数据从计算机上清除干净。相关调查数据显示，每年有数以万计的硬盘流入二手硬盘交易市场，在这些二手硬盘中，只有不到 10%的硬盘经过了专业的数据销毁处理，大部分二手硬盘通过简单的数据恢复就能得到里面的数据，废弃的硬盘没有经过专业的数据销毁而流入二手硬盘市场，将给硬盘用户带来严重的数据安全隐患，有的甚至是灾难性的事故。例如，硬盘没有经过彻底的数据销毁处理，企业或单位的重要数据可能遭遇泄露，成为被竞争对手制衡的砝码；电脑维修公司可能因泄露客户的隐私数据而遭到客户的法律起诉；更严重的是，政府、军队等国家关键部门的重要信息也可能遭到泄露，使国家安全受到威胁。这些因为硬盘数据销毁不彻底而导致的数据安全事故比比皆是。由此可见，数据销毁工作对保障数据安全起到了至关重要的作用，任何企业都不能抱着侥幸的心理省去数据销毁这一重要环节。

7.7.2 安全需求

1. 数据销毁处置

数据销毁处置通过建立针对数据的删除、净化机制，实现对数据的有效销毁，防止对存储媒体中的数据进行恢复而导致的数据泄露风险。

2. 介质销毁处理

介质销毁处理通过建立存储媒体安全销毁的规程和技术手段，防止存储媒体丢失、被窃或未授权的访问而导致存储媒体中的数据泄露。

7.7.3　管理措施

1. *数据销毁策略及管理制度*

企业应依照数据分类分级建立数据销毁策略和管理制度，明确数据销毁的场景、销毁对象、销毁方式和销毁要求。

企业应建立规范的数据销毁流程和审批机制，设置销毁相关监督角色、监督操作过程，并对审批和销毁过程进行记录控制。

企业应按国家相关法律和标准销毁个人信息、重要数据等敏感数据。

数据销毁处置策略包括以下 5 个方面。

① 定义数据销毁的场景，根据数据分类分级，结合业务需要和数据重要性，采用不同的数据销毁方法，例如，覆写法、消磁法、删除、硬盘格式化、文件粉碎等。

② 建立针对大数据业务下线、用户退出服务、节点失效、过多备份、数据试用结束、超出数据保存期限等情况下的数据销毁管理制度、办法和机制，包括销毁对象、原因和流程。

③ 制定数据销毁的审批和监督流程，对重要数据的销毁进行合理性和必要性评估及会议评审，在销毁时进行监督管理，确保数据销毁符合要求。

④ 销毁操作至少要两个人在场，对数据销毁操作过程进行日志记录以支持安全审计。对于由供应商或服务商现场实施敏感数据销毁的场景，应安排内部工作人员进行现场监督。

⑤ 针对逻辑销毁操作，要为不同数据的存储方式制定不同的逻辑销毁方法，并确保数据的多个副本被相同的方式处理；针对物理销毁操作，应对销毁后的硬盘、磁带、硬盘、光盘、闪存等存储介质进行登记、审批、交接。严禁非法挪用存储介质，避免数据被违规留存或还原数据。

数据销毁策略和管理制度主要包括的内容如下。

① 数据销毁场景：要结合业务需要和数据重要性。

② 数据销毁方法：根据数据分类和分级及场景需要，确定销毁手段和方法，包括物理销毁和逻辑销毁，例如，覆写法、消磁法、捣碎法、剪碎法、焚毁法等。

③ 数据销毁审批流程：主要针对重要数据，评估销毁的合理性和必要性。

④ 数据销毁监督流程：设置销毁相关监督角色、监督操作过程，并对审批和销毁过程进行记录控制。

⑤ 数据销毁指南：针对不同介质（例如，网络存储、闪存、硬盘、磁带、光盘等）根据所存储数据的具体销毁方法和技术，建立网络数据分布式存储的销毁策略与机制。

2. *介质销毁处置策略及管理制度*

应明确存储媒体销毁处理策略、管理制度和机制，明确销毁对象和流程。

应依据存储媒体存储内容的重要性，明确磁媒体、光媒体和半导体媒体等不同类存储媒体的销毁方法。

应明确对存储媒体销毁的监控机制，确保对销毁存储媒体的登记、审批、交接等存储媒体销毁过程进行监控。

① 定义介质销毁的场景，根据实际的数据保密性要求高低，采用不同的介质销毁方法，例如，捣碎法、剪碎法、焚毁法等。

② 制定介质销毁的审批和监督流程，对重要数据的销毁要进行合理性和必要性评估及会议评审，还要在介质销毁时进行监督管理，在每次的介质销毁操作中，要有人负责监督销毁状况与进度。

各企业单位应在符合国家保密标准的前提下，充分利用各种销毁技术的优势，建立一套适应本单位实际情况的数据安全保障体系，以最节省人力、财力、物力的方式开展数据销毁工作，使数据销毁工作更加规范化、常态化和及时。

介质销毁处置策略及管理制度主要包括的内容如下。

① 介质销毁方法：捣碎法、剪碎法、焚毁法等。

② 介质销毁审批流程：主要针对重要数据，评估销毁的合理性和必要性。

③ 介质销毁监督流程：设置销毁相关监督角色、监督操作过程，并记录控制审批和销毁过程。

④ 介质销毁指南：针对不同介质（例如，网络存储、闪存、硬盘、磁带、光盘等）所存储数据的具体销毁方法和技术，建立销毁策略与销毁机制。

7.7.4 技术措施

1. 数据销毁方法及技术

企业应针对网络存储数据，建立硬销毁和软销毁的数据销毁方法和技术，例如，基于安全策略、基于分布式杂凑算法等网络数据分布式存储的销毁策略与机制，应配置必要的数据销毁技术手段与管控措施，确保以不可逆的方式销毁敏感数据及其副本内容。

清除数据需求主要有以下两种。

① 清除。在重新使用媒体之前，彻底删除媒体中数据的程序，且在清除媒体中的数据之前，作业环境可提供可接受的保护等级。例如，所有内部存储器、缓冲区或其他可重复使用的内存都必须执行清除，以有效杜绝读取先前存储的数据。

② 销毁。在重新使用媒体之前，彻底删除媒体中数据的程序，且在销毁媒体中的数据之前，作业环境无法提供可接受的保护等级。例如，当信息系统资源从保密信息管制下释出或释出到较低的保密层级使用前，必须执行数据销毁工作。

执行数据清除或销毁的方法主要有以下 3 种。

① 消磁。适用于磁带与磁盘，分为 Type Ⅰ与 Type Ⅱ两种层次的消磁，对应 Type Ⅰ、Type Ⅱ两种类型的磁带。使用消磁要特别注意，首先某些磁带与抽取式硬盘（例如，LTO 磁带与 Zip 盘片）内含有出厂时预录的信息，如果强制执行消磁而使这些信息消失，则这些信息将无法再被重复使用，其次是美国国防部的 Type Ⅰ/Type Ⅱ消磁标准已太过老旧，要对当前的磁带实施消磁，最少要使用消磁能力 2500～3000Oe 的消磁机，如果要消磁硬盘，则需要的消磁能力要达到 4000～5000Oe。

② 覆写。数据覆写是将非保密数据写入以前存有敏感数据的硬盘簇的过程。硬盘上的数据都是以二进制的“1”和“0”形式存储的，使用预先定义的无意义、无规律的信息反复多次覆盖硬盘上原先存储的数据，进而无法知道原先的数据是“1”还是“0”，达到硬盘数据擦除的目的。

根据数据覆写时的具体顺序，可将其分为逐位覆写、跳位覆写、随机覆写等模式，根据时间、密级的不同要求，可组合使用上述模式。美国国防部《网络与计算机安全标准》和北约的《多次覆写标准》规定了覆写数据的次数和格式，覆写次数与存储介质有关，有时与数据敏感性有关。在不了解存储器实际编码方式的情况下，为了尽量增强数据覆写的有效性，确定覆写次数与覆写数据格式是非常重要的。这些都是确定硬盘数据销毁程度的重要因素，也是确定硬盘数据擦除是否彻底的重要因素，因此，大家在平时进行硬盘数据销毁和数据擦除时，要注意这些细节部分，保证硬盘数据销毁、数据擦除的彻底性，保证涉密数据的不流失。

数据覆写法处理后的硬盘可以循环使用，适用于密级要求不是很高的场合，特别是需要对某一具体文件进行销毁而其他文件不能破坏时，这种方法更可取，可以保证数据销毁的彻底性和数据擦除的安全性。

数据覆写是较安全、最经济的数据软销毁方式，可以保证一般硬盘的数据销毁、数据擦除的要求。需要注意的是，覆写软件必须能确保对硬盘上所有的可寻址部分执行连续写入。如果在覆写期间发生了错误或坏扇区，即不能被覆写，或软件本身遭到非授权修改，则处理后的硬盘仍有恢复数据的可能，这样就不能达到硬盘数据销毁、数据擦除的效力。因此，该方法不适用于存储高密级数据的硬盘，这类硬盘必须实施硬销毁，才能保证彻底擦除硬盘数据，防止涉密数据泄露。

③ 紫外线照射删除与移除电源。紫外线照射删除适用于可擦除可编程只读存储器，移除包括电池在内的所有电源，适用于动态随机存取存储器、非易失性存储器与表态随机存取存储器。

技术工具参考：选购消磁机时，必须考虑的产品规格要素包括以下 3 个方面。

① 要进行数据清除或销毁的存储媒体磁场强度，针对高磁场强度的媒体，必须选择更强力的消磁机。

② 需执行数据清除或销毁的存储媒体数量，如果数量不多，则可选购手动式

的桌上型单卷或多卷装消磁机；如果每月都要销毁上百台硬盘或磁带中的数据，则要选择自动化、有输送带设备的大型消磁机。

③ 确认是否有遵循官方认证的需求。例如，通过国家保密局认证或军 C+级认证等，如果企业为美国或其他政府机构的合约商，或业务上牵涉必须遵循美国某些数据安全管理法令，则须使用通过特定认证许可的消磁机机型。

相关标准参考如下。

① GB/T 35274—2017《信息安全技术 大数据服务安全能力要求》。

② 美国国防部 DoD 5220.22-M《国家工业安全计划操作手册》提供了清除与销毁数据方法的参考矩阵表。

③ GA/T 1143—2014《信息安全技术 数据销毁软件产品安全技术要求》。

2. 介质销毁技术工具

组织应提供统一的存储媒体销毁工具，包括物理销毁、消磁设备等，能够实现对各类媒体的有效销毁。

组织应针对闪存盘、硬盘、磁带、光盘等存储媒体数据，建立硬销毁和软销毁的数据销毁方法和技术。

软销毁又称为逻辑销毁，即通过数据覆盖等软件方法进行数据销毁或者数据擦除。

硬销毁可分为物理销毁和化学销毁两种方式。其中，物理销毁又可分为消磁、熔炉中焚化、熔炼、借助外力粉碎、研磨磁盘表面等方法。

消磁是磁介质被擦除的过程。销毁前硬盘盘面上的磁性颗粒沿磁道方向排列，不同的南北极连接方向分别代表数据“0”或“1”，对硬盘施加瞬间强磁场，磁性颗粒就会沿场强方向一致排列，变成清一色的“0”或“1”，失去了数据记录功能。如果整个硬盘上的数据需要全部销毁，那么消磁是一种有效的方法。不过对于一些经消磁后仍达不到保密要求的磁盘或已损坏需废弃的涉密磁盘，以及曾记载过绝密信息的磁盘，必须送专门机构做焚烧、熔炼或粉碎处理。

物理销毁方法费时、费力，一般只适用于保密要求较高的场合。化学销毁是指采用化学药品腐蚀、溶解、活化、剥离磁盘记录表面的硬盘数据销毁方法。化学销毁方法只能由专业人员在通风良好的环境中进行。

相关标准参考如下。

① BMB21—2007《涉及国家秘密的载体销毁与信息消除安全保密要求》。

② GB/T 35274—2017《信息安全技术 大数据服务安全能力要求》。

第三篇

企业数据安全保护关键技术

第 8 章

身份认证和授权管理

本章主要是对数据安全保护体系中涉及的重要技术进行介绍，重点围绕RPMRRT 模型对应的重点、主流技术进行介绍；讨论了数据层和数据层相关联的应用层的身份认证和授权管理。

授权一般有两种思路。

① 在应用内建立授权模块。应用层安全解决数据层的安全问题，底层数据库自有权控体系，无法直接与单次登录（Single Sign On，SSO）系统集成。

② 使用应用外部的权限管理系统。统一身份认证管理即是应用外部的机制实现权限管理。

8.1 业务系统的身份认证

SSO 系统是应用层和数据层身份认证的支持系统，对于业务系统来说，如果是面向外网用户，则需要与用户 SSO 系统集成；如果是面向内部员工，则需要与内部 SSO 系统集成。

SSO 接入方式主要有两种。

第一种是各业务系统自身与 SSO 集成，认证通过后自行管理会话和有效期。SSO 认证原理（会话机制）如图 8-1 所示。

其中，每一个产品（业务）都需要采用类似的机制，与 SSO 系统集成，各产品自行与 SSO 集成如图 8-2 所示。这种方式存在一个重大问题，即并不是所有的业务都会认真地执行这一要求，往往会有大量的内部业务并没有集成 SSO 身份认证机制，从而导致出现任何人都可以直接获取数据的风险。

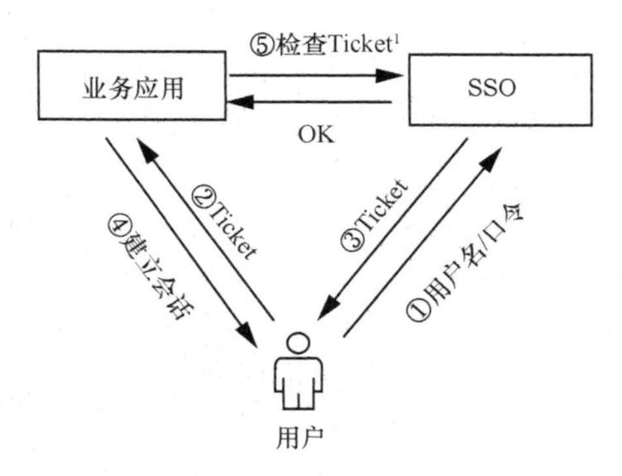

图 8-1　SSO 认证原理（会话机制）

注：1.Ticket（认证凭据）

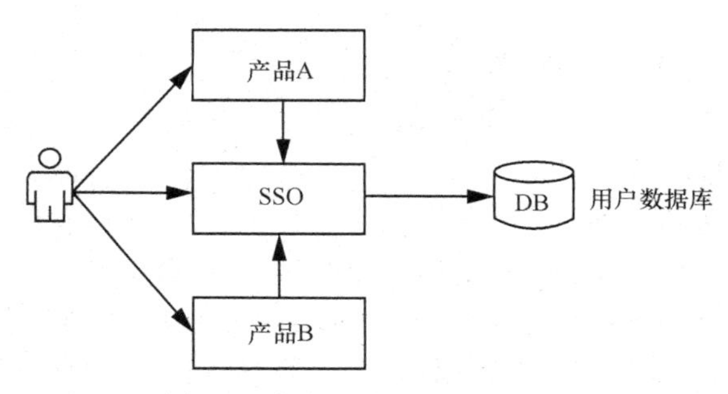

图 8-2　各产品自行与 SSO 集成

为了解决上述问题，我们引入了第二种解决方案，就是在接入网关上统一执行身份认证，这样网关可以将业务的身份认证等功能接管过来，且业务自身只需要关注业务，不用关注身份认证与业务无关的功能。

在接入网关上，产品（业务）统一与 SSO 系统集成，并不排斥业务自身与 SSO 集成，可以在接入网关上提供“是否集成 SSO 身份认证”的开关选项，让有需要的业务自行与 SSO 集成。这样能够保证最大化地覆盖业务范围。

8.2　存储系统的身份认证

底层的存储系统往往使用静态口令，而无法直接与 SSO 系统集成。为了解决这个问题，我们有如下几个方面建议。

数据库或其他存储系统只作为底层的基础设施加以封装，以数据服务的形式向业务提供。针对面向用户的业务，数据服务可以与用户 SSO 系统集成，统一身份认证；针对面向企业的业务，该业务可以在数据服务这里建立基于后台的身份认证机制，将数据库封装为数据服务如图 8-3 所示。

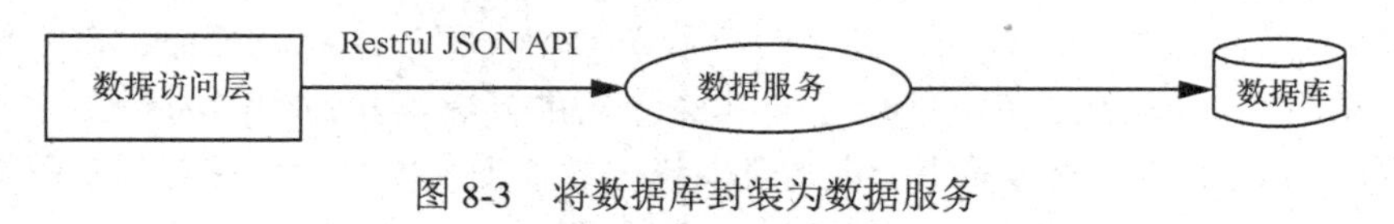

图 8-3　将数据库封装为数据服务

8.3　统一身份认证和管理

统一身份认证和管理即身份识别与访问管理或也可简称为 4A。其目的是让正确的人或物基于正确的理由，在正确的时间、正确的地点通过正确的方式获取正确的信息，提供集中的数字身份管理、认证、授权、审计的模式和平台。IAM 可全面建立和维护信息系统中用户的数字身份，并提供有效、安全访问的业务流程和管理手段，从而实现组织信息资产统一的身份认证、授权和身份数据集中管理与审计。

统一身份认证功能一般会提供单次登录，而单次登录一般不会提供统一身份认证功能。目前，随着技术的发展，单次登录功能不断在向外延伸，统一身份认证和单次登录其实是可以合并的。

1. 身份认证

基于公钥基础设施、证书管理机构、数字证书、数字签名等技术措施，通过证书申请、证书撤销和证书管理等功能，使用计算机密码算法，建立对访问或使用大数据的平台进行身份的唯一性、合法性、符合性的识别和确认，认证其状态和属性，保障其在认证过程的安全和认证结果的准确。

2. 鉴权管理

鉴权管理是在身份认证的基础上，通过身份识别的对象来鉴别和确认所拥有的权限或者拥有的某项权限。鉴权管理既是系统/数据对用户的鉴权，也是用户对系统/数据的鉴权。鉴权管理可防止大数据平台中的系统资源、关键数据等被用户访问和操作，有助于提高平台抵御非法获取的能力。

3. 访问控制

设置访问控制策略是分配不同用户对菜单、数据的访问权限或操作范围，限定用户和终端，以及时间等因素的绑定来实现用户安全访问应用程序的设置。此外，节点之间及客户端与服务器之间的通信需要加密，使用网关服务器隔离客户端与大数据平台的直接访问，以进一步提升网络安全，由网关服务代理实现用户对大数据平台的访问。

1）传统用户和访问控制管理

随着信息化技术的发展，各种信息系统的种类和数量不断增加，在方便处理业务的同时，也给用户账号安全管理带来了新的问题，具体问题如下。

① 各应用系统账号管理分散，缺少统一的管理机制，命名规则和密码策略要求不一，用户需要记住多个应用账号和密码。

② 员工真实身份和应用账号没有对应关系，多人共用同一账号或一人在同一个系统中有多个账号的现象大量存在，无法定位责任人。

③ 在员工转岗、离职时无法提供有效的手段及时更新或者撤销授权信息，存在大量账号无实体主人的现象。

④ 应用系统认证各自独立，没有统一的认证策略，没有建立安全的单次登录机制。

⑤ 采用传统的账号与口令认证方式，安全强度较低。

⑥ 授权管理和访问控制缺少完整性、真实性、抗抵赖性等安全信任保障。

⑦ 没有集中的用户身份和账号管理视图，无法展现企业信息系统的用户和应用账号全貌。

⑧ 没有标准、统一地记录用户认证和访问日志规范，无法集中展现、跟踪和分析用户的访问行为。

⑨ 没有标准、规范的用户和应用账号操作记录，不能确定用户具有当前权限的原因，不清楚用户信息的修改情况。

在这种情况下，企业网络安全很难得到保障，出现问题之后也难以确定问题来源，无法及时反馈问题。

2）用户身份数据治理思路

当前的网络安全形势已经发生了巨大的变化，攻击不再只是单个非法攻击者的行为，更多的是有组织、有预谋的团队协作行为。他们攻击企业内部服务器，并植入恶意软件长期潜伏，搜集更多漏洞信息，伺机加以利用。一旦他们开始发动攻击，就有可能导致企业或组织信誉破产，造成严重的社会影响。

在当前网络安全形势下，传统的边界围墙式被动防护手段，例如，防火墙、入侵防御系统（Intrusion Prevention System，IPS）、入侵检测系统（Intrusion Detection System，IDS）等已经过时，不能提供可靠的、安全的环境。随着时间的推移，越来越多的企业发现，相对于外部威胁，因企业内部安全管理不规范而造成的安全风险比例也在增加。据统计，在近 3 年各类安全事件中，因为内部脆弱性引发的安全事件占比越来越大，人为因素已经成为网络安全的关键，而其中用户和认证管理成为重灾区。企业管理者终于意识到只有高效管理用户身份和认证策略，才能发挥各种安全设备和软件的效力，建立主动防御的城墙，保障网络环境的安全。因此，在企业内部实施基于实名制的用户身份和访问控制管理势在必行。

（1）用户身份和认证管理系统基本功能的设计

从目前市场普遍的反应来看，早期实现单次登录基本需求逐渐向高安全性发展，相关法律法规及企业自身的安全需求标准越来越高，相关需求主要集中在以下 5 个方面。

① 建立基于实名制的统一权威的用户身份数据源，实现用户全生命周期管理，消除账号分散管理，没有统一身份管理策略和强密码策略的风险。

② 建立集中、高强度的安全认证中心，以统一的安全认证策略和技术保障用户认证安全。

③ 建立应用接入规范和标准，支持当前主流的认证协议和认证技术，支持异构应用集成。

④ 建立或者接入现有审计平台，具备事后追溯甚至事中监测、报警乃至阻断的能力。

⑤ 身份管理产品应具备一定的灵活配置和扩展能力，能够和第三方身份认证、审计平台进行整合，便于降低实施成本。

综合以上要求，一个典型的身份识别与访问管理（Identity and Access Management，IAM）产品需要具备以下功能。

① 用户全生命周期管理。

② 统一身份供应策略。

③ 强密码策略。

④ 应用接入管理。

⑤ 认证管理。

⑥ 审计报表管理。

（2）身份识别与认证管理系统功能架构

统一身份识别与认证管理系统实现用户全生命周期管理服务，并为管理员和个人用户提供不同权限的管理视图。统一身份识别与认证管理系统功能架构如图 8-4 所示。

统一身份识别与认证管理系统为企业和用户提供集中的访问入口，以高强度的多因素认证技术保障应用认证安全。

统一身份识别与认证管理系统提供应用账号和认证集成服务，以数据同步接口与企业应用系统集成，实现单位人力资源（Human Resources，HR）人员数据与身份管理系统的同步，以及与集成应用系统的账号同步，其包括广泛使用的活动目录（Active Directory，AD）、系统应用产品的数据处理（System Application and Products in Pat Processing，SAP）系统。

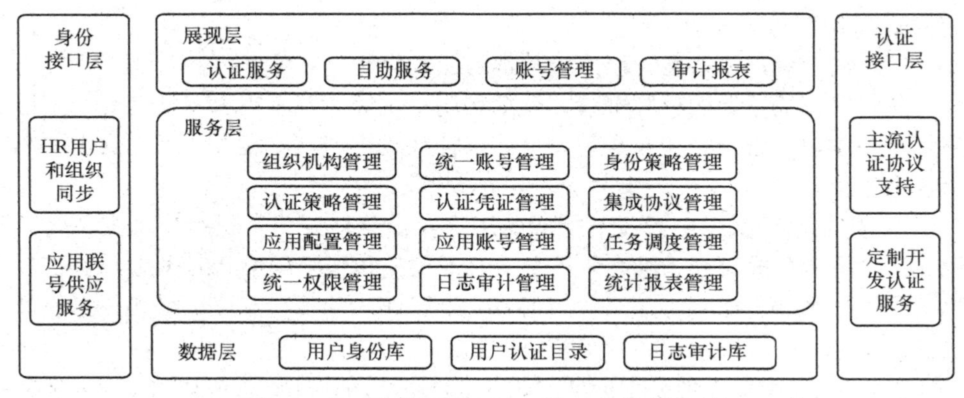

图 8-4　统一身份识别与认证管理系统功能架构

系统应对用户、应用、应用账号的登录、管理等操作进行集中的日志记录，提供基本的安全审计和常用报表功能。根据用户需要，系统可以将日志转发给第三方处理或者进行定制化开发，以实现更多的功能。

当前，云部署、容器部署已经成为企业首选，因此，产品应支持采用云技术实现系统模块的部署，通过云架构的特点为用户和应用提供更健壮的不间断服务的能力。以云的基础服务为平台，形成企业身份和认证管理的服务平台。

统一身份识别与认证管理系统是企业网络安全的重要基础平台，得到良好定义和严格执行的身份供应策略、访问控制策略可以为其他安全系统、设备提供安全可靠的身份和鉴权服务。这意味着企业网络拥有更好的用户访问控制，降低了内部和外部数据泄露的风险。

第 9 章 数据安全传输技术

数据传输安全是对数据进行网络传输安全的管理，这是数据安全中重要的一项，也是发生数据安全事件，例如，数据泄露、窃取、篡改等比较频繁的阶段，因此，该阶段的重要性不言而喻。根据企业机构内部和外部的数据传输要求，企业需要建立相关的安全防护措施，保障数据在传输过程中的安全性，而认证机制、传输数据加密技术、数据完整性保护技术是保证数据安全的常用手段。

① 企业有对传输通道两端进行主体身份鉴别和认证的机制。

② 企业有对传输数据加密的技术方案和工具，例如，针对关键的数据传输通道统一部署传输通道加密方案[例如，采用传输层安全协议（Transport Layer Security，TLS）/安全套接字层（Secure Socket Layer，SSL）方式]，以及对传输数据内容进行加密。

③ 企业有对传输数据的完整性进行检测并执行恢复控制机制的技术方案和工具。

9.1 数据完整性保护

在数据传递的过程中，可用于接收方确认收到的数据没有被篡改的完整性校验的方法如下。

① 单向散列（Hash）函数，这里的散列算法要排除掉 MD5、SHA-1 等已经出现碰撞的算法，推荐 SHA-256 或更强的算法。新建业务可选用 Hash 算法。

SHA-2 算法：这是一个集合，包括 SHA-224、SHA-256、SHA-384、SHA-512 算法，推荐其中的 SHA-256 或 SHA-512 算法。SHA-2 和 SHA-1 算法使用相同的

引擎，未来可能会被破解。

SHA-3：第三代安全散列算法。SHA-3 是备用算法，目前支持 SHA-3 算法的库太少，没有被大量使用。

慢速加盐散列：包括 bcrypt、scrypt、PBKDF2 等。

数字签名：篡改后会导致验证失败，所以数字签名保障了系统的完整性。

② HMAC，即基于哈希函数的 MAC。HMAC 以一个密钥和一个消息为输入，生成一个消息摘要作为输出。该密钥只有通信双方知晓。HMAC 多用于后台消息传递时的完整性校验，但对消息本身没有加密保护。

③ AES-GCM/CBC-MAC，该密钥在保障身份认证、数据加密的同时，提供完整性保障。

9.2 数据加密传输

数据的安全输出主要有以下 3 种方式。

① 应用层数据不加密，通道加密：建立一个安全的隧道，然后通过这个隧道传输明文内容，使用 TLS/SSL 协议建立客户端和服务器之间安全的加密通信，例如，对外提供服务的互联网应用网站采用 HTTPS 接入。远程用户访问，提供 SSL-VPN 等方式接入。

② 应用层数据加密，通道不加密：直接在不安全的网站上，传输加密的内容，例如，AES-GCM。

③ 系统运行维护，提供 SSH 等方式登录加密。

第 10 章

数据存储安全技术

10.1 数据库加密

10.1.1 数据加密场景

数据需要加密的场景要结合业务场景进行判断，主要场景如下。

① 敏感的个人信息及敏感的个人隐私数据需要加密存储。

② 口令、加解密密钥，需要加密存储。

③ 有明确检索、排序、求和等运算需求的业务数据，不需要加密存储。

10.1.2 加密技术比较

数据库加密技术诞生至今，已经历多个阶段，采用过多种实现方式，并一直处于持续发展之中。对于数据库加密技术，我们可以从以下几个层次考虑其具体实现。数据库加密层次如图 10-1 所示。

1. *应用系统加密技术*

应用系统加密技术被认为是最早的数据库加密形式。但严格来讲，应用系统加密实际上是针对数据而非数据库进行的加密。应用系统加密技术原理如图 10-2 所示。

（1）优势

应用系统加密技术的优势在于其具备灵活性，这种灵活性主要体现在两个方面。一方面，应用系统加密技术可以与业务逻辑紧密结合，在应用系统的开发过程中，灵活地对相关业务中的敏感数据进行加密处理，且使用的加密函数、加密密钥等均可以根据业务逻辑的需要灵活选择。另一方面，应用系统的开发商可以自行解决数据的加密和解密的所有问题。

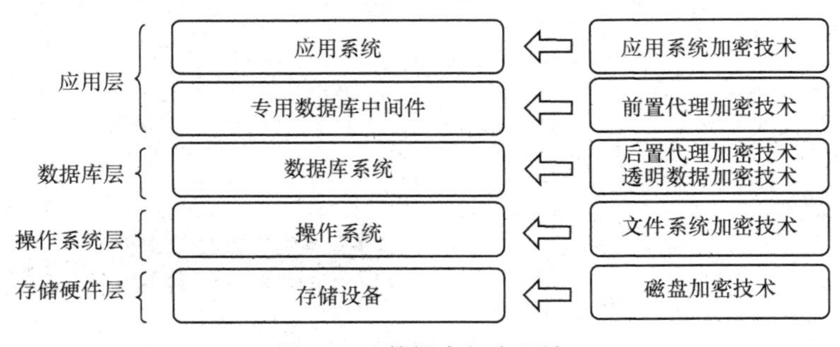

图 10-1　数据库加密层次

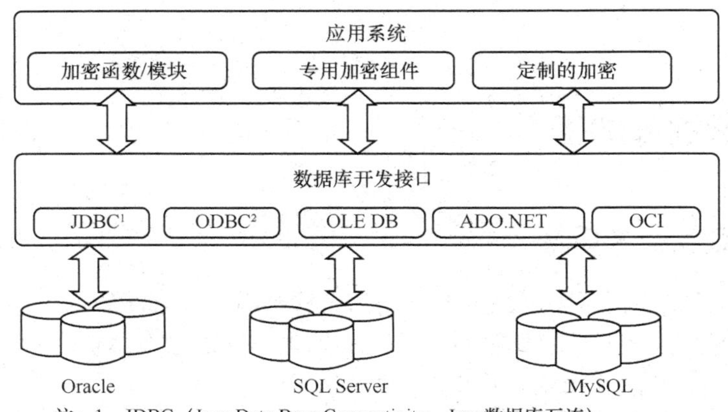

图 10-2　应用系统加密技术原理

（2）劣势

① 应用系统开发无法透明化。任何与数据加密解密相关的处理逻辑和加密规则的变化都会导致应用系统进行代码级的修改和在生产环境中重新部署。同时，任何使用加密数据的应用系统都必须在源码级进行数据的加密和解密操作，应用系统的开发商在考虑业务逻辑的同时，还必须兼顾考虑相关数据的加密和解密处理。

② 数据库系统的自身优势严重受损。数据库系统是专用于数据存储、管理和使用的基础软件系统，它的设计原则是为了更快地处理数据。应用系统加密使写入数据库中的数据为密文数据，这会导致数据库系统自身具备的对数据进行高效组织和检索的能力因密文而严重受阻。应用系统必须自行处理数据库索引、查询分析、执行优化、事务处理、并发控制等工作。这不仅增加了应用系统的复杂度

和工作量，还几乎损失了数据库系统自身的全部性能优势，同时，也无法通过存储过程、自定义函数等数据库执行对象进行数据库内的高效数据运算和处理，无法利用触发器等机制保证数据库内数据间的复杂完整性，在损失数据库系统性能的同时，也对数据库自身的完整性和健壮性造成负面影响。

③ 巨大的研发工作量和极高的技术复杂度。基于以上劣势分析，应用系统加密的实现需要应用系统开发投入巨大的研发力量，同时也需要很高的技术来保证数据库系统的功能和性能，使原本应该集中于应用系统业务逻辑的资源被无形地浪费。

④ 无法支持独立于数据库系统的增强权控。应用系统加密无法实现对数据库用户的数据访问权限的增强控制。对于访问存储在数据库中的密文数据，其完全依赖于数据库自身的访问控制设置（包括自主访问控制和强制访问控制），数据库内置的管理员用户对密文数据具有完全的控制权限，虽然无法获取密文形式的敏感数据的具体内容，但可以对这些数据进行修改和删除。

2. 前置代理加密技术

前置代理加密技术是在应用系统加密技术的基础上发展起来的，其表现形式通常由专业的数据安全厂商推出数据库加密产品。前置代理加密技术的原理如图 10-3 所示。

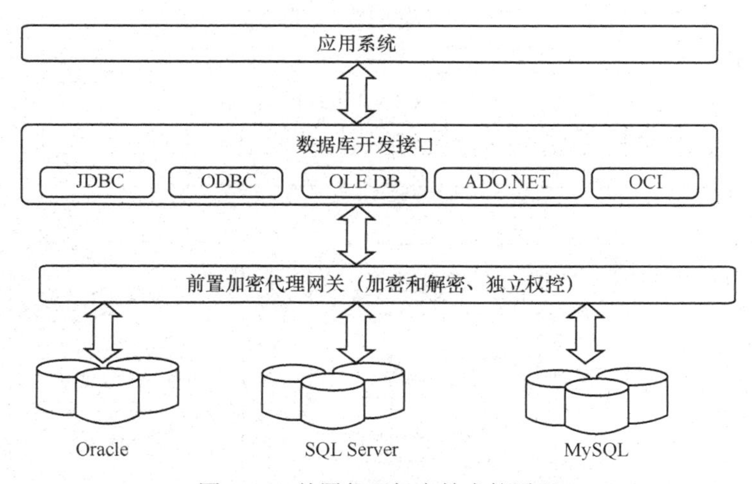

图 10-3 前置代理加密技术的原理

（1）优势

相较于应用系统加密技术，前置代理加密技术使最终用户从高度复杂且繁重的加密、解密处理逻辑的开发工作中解放出来，可以让用户有更多的时间和精力处理业务逻辑。

具备数据库加密、解密等技术优势的第三方独立厂商能够以产品的形式提供专用的前置代理加密网关系统。因此，在使用前置代理加密技术时，应用系统可以独立于加密和解密功能进行演进。

（2）劣势

在前置代理加密技术中，数据在写入数据库时是密文，因此，与应用系统加密技术相同，前置代理加密技术也有开发过程无法透明化、数据库自身特性优势丧失的缺点。同时，前置代理加密网关封装了加密、解密的处理逻辑和管理规则，代替数据库服务进行大量复杂的数据管理和处理操作，因此，其本身的实现也有很高的技术复杂度且工作量巨大，即便是对于具备数据库加密、解密等技术优势的第三方独立厂商，如何解决这些问题也是一项具有挑战性的工作。

3. *后置代理加密技术*

为了避免数据加密给数据访问和处理带来性能上的严重损失，部分数据库厂商在数据库引擎层提供了一些扩展接口和扩展机制。这些扩展的接口和机制，数据库系统用户可以通过外部接口调用的方式实现对数据的加密、解密处理，同时也能够在一定程度上减少对数据库系统性能的影响。后置代理加密技术原理如图10-4所示。

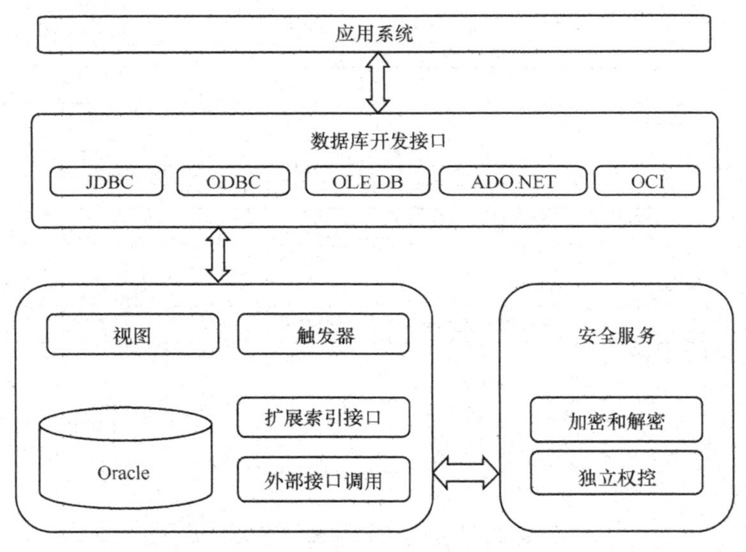

图10-4　后置代理加密技术原理

（1）优势

① 应用透明。后置代理加密是在数据库层面对敏感数据进行处理的一种技术，应用系统对数据本身及处理过程完全无感知。因此，启用数据库加密对应用系统不会产生影响，应用系统不用做任何改造即可获得数据加密存储的权益。应

用系统包括但不限于传统 SQL、数据库内的存储过程和自定义函数、执行数据库操作与管理的脚本、数据库管理工具和用户的业务系统。

② 独立权控制体系。使用后置代理加密技术可以在外置的安全服务中提供独立于数据库自有权控制体系之外的权限控制体系，可以有效防止特权用户对敏感数据的越权访问。

③ 细粒度加密。后置代理加密技术可以实现精确到列级的细粒度加密，这一优势是由后置代理加密技术的具体实现所决定的。

（2）劣势

① 开放性较差。后置代理加密技术对数据库开放性有较强的依赖，需要数据库产品具备外部接口的调用能力，但遗憾的是，并非所有商业数据库都具备这种能力。

② 部分场景下性能表现不够好。后置代理加密技术是通过多级视图及创建于其上的触发器进行外部接口调用来实现加密、解密和独立权控能力的，触发器的运行机制要求对加密表中每一条数据中的每个加密列的读或写都要进行一次外部接口调用，因此，当查询中涉及的加密列较多时，或查询涉及的加密列不多但查询结果集中返回大量数据时，后置代理加密技术对数据库的整体性能会有一定的影响，甚至在极端情况下无法满足业务要求。

4. 透明数据加密技术

部分数据库也支持透明加密（或静态加密）方式，原来使用明文存取数据的应用不需要任何改进，由数据库提供透明的加解密，可供最低级别的加密参考。

例如，MariaDB 从 10.1.7 版本开始，支持表加密、表空间加密、binlog 加密，其他数据库也有类似的特性。

透明加密是一种快速呈现加密效果的方案，因为所有的加密和解密过程都是在存储这一级自动完成的。对应用来说，仍可以像以前一样，继续使用明文存取数据，而不需要做任何改进。

如果企业业务众多，难以一一改进，刚好又使用了自建的存储系统，这时就可以考虑对存储系统进行改进，实施静态加密，这种方式可以快速满足合规要求。

存储系统也可以配合密钥管理系统（Key Management System，KMS）实施静态加密，来提高安全性。

与后置代理加密技术一样，透明数据加密技术具备应用完全透明性。另外，插件形式的透明数据加密技术也可以提供独立权控体系，同时可以不依赖数据库自身的一些特殊功能，具有较强的开放性。

（1）优势

① 应用透明。透明数据加密是在数据库层面对敏感数据进行处理，应用系统

对数据本身及处理过程完全无感知。因此，透明数据加密技术在应用时也不会对现有的应用系统产生影响，应用系统不用做任何改造即可获得数据加密存储的权益。

② 独立权控体系。使用插件形式的透明数据加密技术，同样可以在外置的安全服务中提供独立于数据库自有权控制体系之外的权限控制体系，可以有效防止特权用户，例如数据库管理员（Data Base Administrator，DBA）对敏感数据的无限制访问，进一步保证敏感数据不会被不正当地访问和泄露。

③ 更强的开放性。相对于后置代理加密技术依赖于数据库的外部索引接口、外部接口调用等特殊功能，透明数据加密技术对数据库自身的依赖性小，因此，可以在更多类型的数据库上使用透明数据加密技术。

④ 性能优势。透明数据加密技术本身只对数据库引擎的存储管理层进行了功能增强，并不影响数据库引擎的语句解析和优化等处理过程，数据库自身在数据存储、管理和使用等方面的优势都可以继续保留，因此，透明数据加密技术相较于其他数据库加密技术，在性能上具有明显的优势。

（2）劣势

透明数据加密虽然是当前主流商业数据库产品具有的数据安全增强特性，但是数据库厂商提供的透明数据加密功能完全依赖厂商自己的设计，尤其是在密钥管理的开放性方面，通常不能集成使用第三方密钥系统，而且这些数据库内置的透明数据加密无法屏蔽数据库超级用户对加密数据的无限制访问。

插件形式的透明数据加密可以解决密钥系统开放性和实现独立于数据库自身权控制体系的增强权限控制，但因为使用插件技术对于数据库的版本有较强的依赖性，所以专业的数据安全厂商也只能对有限的几种类型的数据库实现透明数据加密插件，在数据库类型的适用性上有一定的限制。

5. 数据库文件级加密技术

（1）优势

① 应用透明。在数据库加密技术体系中，文件系统加密技术只负责数据库系统的数据文件的加密存储，对应用系统具备完全的透明性，使用文件系统加密技术对数据库进行加密时，完全不需要应用系统做任何修改。

② 解决大数据加密要求。目前，数据库研究的热点是加解密程度高，数据库是单一进程，文件级加密可以实现多进程，这可以解决未来针对大数据的加密问题。

③ 与数据库类型无关。文件系统加密技术是操作系统内核层面的技术，与数据库类型无关，任何一种数据库系统，只要其存储数据的方式是文件系统而非裸设备，则文件系统加密技术都可以用于对数据库进行存储加密处理。因此，文件系统加密技术对数据库系统具备非常强大的开放性。在加密数据的处理性能方面，

文件系统加密技术表现得相对较好。一方面，因为文件系统加密技术的数据库无关性，该技术不会对数据库引擎存储和处理数据的逻辑有任何影响，数据库系统可以充分发挥功能特性和性能优势；另一方面，文件系统加密技术是在操作系统的文件管理子系统上部署加密插件来实现数据加密的，该技术增加了数据库系统与磁盘存储进行交互时的工作量，因此，会对数据库系统整体性能造成部分损失，损失的程度与文件系统加密技术本身的实现及磁盘系统自身的 I/O 能力有关。

（2）劣势

① 无法对数据库内部用户进行独立权控制。因为文件系统加密技术的数据库无关性，所以该加密技术不具备对数据库用户增强的权限控制能力，无法防止数据库超级用户对加密数据的访问。这是文件系统加密技术在数据库加密领域中相较于其他加密技术的最大劣势。

② 技术复杂度。因为文件系统加密技术是对操作系统内核增强功能，所以其在实现上有一定的技术复杂度，同时，文件系统加密技术的具体实现可能会对操作系统的稳定性造成一定的负面影响。

6. *磁盘加密技术*

（1）优势

磁盘加密技术应用在数据库加密领域中，除了具备应用完全透明和数据库类型无关的优势，其最大的优势是具有良好的加密、解密性能。磁盘加密技术通过存储设备自身的物理结构实现，能够发挥存储设备本身的硬件能力，对上层数据库系统提供无损的性能服务。

（2）劣势

与文件系统加密技术相同，鉴于数据库无关性，磁盘加密技术也不具备对数据库用户增强的权限控制能力。另外，基于硬件系统的加密技术，国内虽然对其有所研究，但是受制于磁盘等存储设备的生产制造等原因，磁盘加密技术在国内仍然停留在技术研究层面，尚未实现产业化，在国内的数据库加密领域甚至是存储加密领域，基本上都没有得到应用。

10.2 数据库安全

数据库安全包括数据库中所有数据的安全性和完整性、对数据库访问的控制、用户身份和权限的认证等。数据库安全要保证数据库中所存储的数据信息的保密性、完整性、一致性和可用性，使数据不会被泄露或被非法获取，且不会被破坏或丢失。在实际工作中，数据库面临的主要安全威胁有软件和硬件两个方面。系统崩溃、磁盘的物理损坏、计算机感染病毒都有可能造成系统故障、数据被破坏，用户的误操作会导致数据库产生错误。非授权用户的非法访问、非法盗取甚至篡改数据导致数据的真实性无法保证，需要设计更加完善的安全策略才能保证数据的安全。

从数据库系统管理角度分析，安全性主要包括以下 3 个方面。

（1）数据库完整性

数据库完整性包括物理完整性和逻辑完整性。其中，物理完整性是指因为计算机硬件故障、软件错误、操作员的失误造成运行事务非正常中断，影响数据的正确性，为保证数据库的数据都能从错误状态恢复到某种逻辑一致的状态，数据库管理中必须有恢复系统。逻辑完整性是指确保数据库中数据的一致性、正确性以及符合企业规则的一种思想，是使无序数据条理化，确保正确的数据被存放在正确位置的一种手段，可以满足完整性约束。

（2）数据库保密性

数据库保密性是指为了防止数据库数据信息泄露，只有授权用户才可以访问数据信息，用于防止未授权用户访问或复制数据，通常通过加密技术来实现保密性。

（3）数据库可用性

数据库可用性是指保障数据库的正常操作流程顺利进行。

基于以上 3 个方面，数据库安全管理具体要求包括以下 8 个方面。

① 防止不当访问主要是指只对授权的合法用户给予访问权限。

② 分级保护，依据数据敏感级别分立多级进行保护。在包含敏感、非敏感混合数据的数据库中，需要严格控制对敏感数据的访问请求，只有经过授权的用户才有权进行某些操作，并且不允许其权利传播或转让。

③ 防止推断性攻击，尤其对于统计型数据防止从非保密信息中获得保密数据。

④ 数据库的存取安全性。该需求涉及防止更改数据内容的非授权访问，以及病毒恶意破坏，或是系统级错误及故障等。该需求主要通过系统控制及备份与恢复机制执行并完成保护工作。

⑤ 数据的操作完整性。在并行事务的模式下，保持数据的逻辑一致性，通常采用并行管理器和加锁机制完成。

⑥ 数据的语义完整性，确保数据在允许的范围内修改，以保持数据的一致性、完整性。

⑦ 数据库加密保护，使数据不易被非法用户索取和使用。

⑧ 审计功能，提供数据的物理完整性，并记录对数据的所有存取访问，根据结果进行分析与追踪。

数据库的安全策略主要有以下 7 个方面。

1. 账户安全

要保障数据库的安全，首先要做好数据库的账户管理，只有通过身份验证的用户才能访问数据库。用户身份认证可以使用主机操作系统认证用户，也可以使用数据库的用户认证。例如，Microsoft SQL Server 系统管理员的账户是“sa”，在默认情况下，它指派给固定服务器角色 sysadmin.系统管理员的账户是不能删除的，早期的版本也不支持修改名称。“sa”账户拥有最高权限，是被攻击的对象，必须为其设置复杂的密码，以免遭到非法攻击者的暴力破解。我们也可以将“sa”账户禁用。同时，为了避免黑客暴力破解数据库用户口令，还应该限制登录时间，且当某一特定用户超过了失败登录尝试的指定次数后，该账号即被锁定，禁止登录。

2. 数据库密码的管理

在通常情况下，SQL Server 数据库密码都是通过“sa”进行设置的，而且在“config”文件里有数据库账号和密码，进入操作系统就能看到账号和密码了。Oracle 数据库系统具有 10 个以上特定的默认用户账号和密码，还有用于管理重要数据库操作的唯一密码，如果安全出现问题，则这些系统的许多密码都可以让非法攻击者对数据库进行完全访问。这些密码甚至还被存储在操作系统的普通文本文件里，因此，需要对全部密码列表进行管理和安全检查。

3. 用户权限设置

在实际应用中，系统常常会建立很多数据库用户，每个用户扮演着不同的角色。在数据库中，管理者为每个用户账号授予相应的权限，以提高数据库的安全性。权限分配应遵循最小化原则，满足用户的操作需要即可，例如，用户如果只读取数据，则授予其“只读”的权限。

4. 数据加密

为了保障数据的安全，数据库中的一些核心数据应该加密，例如，身份证号、手机号、登录密码、银行卡号等。SQL Server 2008 引入透明数据加密技术。透明数据加密技术的级别涉及整个数据库，数据的加密和解密是以页为单位、由数据引擎执行的。

在写入数据时进行加密，在读出数据时进行解密。数据加密的主要作用是防止数据库备份或数据文件被盗，非法获取数据库备份或文件的网络攻击者在没有密钥的情况下是无法恢复或附加数据库的。

5. 数据审核

SQL Server 2008 之前的版本只能通过触发器或 SQL 跟踪来实现审核，没有专用的管理工具来管理审核，SQL Server 2008 新增了数据库审核功能。利用 SQL Server 提供的全面的数据审核功能，无论企业是在服务器级别还是在数据库级别，都可以监控所有的事件。SQL Server 数据库的审核涉及对数据库的跟踪和日志事件的记录。数据库管理员可以利用这个特性审核 SQL Server 系统上的活动并对其进行更改。

6. 数据备份

数据备份和恢复技术在网络安全中是一项非常重要且必要的措施。硬件的故障、软件的损坏、病毒和非法攻击者的入侵、错误的操作等时刻威胁着数据的安全，因此，数据备份是容灾的基础。为防止出现系统故障或操作失误导致数据丢失，建议定期进行数据备份。

7. 操作系统安全

操作系统是基础性平台，各种应用程序都需要操作系统的支持才能维持正常运行，操作系统的安全直接关系用户的信息安全。运行任何一种数据库的操作系统，都要考虑安全问题。

10.3 云存储安全

在云计算时代，海量信息的规模及其快速增长给传统的数据库技术带来巨大的挑战，各类非关系型数据库（也称为 NoSQL 数据库）应运而生。因此，NoSQL 数据库的产生并不是要彻底否定关系型数据库，而是将其作为传统关系型数据库的一个有效补充。NoSQL 数据库在特定的场景下可以发挥出难以想象的高效率和高性能。

NoSQL 是非关系型数据库的广义定义。它打破了长久以来关系型数据库与原子性、一致性、隔离性、耐久性（Atomicity、Comsistency、Isolation、Durability、ACID）理论大一统的局面。NoSQL 数据库存储不需要固定的表结构，通常也不存在连接操作，在大数据存取上具备关系型数据库无法比拟的性能优势。

目前，应用体系结构要使数据存储在横向伸缩性上能够满足需求。而 NoSQL 存储就是为了实现这个需求而诞生的。

在云计算模式下，数据库安全研究的工作主要集中在海量信息安全检索技术、海量数据完整性验证及海量数据隐私保护技术等方面。

1. 海量信息安全检索技术

数据变成密文时丧失了许多特性，导致大多数数据分析失效，因此，必须将数据解密后才能对它进行分析处理。密文检索的目标就是在不解密数据的前提下，帮助用户查找含有指定词的关键数据。当前，密文检索有两种典型方法：基于安全索引的方法，即通过为密文关键词建立安全索引，检索关键词是否存在；基于密文扫描的方法，即对密文中每个关键词进行比对，确认关键词是否存在，以及统计其出现的次数。

2. 海量数据完整性验证

由于大规模数据所导致的巨大通信代价，所以用户不可能将数据下载后再验证其正确性。目前，典型的验证方法有两种：PDP 方法和 POR 方法。

3. 海量数据隐私保护技术

通过分析公开信息可以发现用户的政治倾向、消费习惯等。通过简单的去除姓名和 ID 已经无法满足隐私保护的需求，非法攻击者可凭借背景知识或地域、性别等准标识符信息迅速确定攻击目标。当前的主要做法有：*K*−匿名方案，将准标识符分成不同的分组，并且要求每个分组中的准标识符完全相同，且至少包含 *k* 个元组，这样每个数据持有者至少和 *k*−1 持续者有相同的元补助和属性值，使非法攻击者无法确定数据持有者；I−多样化（I-diversity）方案，将尽量使敏感数据出现的概念平均化；t−贴近（t-colseness）方案，要求等价类中敏感数据的分布与整个数据表中数据的分布保持一致。

第 11 章 敏感数据保护技术

11.1 敏感数据识别技术

敏感数据的识别是以数据分级分类为依据的，是根据企事业单位对数据的分级分类的定义来进行的。

敏感数据的识别有一个发展过程，早期是以人工识别为主，人工识别方法主要依赖于个人经验和预定义的敏感数据字典。安全管理人员通常根据预定义的数据模型，例如，数据库设计模型、文件系统组织结构等，根据经验判断模型中哪些定义属于敏感数据，然后在这些敏感数据中，采用数据抽样的方式进行敏感数据的发现与识别。

随着数据量的增加和大数据技术的发展，在海量数据的环境下，人工识别的方式已经不能满足目前的识别需求。目前，敏感信息识别技术主要是以机器为主导、人工干预为辅助的处理机制。如今，随着算法的不断优化与数据模型的不断完善，业界也在逐步降低人工干预的比例。

一般来说，数据的组成具有一定的规律性。敏感信息扫描的目的就是根据数据的这些规律，并基于数据内容自动分析、探测系统中存在的敏感信息字段，例如，身份证号、电话号码、姓名、供应商名称、银行卡号、邮箱、地址等。一般来说，这些信息包含用户的机密信息、财务状况等，而且数据的存放位置很难被定位。敏感信息识别是自动识别和抓取敏感信息的一个过程。当敏感信息被自动识别后，业务部门还可以根据机器抓取的疑似敏感项进行识别确认。

11.1.1 结构化数据敏感信息识别技术

目前，敏感数据识别技术常用的有字典匹配法、规则检测法及指纹检测法。

1. 字典匹配法

通过人工定义敏感数据的模式匹配，对数据进行逐条匹配，当发现数据满足模式匹配时，将其定义为敏感数据。这种方法识别的精度低，识别准确度依赖于数据字典建立的完整性，数据字典建立得多，又会影响性能，并且分类结果也容易受到干扰，同一个数据信息会匹配到多个数据字典，导致分类的结果不准确。

2. 规则检测法

敏感字段包括业务配置信息、手机号码、系统信息、账户密码等。传统方案对敏感字段的识别主要通过规则库进行匹配，而规则库的生成主要通过关键字、正则表达式和算法的方式。前两种方式依赖经验的积累，如果关键字与正则表达式不全，则将造成漏报。于是，我们考虑通过算法挖掘潜在关键字，用于扩充规则库。

3. 指纹检测法

对敏感数据特征进行提取，将保护的数据库表关键单元格形成结构化指纹库；在检测过程中，将待检测的内容指纹特征与受保护的结构化指纹特征进行比对，如果发现含有数据库表的特征内容，则认为待检测的文档含有敏感的数据。

11.1.2 非结构化数据敏感信息识别技术

由于数据本身内在特征十分复杂和分散，很难使用单一侦测方式发现所有关键数据，所以为了满足企业数据安全管控的需求，完善的敏感数据识别产品应支持多种数据发现方式。

① 基于文档内容的全局或局部的二进制比对。这种方式在某些国外产品中被称为指纹识别。此方式主要用于快速发现某些重要的敏感数据，准确率高，但是这种方式的抗干扰性差，例如，更改一个标点符号即会改变指纹，从而导致无法识别。

② 基于关键词和正则表达式的敏感数据发现。此方式也包括这种技术的扩展，例如，基于逻辑表达式的敏感数据发现和词典模式等。这种方式需要人工制定发现规则，所以发现规则的规模大小有限，不宜制定过于烦琐复杂的发现规则，而适宜结构化数据的发现和已经完成标签标记的非结构化数据的发现。

③ 基于自然语言处理的机器学习和分类系统。数据梳理软件以中文自然语言处理中的切词为基础，通过引入恰当的数学模型和机器学习系统，支持基于数量较大的识别特征及机器学习自动生成的识别规则，实现基于内容识别的且不依赖于数据自身标签属性的海量的非结构化的敏感数据发现。

1. 自动聚类技术

自动聚类是一种典型的无指导机器学习方法。使用特定算法将不同文档分别映射成特征向量空间中不同的点，然后根据这些点的聚集程度，将对应文档聚集成某些特定类别。在一个特征空间中，同一类文本对应点的集合，往往集聚在一个空间区域中，机器即可通过计算点与点的相似度，将属于同一类的文档寻找出来。

在整理分类规则之前，操作人员需要将业务部门的样本进行分类整理，例如，整理成合同类、财务类、专利类等，为了保证规则的有效性，建议每类样本在50～100篇，尽量不少于30篇。

2. 关键字筛选

对于那些需要使用关键词组合作为敏感数据发现引擎规则的分类软件来说，在不同类别数据中定位出准确的、高权重的、有区分能力的关键词是所有后续工作的基础。但是在已分类文档中主观选取特定字词作为识别关键词是非常困难的，很难通过人工统计方式进行抽取。因此，采用自然语言处理技术，通过对分类数据的文本内容进行切词，并利用机器统计完成识别关键词自动抽取的工作是最有效的方式。

在自然语言处理层面，中文内容识别比英文内容识别难度更高，技术更加复杂，主要体现在词法分析、词干还原和语言的计算机表达3个方面。

① 在词法分析方面，汉语不像英语那样通过空格来区分单词，而且汉语中普遍存在歧义字段，例如，“结合成”可以切分为“结合”“成”，也可以切分为“结”“合成”，因此，汉语的分词更加困难。

② 在词干还原方面，很多英文词源于同一词根，并在文章中以多种形式出现，例如，名词单复数、动词时态、形容词和副词的比较级与最高级等，而汉语的某些词有重叠式用法，要根据不同的叠加方式进行不同的词干还原。

③ 在语言的计算机表达方面，汉字存在多种编码，常用的有Unicode、UTF-8、GB18030等，因此，需要支持智能侦测文档编码格式，并全面支持英文编码和中文编码混用的文档格式。

对此，可以运用中文自然语言处理中的切词技术和数据挖掘中的关联算法，分析已分类的样本数据，自动提取可以代表内容特征的重要关键词，具体步骤如下。

① 对聚类结果中的数据进行格式分析和编码转换，将文本内容抽取出来。

② 对用户选定的某类别进行关键词分析，自动进行切词，然后使用特征选取算法从切词结果中选取重要的关键词，并统计这些关键词在指定分类中出现的频度和在其他分类中出现的频度，再进行重要度评分。

③ 使用者根据软件提供的统计数据进行打分，从列表中选择有代表性的关键词，并输出结果。

对提取的候选关键词进行自动排序，主要依据以下 3 个方面。

① 在指定分类中出现的次数：出现次数越多，排序越靠前。

② 在其他分类中出现的次数：出现次数越少，排序越靠前。

③ 关键词长度：长度越长，排序越靠前。例如，在某能源行业市场分析报告类的关键词特征提取中，“原油期货价格”的排序会高于“期货价格”。

在实际应用中，区分度比较高的关键词是长词（由 5 个以上汉字组成）和具有行业特点的专用名词，例如，在某能源行业产品的关键词提取过程中，“添加剂”“机械杂质”“挥发性”“腐蚀性”“汽油添加剂”和“石油产品水分”等，都被软件筛选为区分度比较高的关键词。

使用者可以结合自己的专业知识，从候选关键词列表中选择可以用于识别当前分类的关键词，并导出关键词列表。将导出的关键词作为分类规则，利用自动分类软件进行验证，如果没有达到预期效果，则可以调整关键词选取并再次验证，直至满足需求。

3. *标记敏感数据*

监管机构要求敏感数据文件需要标记。关键数据梳理结果经过验证后，可以使用自动标签模块对指定的分类数据标记合适的标签，具体示例如下。

① 在 Office 类型文档（Word、Excel、PowerPoint）页面或页脚部分添加指定样式的文本或图片。

② 在 Office 类型文档中添加首页，首页可以使用指定样式的文本或图片。

③ 修改文件名称，在名称中加入指定字样。

11.2　匿名化

匿名化是指通过对个人信息的技术处理，个人信息主体无法被识别，且处理后的信息不能被复原的过程。

11.3　去标识化

11.3.1　去标识化概述

去标识化有时也被称为去标识化过程，是指去除一组识别属性与数据主体之间关联的过程。

个人信息去标识化是指对个人信息进行技术处理，使其在不借助额外信息的情况下，无法识别个人信息主体的过程。个人信息去标识化的核心是利用技术手段，断开与个人信息主体的关联。

11.3.2 去标识化过程

去标识化过程通常分为 4 个步骤，分别是确定目标、识别标识、处理标识和验证批准。去标识化过程如图 11-1 所示。监控审查贯穿于整个去标识化过程。

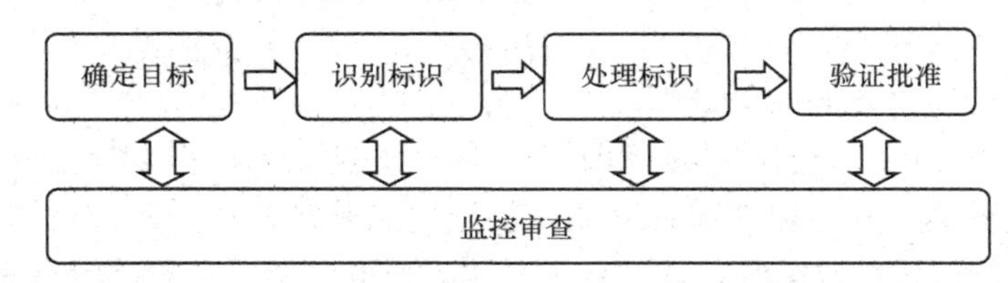

图 11-1 去标识化过程

1. 确定目标

确定目标是去标识化的前提，主要包括确定个人信息去标识化的对象、设定目标和制订计划。其中，确定个人信息去标识化对象的核心任务是确定个人信息的范围，最好根据法律法规、组织要求、业务需求和数据用途等要素确定哪些个人信息属于去标识化的对象。设定目标应考虑个人信息重标识风险与个人信息有效性之间的平衡，且设定各自的阈值。制订计划包括去标识化的目的、对象、操作人员、实施方案和进度安排等。

2. 识别标识

识别标识是去标识化的基础，包括查表识别法、规则判定法和人工分析法。其中，查表识别法是指预先建立个人信息的元数据表格，将待识别个人信息的各个属性名称或字段名称，逐条与个人信息元数据表中的记录进行对比。规则判定法是指通过建立自动化程序，分析个人信息规律，从中自动发现需要去标识化的标识符。人工分析法是指通过人工发现和确定需要去标识化的标识符。

3. 处理标识

处理标识是去标识化的核心，分为预处理、选择模型技术、实施去标识化 3 个阶段。其中，预处理是对个人信息正式实施去标识化前的准备过程。预处理是对个人信息进行调整，使其有利于后期的处理。选择模型技术主要是根据个人信息类型和业务特性选择去标识化的技术。实施去标识化是根据已选择的去标识化技术，对个人信息进行操作。

4. 验证批准

验证批准是去标识化的保障，个人信息去标识化后需要进行验证，以确保生成的个人信息在重标识风险和数据有用性方面都符合确定目标阶段的阈值。在验证满足目标过程中，需要对个人信息去标识化后重标识风险进行评估，并与预期可接受风险阈值进行比较，如果超出风险阈值，则需要继续进行调整，直到满足要求。

验证批准的通用步骤是监控审查。监控审查是去标识化的关键，应在去标识化过程的每个阶段，监控审查是对去标识化处理过程相应的操作行为进行监控，对操作日志进行记录，同时，对每个阶段去标识化的效果进行持续监控，以达到预期目标。

11.3.3　去标识化技术

去标识化技术是一种用于变换数据集的方法，其目的是减少数据与特定数据主体相关联的程度。去标识化技术如图 11-2 所示。

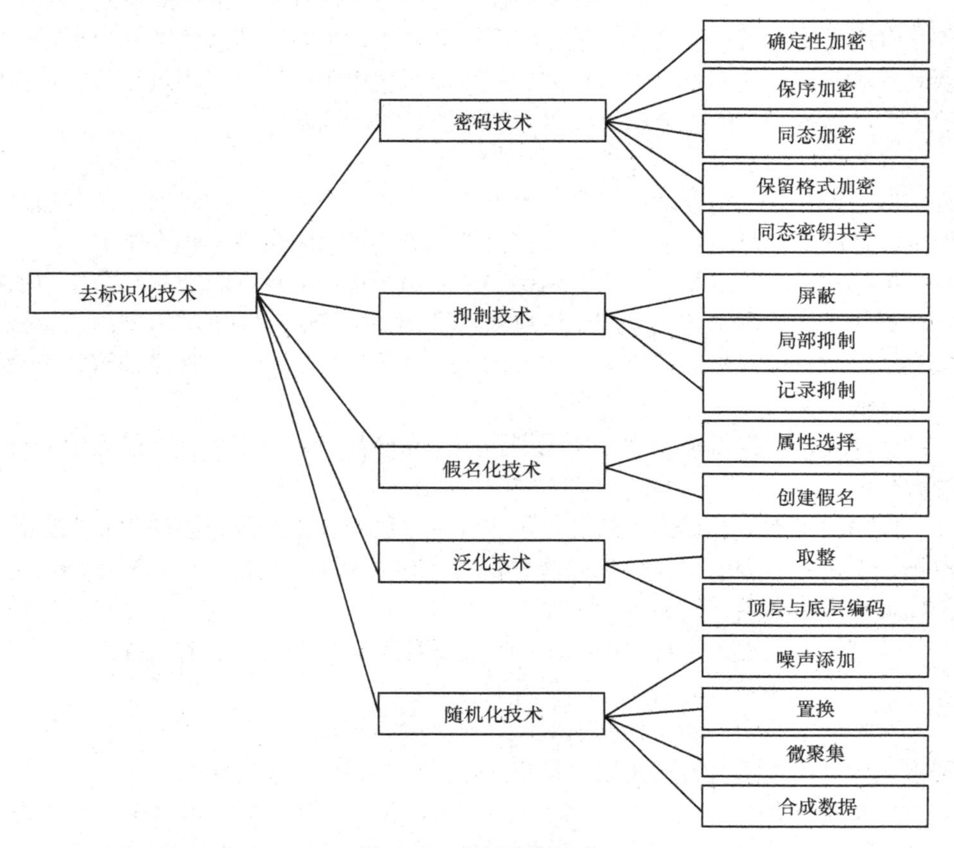

图 11-2　去标识化技术

下面介绍几种去标识化技术。

1. 密码技术

密码技术是去标识化技术中常用的一种技术手段，也是一种保护标识的有效工具。

（1）确定性加密

确定性加密是一种非随机对称加密的形式。当作为去标识化技术的一部分加以采用时，确定性加密可用加密值替代数据记录中的任何标识属性或敏感属性。

确定性加密的特点是同一私钥下的两个相同的加密将产生两个一样的密文，确定性加密会产生可进行搜索（实现准确匹配）、关联及分析（例如对频率或分布的离散分析）的微数据。确定性加密保持数据的有效性，可实现有限的统计处理与有限的隐私保护数据挖掘。对确定性加密数据的分析操作局限于等价检查。

确定性加密数据的全部去标识化仅可能适用于拥有合适密钥的一方。

对确定性加密属性的身份重标识攻击局限于：可对这些属性进行分析，而无须具备对密钥的使用权，关联性攻击仅可能适用于采用同一密钥进行确定性加密的属性，这些攻击的成功取决于对加密算法参数的选择。

（2）保序加密

保序加密是一种非随机对称加密形式。当作为去标识化技术的一部分加以采用时，保序加密可用加密值替代数据记录中的任何标识属性或敏感属性。

保序加密的特点是采用同一私钥加密的两个值，并保持各个值在密文中的排序。例如，如果两个值具有固定的排序，则相同排序会在加密的值中继续保持。保序加密对去标识化数据实现有效性的水平高于确定性加密。保序加密并不会降低数据的真实性。

保序加密产生可搜索（实现范围匹配）与分析（对频率或分布的连续分析）的微数据。

保序加密保持数据的有效性，可实现有限的统计处理与有限的隐私保护数据挖掘，以及对数据的安全外包存储与处理。对保序加密数据的分析操作局限于等价检查与次序关系（例如，大于或小于）。

保序加密数据的全部去标识化仅可能适用于拥有合适密钥的一方。

（3）同态加密

同态加密是一种随机加密形式。当作为去标识化技术的一部分加以采用时，同态加密可用加密值替代数据记录中的任何标识属性或敏感属性。

同态加密的特点是，采用相同公钥加密的两个值可与加密方案的同态算子相结合，以产生代表去标识化值的运算结果的新密文。与确定性加密相比，同态加密的性能相当低，而且存储成本较高。但是同态加密可实现对去标识化数据的有限处理，而无须对数据进行身份重标识。同态加密并不会降低数据的真实性。

同态加密产生可在同态操作的限制范围内处理的微数据。虽然某些同态加密方案支持单一的安全运算，但是部分及全部同态的加密方案可提供一种以上的安全运算（例如，对加密值的安全相加与相乘，无须对值进行解密）。同态加密方案具有语义上的安全性，无法实现身份重标识攻击。同态加密方案无须具备访问合适的私钥的权限。

同态加密方案可保持数据的有效性，实现有限的统计处理与有限的隐私保护数据挖掘，以及对数据的安全外包存储与处理。同态加密数据的完全身份重标识仅可能适用于与用来加密数据的公钥相匹配的私钥的一方。

（4）保留格式加密

保留格式加密适用于不是二进制的数据。特别是在给出任何有限符号集（例如，十进制数符号）的情况下，保留格式加密的方法会转换具有符号顺序格式的数据，使加密的数据形式（包括长度）具有与原始数据相同的格式。举例来说，一个经保留格式加密的 9 位社会保险号会是一系列 9 位十进制数。保留格式加密有助于实现敏感信息的去标识化与假名化，同时对加密技术进行重构，以适应传统应用程序，因为在传统的应用程序中，常规的加密模式并不切实际。

（5）同态密钥共享

同态密钥共享可将机密分为“若干份额”，而这些机密部分中指定的各个子集可用于重构机密，因此，如果对用于重构机密的所有若干份额执行相同的数学运算，则执行该类数学运算的结果是会对原始机密带来影响的。当作为去标识化技术的一部分加以采用时，同态密钥共享可以通过信息共享算法得出两个或两个以上的若干份额，以替代数据记录中的任何标识属性或敏感属性。这样便可将这些若干份额分配给两个或两个以上的份额持有者，这些份额持有者的数量通过机密共享方案加以确定。

同态密钥共享的特点是，相同份额持有者共享机密的两个值可与加密方案的同态运算相结合，产生代表原始属性运算结果的新份额。另外，同态密钥共享可与安全的多方计算相结合，以便对去标识化数据进行任何形式的安全运算。同态密钥共享并不会降低数据的真实性。

虽然同态密钥共享有相对较低的计算性能开销，但却有与份额持有者之间交换份额所发生的额外开销。

共享机密数据的存储开销是有限的，采用同态密钥共享执行的去标识化的数据同态处理是有限的，不过这一开销可以忽略不计。利用安全的多方计算执行的去标识化的数据处理是灵活的。

同态密钥共享会产生微数据的分布式实例，该类实例可在同态运算限制范围内或采用安全的多方计算进行处理。同态加密方案是随机的，可在无须控制所有份额持有者的情况下令身份重标识攻击无法实现。

2. 抑制技术

抑制技术包括删除所选的属性值（例如局部抑制）、所选的所有记录中的属性（例如屏蔽），或从数据集所选的记录（例如记录抑制）。抑制技术通常适用于分类数据。

抑制技术相对来说比较容易执行，而且它们可以保护数据的真实性。抑制技术会产生微数据。其缺点是信息不可避免地会出现丢失，而且需要与其他去标识化技术相结合才能获得稳健的去标识化结果。

（1）屏蔽

屏蔽是指去标识化基线技术，该技术包括从数据集中删除所有直接标识符，并尽可能地移除数据集中所有记录的部分或所有其他标识属性。删除一部分直接标识符使其既不是直接标识符也不是唯一标识符，这也被视为一种屏蔽技术。屏蔽的输出为微数据。

执行屏蔽后，通常使用其他去标识化技术应用于数据集。

如果屏蔽是唯一使用的去标识化技术，则其对去标识化数据的保护通常受安全及其他组织措施的约束。屏蔽也有很多不同别名，具体如下。

① 部分数据删除。该术语是指以下情况：并非所有标识属性，甚至不是所有局部标识符在屏蔽期间被删除。

② 数据隔离。该术语是指以下情况：屏蔽需要有配套的严格的安全措施，以确保只能经授权访问的数据集，例如，访问控制或合同条款。

③ 数据限制。该术语是指以下情况：在指定目的情况下，进行采集时执行数据抑制。

（2）局部抑制

局部抑制是指一种去标识化技术，包括从所选记录中删除特定属性值，这些特定属性与其他标识属性一起识别数据主体。通常情况下，局部抑制用来删除准标识符的稀有值（或这些值的组合），而这些稀有值在泛化后仍会出现，局部抑制应用于类别值，而泛化则应用于数值。

（3）记录抑制

记录抑制是指一种去标识化技术，包括从数据集中删除整个记录或一些记录。典型的删除候选目标包含稀有属性（例如异常值）组合的一些记录。

3. 假名化技术

假名化是指去标识化技术的一种类别，包括用为每一数据主体特别创建的唯一标识符代替数据集中通用的直接标识符（可能为其他标识属性或敏感属性）。因此，假名化是一种技术，可关联源自不同数据集的相关记录，而无须揭示数据主体的身份。

单独使用假名化不会降低可能隔离某一单独数据主体的风险。假名化的输出是微数据。

假名化过程可能会生成在受控去标识化过程中使用的辅助信息，其中，包括从原始数据集中删除的标识符、假名分配表或密钥。针对这类辅助信息，我们需要采用合适的安全及其他措施。

1）属性选择

为达到所需要的去标识化水平，正确标识准备用假名代替的标识属性的子集很重要。假名化包括以假名替代所有直接标识符并尽可能替代一些其他或标识属性。但是属性选择专门针对特定用例，需要根据企业的目标及身份重标识风险评估进行确定。

2）创建假名

创建假名可利用各种技术。技术的选择基于一些因素，例如，创建假名的成本、散列函数的抗冲突能力因素，以及在受控身份重标识中可执行假名化逆转的手段。

假名值可独立于被替代的属性的原始值。

如果假名不依靠属性产生，则可能创建包含有针对相应假名的原始标识符映射（或分配）的表格。出于安全考虑，根据企业的目标，企业需要采取合适的技术与安全措施，以限制和控制管理员对该类表格的访问。

① 用于假名化的密码技术概述。我们可采用密码技术从属性值中导出假名，假名通过加密或散列法代替这些属性值。这一过程有时也被称为“密钥编码”。

需要注意的是，在具有已知密钥的情况下，加密的属性也可通过相应的算法进行解密，而散列法是单向数学运算，这一属性很重要。这些加密方法的各种变化与组合可用来很好地保护假名的来源。

② 加密。采用加密方法创建假名的计算成本很高，但这些方法非常有效，如果不了解合适的密钥技术，则在任何合理的时间段要想解密是不切实际的。

正因为如此，我们需要采取特殊措施以保护密钥，防止未经授权访问的情况。这些措施包括使密钥与数据分离、不与第三方共享密钥或安全地完全删除密钥，防止身份重标识。

③ 散列法。因为散列函数具有单向运算及抗冲突能力等特性，所以采用密码散列函数，适合于达到假名化的目的。但是散列法也具有可逆性，其前提条件是已获悉散列算法、已获悉散列密钥及循环访问可能的散列值。例如，如果一个 8 位十进制数的标识属性被散列，则对所有可能是 8 位十进制数的散列值的字典进行计算。该字典就会用来对任何散列属性进行逆转。

因为这些函数利用强力搜索技术增加了防护功能，以防止未经授权身份重标识，所以使用密钥散列函数会涉及添加另一随机输入的情况，这增加了对假名化的适用性。

即使采用了具有恰当安全性的散列法技术，如果在使用或执行散列算法中出现了疏忽，或与未经授权的内部各方共享了密钥，那么也会导致数据的身份重标识。

4. 泛化技术

泛化是指去标识化技术的类别可以减少数据集中所选属性的粒度。

泛化技术保护了记录级数据的真实性，因此，进行泛化的数据对于针对数据主体的可跟踪模式的情况很有用，例如，欺诈检测、医疗保健结果评估等。

通常情况下，我们要实现的目标是，减少属性唯一值的数量，使每一个泛化的值能（或各个值的子集）被不同记录者共享，从而难以识别特定的数据主体。因此，虽然根据具体用例可考虑将任何属性（尤其是敏感属性）泛化，但选择用于泛化的属性通常是标识属性。

泛化输出的是微数据。泛化技术适用于数字数据属性与非数字数据属性，例如，用“伦敦”代替“伦敦贝克大街 221B 号”就是对非数字属性的一种泛化。

（1）取整

取整涉及为所选的属性选定一个取整基数，然后将每个值向上或向下取整，并最接近取整基数的倍数。向上取整还是向下取整则根据概率确定，达到观察值最接近取整基数的倍数的程度。例如，如果取整基数为 10，观察值为 7，则应将 7 向上取整至 10，其概率为 0.7；如果向下取整至 0，则其概率为 0.3，取整也可能受到控制，例如，确保取整值的求和结果与原始数据的求和取整值相同。

（2）顶层与底层编码

泛化技术为已知属性可能的最大值（或最小值）设定了一个阈值。高于（或低于）该阈值的值用表示顶层（或底层）类别的单值进行替代。该技术适用于具有连续特征或有序类别的属性。

5. 随机技术

随机技术是指一种去标识化技术类别，在该类别中，属性的值被修改，使其新值以随机方式区别于其真值。该过程有效阻止了攻击者从同一数据记录的其他属性的值中推导出某一属性的值。

随机技术并不能保护数据在记录级的真实性。为达到选定的目标，产生有用数据的有效随机过程需要逐项定制。定制过程中需要详细了解数据特性，并为所选随机技术选择合适的参数（通常包括执行统计评估）。随机输出为微数据。

某些随机技术，例如，排列，适用于数字与非数字数据属性。

（1）噪声添加

噪声添加是一种随机技术，通过添加随机值、随机噪声到所选的连续属性的值中来修改数据集，同时尽可能保持该属性在数据集中所有记录中的原始统计特性。该类统计特性包括属性的分布、平均值、方差、标准偏差、协方差、相关性。

通过加上或乘以随机化数来实现向所选的连续属性的噪声添加。很多噪声添加算法已经得到了开发，旨在保护去标识化数据的统计特性及其在不同用例中的有效性。

（2）置换

置换是在不修改值的情况下对数据集记录中所选属性的各个值进行重新排序的一种技术。因此，置换保持了整个数据集中所选属性的准确统计分布。

置换技术适用于数字与非数字值。置换技术需要特殊考虑，以确保生成的数据集是一致且真实的。

置换方法或算法会在其方法与复杂性上有所区别。有些算法根据记录之间反复交换的值来确定，直至为所选的属性替换完所有的值；其他算法遵循设计用于特定应用需要的逻辑。置换算法可能适用于单个或多个属性，旨在保持所选属性之间原有的相关性。

根据置换算法，通常允许采用逆序算法将数据恢复到原始状态，这会使受控身份重标识变得容易。另外，利用随机化算法会令身份重标识过程更趋于简单，而且对身份重标识攻击的恢复力更强。

因此，在选择或设计算法时，需要考虑对受控身份重标识的特殊要求和保护算法免于遭受未经授权的访问的特殊措施。

（3）微聚集

微聚集是指用某种算法计算出的平均值代替连续属性的所有值的去标识化技术的类别。对于每种连续属性，或对于所选的一组连续属性，数据集中的所有记录都被进行了分组，使具有最近属性值的记录属于同一组，而且每一组中至少有 K 个记录。每种属性的新值经计算后成为该属性在该组中的平均值。每组中的各个值越接近，数据的有效性就保持得越好。

微聚集输出的是微数据。微聚集不会保持数据的真实性。

微聚集技术发生改变的依据是选择属性的方式、各个值及各个属性之间的相似性计算的方式及其他考虑因素。

（4）合成数据

合成数据是一种以人工方式产生微数据的途径，以表示预定义的统计数据模型。根据定义，合成数据集不包含从现有数据主体或与其有关的任何数据，但又符合预期目的。合成数据与原始数据的拟合度过高，可能会揭露敏感信息。

创建合成数据的方法有多种，这些方法都不烦琐，而且大多数具有时间敏感性。理论上，数据可根据所选的统计特性随机生成。实际上，合成数据的生成会涉及对真实数据集的多次或连续转换，采用这种转换的方法是随机技术与抽样。

通常情况下，合成数据用于测试工具与应用。

合成数据可用于开发查询。在某些应用中，合成数据可用作真实数据的替代项，数据管理者应在实际数据中重现合成数据上执行的查询，以确保基于合成数据的推导在实际数据中推导时是正确的，对此，可利用差分隐私模型评估合成数据的隐私保证。

11.3.4 去标识化模型

去标识化模型主要有K-匿名模型和差分隐私模型。

1. K-匿名模型

（1）K-匿名技术概述

K-匿名技术是1998年由皮兰格·拉·萨马拉蒂和拉坦亚·斯威尼提出的，这一技术要求发布的数据中存在一定数量（至少为 K）在准标识符上不可区分的记录，使攻击者不能判别隐私信息所属的具体个体，从而保护个人隐私，K-匿名通过参数 K 指定用户可承受的最大信息泄露风险。K-匿名化在一定程度上保护了个人隐私，但同时会降低数据的可用性。

K-匿名模型在众多的数据挖掘隐私保护模型中以其简单实用而引起了国内外学者的广泛关注和研究。K-匿名模型是一个典型的数据发布模型，与基于传统的访问控制等隐私保护技术不同，为了满足匿名的需求，该模型首先对原始数据集进行预处理，然后发布经过处理的数据集。K-匿名是在特定的应用背景中被提出的，在选举、求职、医疗等需要数据发布的各种应用场合中，既要能把个人的标识信息隐匿起来，又要确保不能通过发布出来的信息将相关的选民、求职者、病患的隐私信息推导出来，这就是数据发布中隐私保护的重要意义。

（2）K-匿名模型的原理和发展

K-匿名通过混淆数据的属性，解决了“给定一个原始数据集，生成一个匿名化的数据集，它可以在保证数据的实验可用性的条件下，保证其中的个体身份不会被恢复”。K-匿名对数据集提供了一个良好的性质，它可以使包含在匿名化数据集中的每个个体信息都不会从其他 $K-1$ 个个体信息中区分开。但是，K-匿名中不包含任何的随机化属性，所以攻击者依然可以从满足K-匿名性质的数据集中推断出与个体有关的隐私信息。另外，K-匿名还容易遭受到一致性攻击与背景知识攻击。一致性攻击主要是指，在数据集中，如果有 K 个相同属性的敏感值，那么即使数据集符合K-匿名的要求，这 K 个敏感属性也可能被推断出来。而背景知识攻击是指攻击者可以通过找到一个或多个准身份信息属性和敏感属性之前的关联，以此来缩小对敏感属性猜测的范围。K-匿名存在以上缺陷，马查纳瓦贾拉等人在2007年对K-匿名提出了一个改进方案，即多样性。L-多样性是指，一个等价类中最少有 L 个可以代替敏感属性的值，对于数据表来说，则需要每一个等价类中都满足 L-多样性。但是，L-多样性也并不能完全保护用户隐私不被泄露，因为在一个真实的数据集中，属性值很有可能是偏斜的或者相近的，而 L-多样性只保证了多样性，没有注意到在属性值上语义相近的情况。因此，L-多样性会受到相似性攻击。李宁辉等人提出的 T-closeness 方案弥补了 L-多样性中的不足，T-closeness 是指一个等价类中的属性分布和整个表中的属性分布之间的距离不超过门限 *T*。如果一个数据表中的每个等价类都满足 T-closeness，则称这个数据表满足 T-closeness。

（3）K-匿名模型的应用

目前，K-匿名技术的应用可以分为两大类，即数据发布隐私保护和位置服务隐私保护。常见的应用场合有以下几类。

① 人口普查。在人口普查过程中，如果直接发布原始数据会造成身份信息泄露，为了既不延误调查研究工作又不泄露隐私，则需要对人口普查数据进行隐私保护处理后再发布。

② 医疗数据发布。医院定期发布病人的就医数据，以便疾病控制中心、药物研究机构等医疗机构更好地预防疾病、研发新药物及对有限的医疗资源进行合理分配。为了研究顺利进行的同时又不泄露病人的隐私信息，在发布前需要对医疗记录进行隐私保护处理。

③ 社会网络数据发布。社会网络源于美国著名社会心理学家米尔格伦于 20 世纪 60 年代提出的“六度理论”。该理论也被称为“小世界现象”。随着时间的推移，社会网络的网站数量不断增加，专家学者对社会网络的相关研究也逐渐增多。为了既不泄露个体隐私又能保证社会网络数据的效用，在数据发布之前需要对数据进行隐私保护处理。

④ 电子校务。随着电子校务建设的逐渐成熟，应用系统趋于完善，有能力提供更多数据，随之就会出现数据发布的需求。在电子校务建设和发展过程中，如何在数据发布和被使用中，既能提供可靠的方法对其中的个人和组织机构给予保护，又能对数据进行有效的共享和发布，使信息得到更好的利用，成为电子校务发展中在数据隐私安全方面需要关注的问题。

⑤ 基于位置的服务（Location Based Services，LBS）查询服务。在基于位置的服务中，用户通过提供自己的位置及查询信息向服务器发起查询。一方面用户希望得到准确的查询结果，另一方面又不希望因为获取这些查询结果而泄露自身的隐私。因此，在向 LBS 服务器发起查询前需要对自己的位置信息进行隐私保护处理。

2. *差分隐私模型*

（1）差分隐私模型概述

虽然 K-匿名模型方案层出不穷，但是它们有一个共同的缺点，即都依赖于攻击者的背景知识，没有对攻击模型做出合理的假设。2006年，辛西娅·德沃克等人提出了差分隐私模型，解决了上述问题。差分隐私的概念来自密码学中语义安全的概念，即攻击者无法区分不同明文的加密结果。差分隐私要求攻击者无法根据发布后的结果推测出哪一个结果对应哪一个数据集。该模型通过加入随机噪声的方法确保公开的输出结果不会因为一个个体是否在数据集中而产生明显的变化，并对隐私泄露程度给出了定量化的模型。因为一个个体的变化不会对数据查询结果有显著的影响，所以攻击者无法以明显的优势通过公开发布的结果推断个体样本的隐私信息。差分隐私模型不需要依赖攻击者所拥有的背景知识，并且对隐私信息提供了更高级别的语义安全，所以该模型作为一种新型的隐私保护模型而被广泛使用。

（2）差分隐私模型的优势

差分隐私能够解决传统隐私保护模型两个方面的缺陷。一是假设攻击者能够获得除目标记录所有其他记录的信息，这些信息的总和可以理解为攻击者所能掌握的最多的背景知识。在这一最多的背景知识的假设下，差分隐私保护无须考虑攻击者所拥有的背景知识，因为这些背景知识不可能提供比最多的背景知识更丰富的信息。二是它建立在坚实的数学基础之上，对隐私保护进行了严格的定义并提供了量化评估方法，使不同参数处理下的数据集的隐私保护水平具有可比性。因此，差分隐私理论迅速被业界认可，并逐渐成为隐私保护领域的一个研究热点。

（3）差分隐私在数据收集中的应用

2016年6月，苹果公司宣布开始使用差分隐私算法从iPhone收集行为统计数据。这项公告除了导致人们对差分隐私兴趣的猛增，还表明差分隐私可以帮助组织从一些数据中获得新的价值。

iPhone中使用的算法似乎与谷歌的RAPPOR（一款新型的保密技术）项目类似。谷歌在Chrome（一款浏览器）中实现了一项功能，使用差分隐私随机响应算法从Chrome收集行为统计数据。

在随机响应中，随机噪声被添加到统计数据中。例如，如果实际统计数据为0，浏览器将以某种概率将0替换为随机选择的0或1。因为软件报告的价值可能是随机值，所以每个用户在很大程度上可以否定其软件报告的价值。但从整体上来说，信号会在随机噪声中显现，收集统计数据的组织（例如，谷歌或苹果公司）可以准确地观察到趋势。

① 大数据环境下海量数据采集的本地差分隐私模型。在大数据环境下，第三方（数据采集方）根据需求向用户发送采集请求，用户收到请求后，运用合适的本地差分隐私保护算法对自身数据进行脱敏处理，然后将脱敏处理后的数据发送给第三方。第三方汇总所有用户传来的数据，并运用相关的学习算法从汇总的具有噪声的数据中学习接近原始数据的全局分布特征，并加以利用，生成新的数据

并发布。在此过程中，由于用户在将自身数据传送给第三方之前就已经进行了脱敏处理，所以第三方不能获得用户的原始信息，保障用户自身数据隐私得到了强有力的保护。

② 大数据环境下满足集中式差分隐私的数据发布算法。在大数据环境下，大数据分析组件利用机器学习模型学习原始数据的全局分布特征，为了保护数据中个体的敏感信息，利用差分隐私技术在学习的过程中加入适量噪声。大数据环境下数据的属性较多，直接在全局分布中加入噪声，会导致加入的噪声量过大，从而严重影响数据效用，因此，为了降低数据中加入的噪声量，提高发布数据的效用，需要设计有效的属性降维方法。然后，利用含有噪声的全局分布特征，生成新的数据并发布。为了准确地学习数据的全局分布特征，需要设计合理的机器学习算法，保证学习到的分布特征和原始数据的全局分布特征足够相似。

11.4　数据脱敏

11.4.1　数据脱敏概述

数据脱敏是指在原始环境向目标环境进行敏感数据交换的过程中，通过一定方法消除原始环境数据中的敏感信息，并保留目标环境业务所需的数据特征或内容的数据处理过程。

通俗地说，数据脱敏是对某些敏感信息通过脱敏规则进行数据变形，从而实现敏感隐私数据的可靠保护。数据脱敏可以使数据本身的安全等级降级，这样脱敏数据就可以在开发、测试和其他非生产环境及外包或其他计算环境中安全地使用。我们借助数据脱敏技术，可以屏蔽敏感信息，并使屏蔽的信息保留其原始数据格式和属性，以确保应用程序可以在使用脱敏数据的开发与测试过程中正常运行。

1. 安全风险

数据是重要资产，如果未脱敏的数据被泄露或数据脱敏不当，将会带来巨大的安全风险。

未脱敏的数据被泄露的原因包括未脱敏数据被主动共享、未脱敏数据的开放查询、未脱敏数据库被攻击等。针对数据的特点，未脱敏的数据面临以下安全风险。

（1）未脱敏数据内部流转过程中的安全风险

数据存储于计算机终端后，因为业务需要，所以业务会经过业务系统或者内部网络进行交互传输。在该过程中，可能存在网络数据被窃取、误操作导致错发等问题，如果流转中的数据未经脱敏处理，则会使企业数据面临安全威胁。

（2）脱敏数据离网及外发过程中的安全风险

数据离开企业内部环境后，无法得到有效控制，任何接触数据的人员均可进行传播，如果数据没有经过脱敏处理，则数据存在二次泄露的风险，这也往往是数据泄露事件的罪魁祸首。

（3）各类应用系统中数据的安全风险

在各类应用系统中，存储着大量的行业核心资料，例如，客户信息、经营分析数据、财务报表、邮件资料等，在保证各应用系统安全的同时，还应密切注意系统中数据的安全。数据脱敏是保障应用系统中数据安全的有效手段，经过脱敏处理后的数据，即使被泄露，也能降低数据的安全风险。

2. *数据脱敏形态*

按是否使用敏感数据进行脱敏操作的维度进行区分，数据脱敏形态可以划分为静态数据脱敏和动态数据脱敏。

（1）静态数据脱敏

静态数据脱敏一般用在非生产环境下，敏感数据从生产环境脱敏完毕后在非生产环境中使用，一般用于解决测试环境、开发库需要生产库数据排查问题或进行数据分析等，但又不能将敏感数据存储于非生产环境中的问题。静态数据脱敏包括以下两个过程。

① 数据漂白。数据漂白通过屏蔽、变形、替换、随机、保留格式加密和强加密算法等数据脱敏算法，对不同数据类型进行数据掩码扰乱。

② 数据装载。数据装载是指将脱敏后的数据按用户需求，将其装载至不同的环境中，装载方式包括文件至文件、文件至数据库、数据库至数据库、数据库至文件等。

（2）动态数据脱敏

动态数据脱敏一般用在生产环境，在访问敏感数据的同时进行脱敏，一般用来解决在生产环境中，根据不同情况同一敏感数据读取时需要进行不同级别脱敏的问题。这种脱敏形式不仅适用于生产数据共享时或时效性很强的数据测试和培训场景等，而且可以实现对生产数据库中的敏感数据进行透明、实时脱敏处理。

① 动态脱敏可以依据数据库用户名、IP、客户端类型、访问时间、业务用户等多重身份标识进行访问控制。

② 动态脱敏对生产数据库中返回的数据进行配置放行、屏蔽、加密、隐藏、返回行控制等。

另外，数据库可以按照脱敏结果决定多用户是统一呈现还是按权限实施个性化呈现，数据脱敏形态可以划分为通用脱敏和个性化脱敏。其中，通用脱敏是指对不同的用户呈现相同的脱敏结果；个性化脱敏是根据不同用户的个性化需求，通过配置用户权限及不同的脱敏需求，为不同的用户提供不同的数据脱敏结果。

作为个性化脱敏的实例，管理员可以在管理敏感访问控制策略中配置敏感数据处理响应模版。其中，该模板包括策略的生效时间、告警对象、告警方式及脱敏方式，在用户访问敏感数据时，根据规则的配置进行告警或不告警的处理。在用户访问大数据平台的分布式文件系统（Hadoop Distributed File System，HDFS）、HBase（一个适合于非结构化数据存储的数据库）、Hive（基于 Hadoop 的一个数据仓库工具）存储时提交访问数据请求，访问代理层截取到用户访问请求后，会根据用户所要访问的数据，与平台的脱敏规则进行比对，对需要脱敏的数据进行脱敏，然后展示给用户，需要告警的数据则进行告警通知。在通用脱敏方面，管理员可以将 ID 信息进行统一加密处理，加密函数作为一个基础服务，对有特殊需要的场景进行密钥授权，应用端获取密钥后，可以对加密的信息进行解密。

11.4.2 数据脱敏实施过程

1. *制定脱敏规程*

企业、组织机构应制定与数据脱敏工作相关的规范和流程，对工作相关方进行规程的推广和培训，并长期维护和修订规程的内容，以保证数据脱敏工作执行的规范性和有效性。

在该过程中，需要注意以下事项。

① 根据业务需求，建立敏感数据的分类分级制度、数据脱敏的工作流程、脱敏工具的运维管理制度，并定期对相关流程制度进行评审和修订。

② 建立敏感数据分类分级制度时，可以从个人隐私数据（例如客户数据）、业务运营数据等方面对敏感数据进行分类，并根据敏感数据的重要性定义敏感数据的安全级别，同时明确对各类、各级别数据相应的安全管控机制。

③ 可将数据脱敏工具的系统安全检测纳入数据脱敏工具的运维管理制度中，以保证数据脱敏工具自身的安全性。

④ 在制度建立完成后，定期对数据脱敏工作的相关方（例如，数据管理方、数据使用方、脱敏工具运维方）开展相关培训工作，以提升全员的规范化意识。

⑤ 数据脱敏工作流程（例如，数据脱敏申请、申请审批、数据下发、数据使用、数据回收等）可采用自动化的方式实现，以提升数据脱敏工作的效率。

2. *发现敏感数据*

在已有的数据脱敏规程的基础上，为了有效开展数据脱敏工作，例如，保证工作的开展能够覆盖到必须的业务范围、脱敏后数据对原数据业务特性的继承（保持原数据间的依赖关系），企业、组织机构需要建立完整的敏感数据位置和关系库。

基于敏感数据分类分级制度，企业、组织机构一方面要明确敏感数据结构化或非结构化的数据表现形态，例如，敏感数据固定的字段格式；另一方面要建立有效的数据发现手段，在完整的数据范围内查找并发现敏感数据。

在该过程中，需要注意以下事项。

① 定义数据脱敏工作执行的范围，在该范围内执行敏感数据的发现工作。

② 通过数据表名称、字段名称、数据记录内容、数据表备注、数据文件内容等，以直接匹配或正则表达式匹配的方式发现敏感数据。

③ 考虑数据引用的完整性，例如，保证数据库的引用完整性约束。

④ 数据发现手段应支持主流的数据库系统、数据仓库系统、文件系统，同时应支持云计算环境下的主流新型存储系统。

⑤ 尽量利用自动化工具执行数据发现工作，并降低该过程对生产系统的影响。

⑥ 数据发现工具具有扩展机制，因此，可以根据业务需要自定义敏感数据的发现逻辑。

⑦ 固化常用的敏感数据的发现规则，以避免重复定义数据发现规则，例如，身份证号码、手机号码等。

3. 定义脱敏规则

针对已定位的敏感数据，企业、组织机构需要建立敏感数据在相关业务场景下的脱敏规则，并在识别敏感数据生命周期的基础上，明确存在数据脱敏需求的业务场景，同时结合行业法规的要求和业务场景的需求，制定相应业务场景下有效的数据脱敏规则。

在该过程中，需要注意以下事项。

① 识别企业、组织机构业务开展过程中应遵循的个人隐私保护、数据安全保护等关键领域国内外法规、行业监管规范或标准，以此作为数据脱敏必须遵循的原则。

② 对已识别的敏感数据进行生命周期（产生、采集、使用、交换、销毁）梳理，明确用户在生命周期各阶段对数据的访问需求和当前的权限设置情况，分析整理出存在数据脱敏需求的业务场景。例如，在梳理过程中，会发现对敏感数据的访问需求和访问权限不匹配的情况，因此，该业务场景存在敏感数据的脱敏需求。

③ 进一步分析存在数据脱敏需求的业务场景，在“最小够用”的原则下明确待脱敏的数据内容、符合业务需求的脱敏方式及该业务的服务水平，以便制定脱敏规则。

④ 数据脱敏工具应提供扩展机制，从而让用户可以根据需求自定义脱敏方法。

⑤ 通过数据脱敏工具选择数据脱敏方法时，应对各类脱敏工具的使用方法进行详细的说明。这些说明应包括但不限于规则的实现原理，数据引用完整性影响，数据语义完整性影响，数据分布频率影响、约束和限制等，从而支撑脱敏工具的使用者在选择脱敏方式时做出正确的选择。

⑥ 应固化常用的脱敏规则，以避免在数据脱敏项目实施过程中重复定义数据

的脱敏规则，例如，身份证号码、手机号码等。

4. 执行脱敏工作

企业、组织机构根据已定义的数据脱敏规则、数据脱敏工作的流程和数据脱敏工具的运维管理制度，在实际业务运营过程中执行数据脱敏。在日常的脱敏工作中，企业、组织机构监控并分析数据脱敏过程的稳定性及其对业务的影响，同时对脱敏工作开展定期的安全审计，以便发现脱敏工作中存在的安全风险。

在该过程中，需要注意以下事项。

① 支持从数据源备份数据到新环境（例如，从生产环境备份库备份数据到新环境），并在新环境中执行脱敏过程；也支持在数据源端直接进行脱敏。

② 对于脱敏任务的管理，可考虑采用自动化管理的方式提升任务管理效率，例如，以定时、条件设置的方式触发脱敏任务的执行。

③ 对脱敏任务执行运行监控，关注任务执行的稳定性及脱敏任务对业务的影响。

④ 设置专人定期对数据脱敏的相关日志进行安全审计。审计的内容应重点关注高权限账号的操作日志和脱敏工作的日志；定期发布审计报告，并跟进审计中发现的例外和异常。

5. 验证脱敏成效

企业、组织机构通过收集、整理数据脱敏工作中产生的数据，例如，相关监控数据、审计数据，对数据脱敏的前期工作开展情况进行反馈，从而优化相关规程，明确数据脱敏过程中应注意的事项。

在该过程中，需要注意以下事项。

① 利用测试工具评估脱敏后的数据对应用系统的功能、性能的影响，从而明确对整体业务服务水平的影响；测试负载应尽量保证与生产环境一致，应尽量提供从生产环境备份数据访问负载到脱敏系统进行回放测试的功能。

② 企业、组织机构应根据业务发展的情况和脱敏工作执行的反馈，优化数据脱敏工作开展的规程，旨在增强数据安全能力并满足合规要求。

11.4.3 数据脱敏技术

1. 泛化技术

泛化是指在保留原始数据局部特征的前提下使用一般值替代原始数据，泛化后的数据具有不可逆性，具体的技术方法包括但不限于以下内容。

① 数据截断，直接舍弃业务不需要的信息，仅保留部分关键信息，例如，将手机号码 13500010001 截断为 135。

② 日期偏移取整，即按照一定粒度对时间进行向上或向下偏移取整，在保证

时间数据一定分布特征的情况下隐藏原始时间，例如，将时间 20150101 01:01:09 按照 5 秒钟粒度向下取整得到 20150101 01:01:05。

③ 规整，即将数据按照大小规整到预定义的多个挡位，例如，将客户资产按照规模分为高、中、低 3 个级别，将客户资产数据用这 3 个级别代替。

2. 抑制技术

抑制技术是指通过隐藏数据中部分信息的方式来对原始数据的值进行转换，又称为隐藏技术，具体的技术方法包括但不限于：掩码，即用通用字符替换原始数据中的部分信息。例如，将手机号码 13500010001 经过掩码处理得到 135****0001，掩码后的数据长度与原始数据一样。

3. 扰乱技术

扰乱技术是指通过加入噪声的方式对原始数据进行干扰，以实现对原始数据的扭曲、改变，扰乱后的数据仍保留原始数据的分布特征，具体的技术包括但不限于以下方法。

① 加密，即使用加密算法对原始数据进行加密，例如，将编号 12345 加密为 abcde。

② 重排，即将原始数据按照特定的规则进行重新排列，例如，将序号 12345 重排为 54321。

③ 替换，即按照特定规则对原始数据进行替换，例如，统一将女性用户名替换为 F。

④ 重写，即参考原数据的特征，重新生成数据。重写与整体替换较为类似，但替换后的数据与原始数据通常存在特定规则的映射关系，而重写生成的数据与原始数据一般不具有映射关系，例如，对于雇员薪金，可使用在一定范围内随机生成的方式重新构造数据。

⑤ 均化，即针对数值性的敏感数据，在保证脱敏后数据集总值或平均值与原数据集相同的情况下，改变数值的原始值。

⑥ 散列，即对原始数据取散列值，使用散列值来代替原始数据。

4. 有损技术

有损技术是指通过损失部分数据的方式来保护整个敏感数据集，适用于数据集的全部数据汇总后才构成敏感信息的场景，具体的技术方法包括但不限于：限制返回行数，即仅仅返回可用数据集合中一定行数的数据，例如，商品配方数据，只有企业在拿到所有配方数据后，数据才有意义，系统可在脱敏时仅返回一行数据。

第12章 数据安全审计技术

数据安全审计基于对数据流转和对外接口的数据进行分析，实现行为、信息审控。

数据平台上增加安全审计功能，将安全审计跟踪功能嵌入用户对数据操作的每个环节和步骤，使用户在使用平台访问数据资源的同时留下访问痕迹，平台对用户自动监控并形成审计报告。安全管理员可查询、浏览审计日志，及时监控和发现系统安全问题，从而有利于问题追溯和快速处理。

数据安全审计功能可以通过用户对数据的所有访问和操作日志，通过日志的分类统计和分析，提供数据访问报表，并对数据进行检索和分析，支持对用户的违规访问和危险操作进行告警。常见的数据安全审计内容包括用户登录审计、用户访问审计、用户操作审计、数据交换审计。

另外，管理也可以对非法的数据行为进行记录，利用 5W1H [即对象（What）、场所（Where）、时间（When）、人员（Who）、原因（Why）、方式（How）] 分析模型来进行敏感数据行为分析，基于行为模式发现数据异常事件，也就是我们常说的用户及实体行为分析（User and Entity Behavior Analytics，UEBA）。

12.1 数据库安全审计

《网络安全等级保护条例》要求应用和数据安全应提供安全审计功能，审计需要覆盖到每个用户，对重要的用户行为和重要安全事件进行审计。

通常情况下，应用服务器或用户直接连接数据库，提供数据库服务，如果数据库未做任何的安全加固，极易遭受攻击，并且数据库系统可能存在未发布的隐藏通道，也很容易被攻击者利用。对此，需要采用一种技术，有效地监管数据库操作全过程，从而及时发现异常情况，及时预警，及时阻止危险动作。

数据库审计技术通过流量解析，结构化查询语言（Structured Query Language，SQL）语义分析，对数据库所面临的风险进行多方位的评估，对数据库所有操作进行审计，及时发现异常情况，及时预警，为数据库安全管理员在事前、事中、事后采取措施提供参考依据。

12.1.1 数据库审计工作原理

数据库审计工作原理如图 12-1 所示。

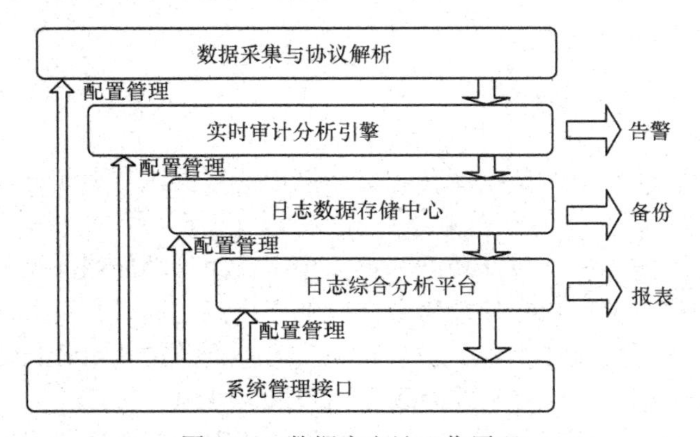

图 12-1 数据库审计工作原理

数据库审计是通过主动模式（Agent 模式）或被动模式（流量镜像模式）采集网络数据，通过协议识别、解析从被采集数据中筛选出 SQL 会话，剥离数据中的通信交互信息、SQL 语句、返回结果等。

实时审计分析引擎将经过剥离的待审数据按照系统预设配置进行策略匹配，完成审计结果、风险等级、告警等信息的输出；之后将数据库操作日志、会话、事件、统计信息等审计结果，以及历史告警记录归档。日志在本地保存的同时开放对外日志接口，实现日志备份。

日志归档后，用户可以通过日志综合分析平台对历史审计日志进行检索、统计、综合分析及价值挖掘等离线查询工作以及多格式的报表导出。系统管理端展现审计分析引擎和日志存储中心提供的实时审计日志与历史归档查询日志。

12.1.2 齐全的实时审计

数据审计系统基于“数据捕获—应用层数据分析—监控、审计和响应”的模式提供各项安全功能，使它的审计功能大大优于基于日志收集的审计系统；同时，通过收集一系列极其丰富的审计数据，结合细粒度的审计规则，满足对敏感信息的特殊保护需求。

数据库审计系统可以彻底摆脱数据库的“黑匣子”状态，提供 4W（Who、When、Where、What）审计数据；通过实时监测并智能分析、还原各种数据库操作，解析数据库的登录、注销、插入、删除、存储等操作，还原 SQL 操作语句；跟踪数据库访问过程中的所有细节，例如，用户名、数据库操作类型、所访问的数据库表名、字段名、操作执行结果、数据库操作的内容取值等。

① 全方位的数据库活动审计：实时监控来自各个层面的数据库活动以及活动的内容。

② 潜在危险活动重要审计：提供对数据查询语言（Data Query Language，DQL）、数据控制语言（Data Control Language，DCL）、数据定义语言（Data Defination Language，DDL）、数据操作语言（Data Manipulation Language，DML）类操作的重要审计功能。重要审计规则的审计要素包括用户、源 IP 地址、操作时间（任意天、一天中的时间、星期中的天数、月中的天数）、使用的 SQL 操作类。当某个数据库活动匹配了事先定义的重要审计规则时，一条报警将被记录，以进行审计。

③ 敏感信息细粒度审计：对业务系统的重要信息，提供完全自定义的、精确到字段及记录内容的细粒度审计功能。自定义的审计要素包括登录用户、源 IP 地址、数据来源、操作对象（分为数据库用户、表、字段）、时间范围、操作类型、报文内容。

④ 远程文件传输协议（File Transfer Protocol，FTP）操作审计与回放：对发生在数据库服务器上的 FTP 命令进行实时监控、审计及回放。审计的要素包括 FTP 用户、FTP 客户端 IP 地址、命令执行时间段、执行的 FTP 命令。

⑤ Telnet（远程终端协议）操作审计与回放：对发生在数据库服务器上 Telnet 命令进行实时监控、审计及回放。审计的要素包括 Telnet 用户、Telnet 客户端 IP 地址、命令执行时间段、Telnet 登录后执行的系统命令。

⑥ 会话分析与查看：单个离散的操作（SQL 操作、FTP 命令、Telnet 命令）还不足以了解用户的真实意图，一连串的操作组成的一个完整会话，可以更加清晰地反映用户的意图（违规的/粗心的/恶意的）。

12.1.3 均衡的双向审计

数据库审计系统通过对双向数据包的解析、识别及还原，不仅对数据库操作请求进行实时审计，而且还可以对数据库系统返回结果，例如，数据库命令执行时长、执行的结果集等内容进行完整的还原和审计。

12.1.4 细粒度审计规则

数据库审计系统支持对数据库对象［包括用户（数据库）、表、字段、视图、索引、存储过程、包等］进行审计规则定制，同时也提供细粒度的审计规则，例如，精细到表、字段、具体报文内容的细粒度审计规则，实现对敏感信息的精细监控；基于 IP 地址、MAC 地址和端口号审计，提供可定义作用数量动作门限、可设定关联表数目动作门限、根据 SQL 执行时间长短、根据 SQL 执行回应及具体报文内容等设定规则。

12.1.5 精准的行为检索

对于用户来讲，一旦发生安全事件就需要通过查询事件前后过程，获取有效的信息来协助管理人员找到相应的操作过程或问题。数据库审计系统通过各种要素多重组合的方式进行查询，能够快速、精确地定位到相应位置。

12.1.6 独有的三层审计

对于浏览器/服务器（Browser/Server，B/S）架构的应用系统而言，用户通过 Web 服务器实现对数据库的访问，传统的数据库审计系统只能审计到 Web 服务器的相关信息，无法识别是哪个原始访问者发出的请求。数据库审计系统通过关联应用层的访问和数据库层的访问操作请求，可以追溯到应用层的原始访问者及请求信息，例如，操作发生的统一资源定位系统（Uniform Resource Locator，URL）、客户端的 IP 等信息，根据时间片、关键字等要素进行信息筛选，以确定符合数据库操作请求的 Web 访问，通过三层审计更精确地定位事件发生前后所有层面的访问及操作请求。

12.2 异常行为分析

用户身份信息容易伪造，但行为活动却不能伪造。密切监视一个人的行为活动可以揭露他的真实意图。同样，密切监视机器的行为活动也能发现暴露潜在的安全问题。

将安全信息和事件管理（Security Information and Event Management，SIEM）与 UEBA 相结合，可以监视企业的大量用户和设备。UEBA 利用机器学习来识别用户活动中的异常，以可视化形式向管理员展示这些情况，使这些异常行为出现时可以及时解决。

UEBA 与 API 安全、DLP 关注的角度有较大的差异。UEBA 关注的核心是数据“操作主体”的安全，通过对账号、IP 等主体的行为进行建模分析，发现行为异常。API 安全关注的核心是数据流动“管道”的安全，通过 API 网关做好接口的版本、身份认证、权限等管理。需要注意的是，API 主要是针对接口本身而不是针对数据。DLP 更多是从数据的“去向”来关注数据的安全，数据本体和数据来源认知的缺失使 DLP 的可运营性较差。

数据库审计产品的最终输出信息实质是一个个 SQL 语句和返回结果，审计严重等级划分后，通过或独立或关联的形式展现。但当数据量指数级增长时，传统的审计内容与结果的展现思路越来越不能满足当下的安全要求，问题也随之暴露出来。审计结果达不到预期，数据采集从开始到最终呈现审计结果和触发告警的前提是，必须与预设策略完全匹配，而策略的预设需要审计人员具备 SQL 的基础知识并了解实际业务，还需要根据业务变化进行审计策略的调整。

UEBA 通过机器学习来发现高级威胁，实现自动化建模（自动基线建立），在发现异常行为方面有非常高的“命中率”。引入 UEBA 技术，也就是将合法操作和关键性使用习惯纳入管理监测范畴，给原本教条式的监测方法带来了较大的缓冲空间，对提升审计结果的准确度、改善审计结果问题有较大的帮助。

自动化建模首先对合法行为进行分析，学习所得策略集，配合人工去重、查漏、补缺，形成最终行为性策略；再将行为策略与普通策略结合，互相补充完成审计工作。对 UEBA 以定时或不定时的方式进行增量行为建模，从而节省策略维护成本，提高审计精度。

建立 UEBA 原型，整个数据库审计将变成两个部分。

① 学习与建模。当数据完成协议解析后，待审计数据优先经过 UEBA 引擎进行学习，引擎通过定向定期学习（学习时长视流量大小与业务轻重而定），完成数据库操作行为的建模；建模完成形成策略集向引擎自动输出，交由审计人员进行人为干预（查阅、校准）；最终完成管理策略集制定并下发至实时审计分析引擎。

② 审计与展现。UEBA 原型如图 12-2 所示。

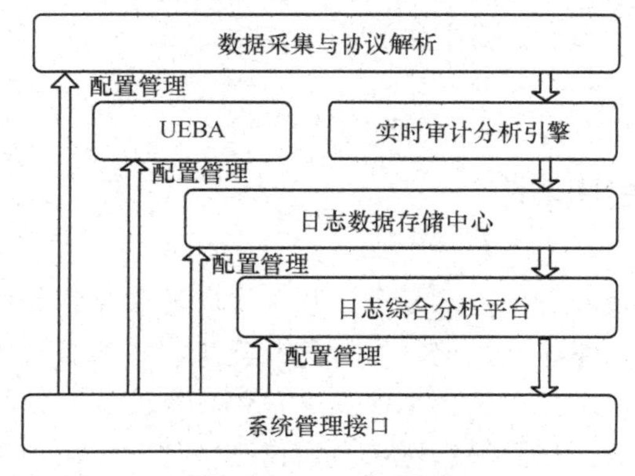

图 12-2 UEBA 原型

第 13 章 数据安全溯源技术

“溯源”意为追本溯源，探求事物的根本，起源于 1997 年欧盟为应对大规模“疯牛病”疫情而发展起来的一种食品安全管理制度。数据溯源是对目标数据衍生前的原始数据及其演变过程的追溯、重现与展示。在其他领域中还有其他叫法：例如，数据族系、数据系谱、数据来源、数据世系等。数据溯源主要记录原始数据在整个生命周期内（从产生、传播到消亡）的演变信息和演变处理内容。因此，“数据溯源”强调的是一种追本溯源的技术，我们根据追踪路径重现数据的历史状态和演变过程，实现数据历史档案的追溯。

早期，数据溯源的研究主要集中在数据库领域，对目标数据建立溯源模型。在溯源模型的建立过程中，人们更多关注的是那些规模较小、高度结构化的数据，但由于数据规模和数据间关系的复杂度不断增加，以及那些以传统关系数据库为平台的数据管理系统在处理海量、高复杂度数据时遇到的瓶颈，学者们开始更多地关注数据管理系统在大数据平台（例如，Hadoop、Spark 等）下的应用。

13.1 数字水印技术

数字水印是溯源的一种技术手段。数字水印技术是将一些标识信息直接嵌入数字载体中（包括多媒体、文档、软件等）且不影响原载体的使用价值的数据隐藏技术。数字水印技术是利用数字作品中普遍存在的冗余数据，随机地把版权信息嵌入数字作品本身，从而起到保护数字作品版权的作用。数字水印技术可以标识和验证出数字化图像，视频和音频记录的作者、所有者、发行者或授权消费者的信息，还可以追溯数字作品的非法分发，是目前数字作品版权保护的一种较为有效的技术手段。

① 文本数字水印。文本数字水印是数字水印的一种，是以文本为原始载体的数字水印技术。文本数字水印的设计思想和图像数字水印相似。除了文本的作者或者版权拥有者，其他人都不能从文本中检测出水印信息。而且我们在文本中加入水印信息更加困难，原因在于文本和图像、声音存在的噪声数据不同，文本并不包含用于秘密信息传递的冗余信息。

文本水印早期的研究方向是在文档图像中嵌入水印，采用的方法和图像水印类似，即利用结构化文档各自格式上的特点嵌入水印，例如，基于 Word、PDF、Post Script、HTML、XML、LaTeX 等有关的行移编码、字移编码、特征编码、存储物理和逻辑结构、标记变换等。以上方法我们只考虑保留文本的视觉形式而不考虑其具体内容，通用性较好，隐藏容量较大，但是安全性较差，不能抵御常规的光学字符识别和格式变换的攻击，而且不能适用于纯文本，在应用上也有很大的限制。

② 数字图像水印。数字图像水印是在原始图像中嵌入水印信息，然后将水印图像进行传输，并在接收端进行图像提取。接收端有两种检测类型：第一种类型为盲水印，因为检测器不需要原始的封面图像来检测水印；第二种类型为非盲水印，它需要原始封面图像来检测水印。

数字图像水印技术作为信息隐藏技术的一种，不可见性和鲁棒性是其两个主要特点。在水印嵌入时，我们需要确定水印的嵌入量来平衡不可见性和鲁棒性之间的关系，如果嵌入量过小，则不可见性好但鲁棒性差；如果嵌入量过大，则不可见性差而鲁棒性强。对于不可见性，我们可以直观地用视觉来判断，但对于鲁棒性，我们无法直接判断一个水印算法的鲁棒性强弱，需要进行一系列的攻击测试来判断。

一些常见的攻击可以直接影响鲁棒性的强弱，例如，JPEG 压缩攻击、噪声攻击和几何攻击。首先，JPEG 是一种标准的压缩技术，它可以调整图像的大小，以达到存储和传输的目的，随着压缩率的提高，图像质量会降低。其次，噪声攻击是指不属于原始图像的数据，这些数据是由其他来源引起的，例如，高斯噪声、椒盐噪声、泊松噪声和乘性噪声等许多类型的噪声。最后，几何攻击是一组可应用于图像的参数，例如，旋转、裁剪和其他转换类型的几何攻击。

③ 数据库水印。数据库水印是基于数据库的特点和数字水印的特点整合而来的，因为数据库和其他数字产品不同，所以数据库水印不能直接使用常见的数字水印技术。当前主流的数据库是以关系模型为基础的，因而关系数据库水印技术在数据库安全领域内极有意义，关系数据库数字水印的研究受到了越来越多的关注。

数据库水印主要分为鲁棒性水印和脆弱性水印两类。鲁棒性水印主要应用于数据库的版权保护，攻击者试图清除水印信息或者使水印信息不可检测而保持嵌入水印的数据的可用性，这种水印方案具有非常强的鲁棒性，能抵御多种恶意攻击。脆弱性水印则主要应用于数据的篡改检测，攻击者试图修改嵌入水印后的数据，而保持嵌入的水印信息不会改动，这就要求脆弱性水印对数据的修改非常敏感，根据水印的状态来判断数据是否被篡改过，即使数据库中的数据被轻微修改，嵌入的水印信息也会被毁坏掉。

13.2 区块链溯源技术

区块链技术拥有时序不可逆、数据不可篡改等技术特征。首先，区块链技术在技术逻辑上能保障溯源体系按照时间顺序安全可靠地进行记录，与物理世界中溯源信息发生的时序要求天然吻合，而且可以实时对于每个溯源点进行回溯和定位，从而锁定责任主体；其次，区块链的分布式存储和“去中心化”的投票机制，在技术逻辑上确保了整个溯源链条上的记录不可篡改，从而避免了在未来真正发生安全事故或有溯源要求时有非法操作行为。

区块链溯源基本模式流程如图 13-1 所示，以区块链商品溯源解决方案为例，区块链的作用是通过分布式存储保证数据不可丢失，通过“时间戳”技术和链式结构实现数据信息可追溯，通过共识机制来共同记录和维护数据，防止某参与者单方面修改或删除数据，保证商品信息在区块链上的不可篡改性，从而确保商品从生产到销售全流程的唯一性，实现物流和信息统一，防止窜货信息进入区块链系统等。

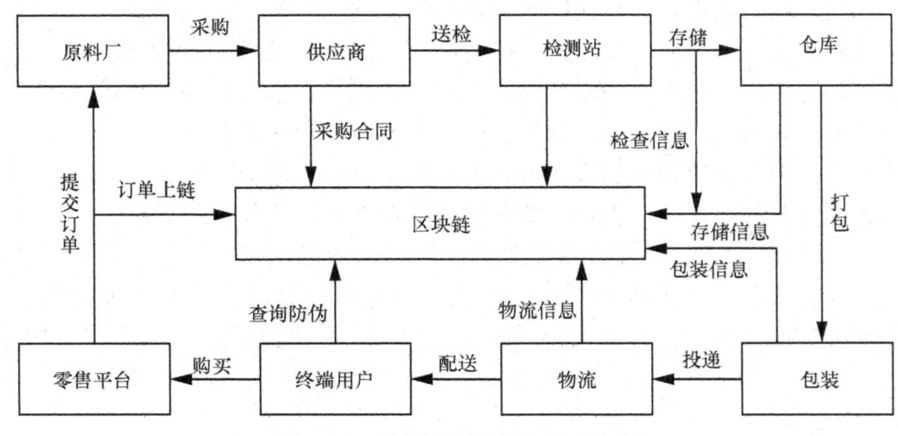

图 13-1　区块链溯源基本模式流程

根据区块链技术特性打造的商品溯源解决方案，降低了商品被伪造或质量低的风险，区块链溯源技术架构如图 13-2 所示。

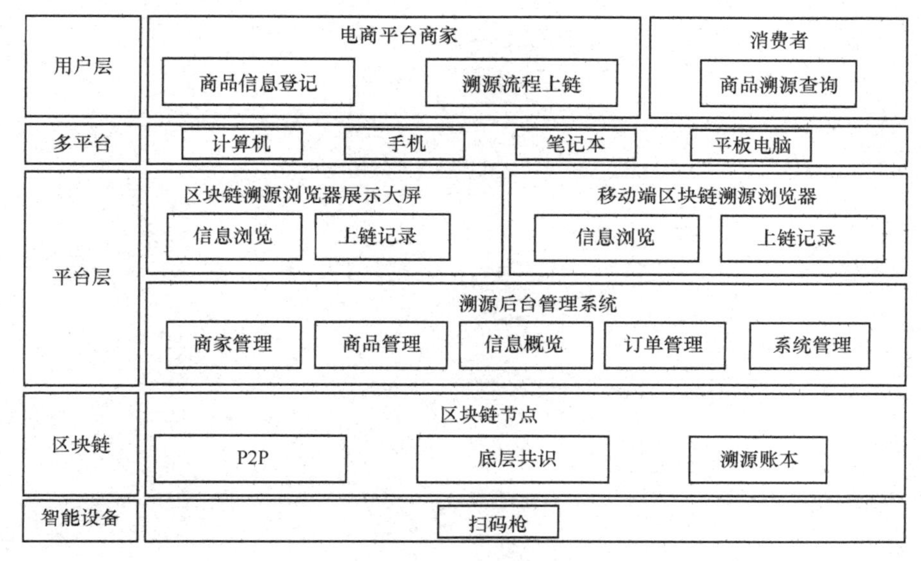

图 13-2　区块链溯源技术架构

第四篇

企业数据安全场景化保护建设案例

第14章

企业数据安全场景化保护安全实践

14.1 制造行业数据安全保护案例

14.1.1 制造行业数据安全概述

1. 企业数据处理技术的发展趋势

在数字经济时代，应用程序不断地产生并存储大量数据，而这些数据却无法及时应用于其他程序上，导致出现“数据孤岛”的现象。数据湖的诞生，不仅解决了“数据孤岛”的问题，还使企业获得更便捷的数据使用功能。作为存储企业原始数据的“大型仓库”，数据湖结合先进的数据科学与机器学习技术，不但能帮助企业构建更多优化后的运营模型，还能为企业提供预测分析、推荐模型等服务，加快企业的效能。

2. 数据管理面临的挑战和转变

随着大数据技术日益成熟，企业对经营管理风险防控、可视化监控、预测性分析和精细化管理等方面提出了更高的要求，企业需要打破不同业务领域之间的壁垒，真正做到数据和业务流程的融会贯通，进一步挖掘数据价值，提升企业综合决策的能力，提高企业的工作效率。

（1）数据管理面临的挑战

数据管理面临以下 3 个方面的挑战。

① 数据仓库模式导致的“烟囱式”建设与数据需跨业务线广泛连接之间的挑战。

② 传统数据库不能应对数据的增长。数据抽取、转换、装载（Extract、Transfrom、Loading，ETL）、数据建模工作的响应速度与数据反哺业务迭代

创新之间存在挑战，例如，移动互联网和物联网时代产生了大量的网站数据、社交媒体数据、物联网设备数据等非结构化数据，从而导致数据仓库无法满足这些多元化的数据结构的存储和查询，以及非结构化和结构化数据的交叉分析。

③ 数据赋能与业务场景探索出现脱节。

（2）“数据+平台+应用”的新生态模式，实现数据分析3个方面的转变

① 从统计分析向预测分析转变。相关人员利用报表、图像展示等方式显示当前数据的内容概况，转变为利用人工智能、机器学习等手段预测数据的未来变化规律。

② 从非实时向实时分析转变。经营决策者需更及时、快速地获取业务数据，以便及时根据市场变化调整经营策略。采用内存计算、消息队列等大数据分析方式实现实时分析。

③ 从结构化数据向多元化转变。相关人员利用自然语言处理、语音识别、图像识别等技术，将非结构化数据和结构化数据相结合，完善客户、供应商画像和设备的精准度，实现精准营销、物资供应和预防性维修等。

3. 数据湖的定义及演变

数据湖是大数据厂商提出的一种数据存储理念，即在系统或存储库中以自然格式存储数据的方法。

目前，Hadoop是最常用的部署数据湖的技术，因此，很多人会觉得数据湖就是Hadoop集群。数据湖是一个概念，Hadoop是用于实现这个概念的技术，而业内并没有对数据湖达成一个共识的定义。

数据湖是一个存储企业内各种各样原始数据的大型仓库，所有的数据可供存取、处理、分析及传输。数据湖从企业的多个数据源获取原始数据，并且针对不同的目的，同一份原始数据还可能有多种满足特定内部模型格式的数据副本。数据湖存储数据类型如图14-1所示。

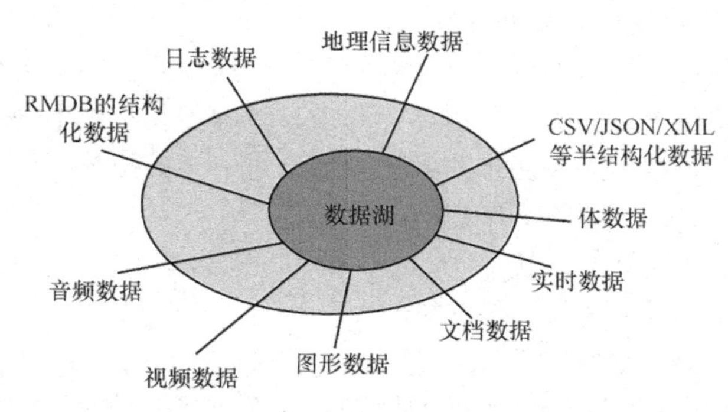

图14-1　数据湖存储数据类型

① 数据湖是一个中心化的存储，所有的数据以它本来的形式[包括结构化数据（关系数据库数据）、半结构化数据（CSV、XML、JSON 等）、非结构化数据（电子邮件、文档、PDF）和二进制数据（图像、音频、视频）]形成一个容纳所有形式数据的集中式数据存储，进而为后续的报表、可视化分析、实时分析和机器学习提供数据支撑。

② 数据湖像一个大型容器，与真正的湖泊和河流非常相似。数据湖有结构化数据、非结构化数据，还有机器到机器、实时流动的日志数据。

③ 数据湖以一种经济有效的方式来存储组织的所有数据以供后期处理。研究分析师可以专注于在数据中找到更有意义的模式而不是数据本身的含义。

1）从数据库、数据仓库到数据湖的演变

从 1960 年开始，数据管理经历了数据采集、数据库、数据仓库的阶段。2001 年后随着互联网的迅速发展，大数据时代来临，数据管理技术提出了全新的要求，朝着数据湖的方向演进。

数据库的数据要对齐，数据库是面向应用层面的，每个应用都可能需要一个数据库。如果一个企业管理多个应用，就会有相应数量的数据库。众多数据库之间的连接分析、统一分析等问题是亟须技术人员解决的。

随着互联网的发展，数据库成了数据仓库，而数据仓库不面向任何应用。数据仓库对接数据库，每天定时执行 ETL 的批处理任务，将不同的应用和数据汇总起来，按照一些范式模型连接分析，得到一定时间段的总体数据视图。以上操作的前提是有很多数据库要给数据仓库提供数据。

而随着数据量的增加及数据类型的变化，很多非结构化的数据（例如，视频、音频及文档等）占数据总量的比例越来越大。原本的数据仓库已经很难继续支撑数据的大量存储业务，而越来越多的企业希望保留原始数据。在这种需求的推动下，数据湖的理念开始成形，其可以把数据保存在原始状态，以便于企业从多个维度对数据进行更多分析。长此以往，数据可以很轻松地进入数据湖，用户也可以延迟对数据的采集、数据清洗，进而更加规范地处理数据。数据仓库可以把这些步骤延迟到业务有需求之后再进行处理。传统的数据因为模型范式的要求，变迁会涉及底层数据的各种变化，所以业务不能随便变迁。由此可知，数据湖更加具备灵活性，能更快速地适应上层数据的应用变化。

2）数据仓库与数据湖的差异

数据湖是将数据按原始格式存储，以确保数据在使用时不会丢失任何信息，所有的实时数据和批量数据都可以汇总到数据湖中，然后从数据湖中提取相关数据用于机器学习或者数据分析。

（1）相关差异点

① 在存储方面上，数据湖中的所有数据都保持原始形式，仅在分析时才会进行转换。数据仓库是数据从业务系统中提取的。

② 在将数据加载成数据仓库前，技术人员会清理与转换数据。在数据抓取中，数据湖会捕获半结构化数据和非结构化数据，而数据仓库会捕获结构化数据。

③ 数据湖适合深入分析非结构化数据。数据科学家可能会用具有预测建模和统计分析等功能的高级分析工具分析数据。因为数据仓库具有高度结构化，所以适用于数据指标、报表、报告等。

④ 数据湖通常在存储数据后定义架构，只有较少的初始工作，但灵活性更好。在数据仓库中存储数据需要在初始工作之前定义架构。

数据仓库和数据湖的差异与联系具体见表 14-1。

表 14-1　数据仓库与数据湖的差异与联系

特性	数据仓库	数据湖
存储的数据类型	主要处理历史的、结构化的数据，而且这些数据必须与数据仓库事先定义的模型吻合。来自事务系统、运营和业务应用程序的关系数据	能处理所有类型的数据，例如，结构化数据、非结构化数据、半结构化数据等。数据的类型依赖于数据源系统的原始数据格式。来自 IoT 设备、网站、移动应用程序、社交媒体和企业应用程序的关系和非关系数据
数据处理模式	高度结构化的架构，数据在清洗转换之后才会加载到数据仓库，用户获得的是处理后的数据，这叫写时模式。处理结构化数据时，将它们转换为多维数据或报表，以满足后续的高级报表和数据分析需求	数据直接加载到数据湖中，然后根据分析的需求再处理数据，这叫读时模式。该模式拥有足够强的计算能力用于处理和分析所有类型的数据，分析后的数据会被存储起来供用户使用
访问方式	数据仓库通常用于存储和维护长期数据，因此，可以按需访问数据	数据湖通常包括更多相关的信息，这些信息有很高的概率会被访问，并且能够为企业挖掘新的运营需求
性价比	更快地查询结构，存储成本高	更快地查询结构，存储成本低
工作合作方式和服务对象	工作合作方式是集中式的，业务人员提出需求，数据团队根据需求加工，开发成维度表，供业务团队通过 BI 报表工具查询。 服务对象：业务分析师	工作合作方式是开放、自助式的，数据给所有人使用，数据团队更多是提供工具、环境供各业务团队使用（不过集中式的维度表建设还是需要的），业务团队进行开发、分析。 服务对象：数据科学家、数据开发人员和业务分析师
数据质量	可以作为重要事实依据的高度监管数据	任何可以监管或者无法监管的数据（例如，原始数据）
分析	批处理报告、BI 和可视化	机器学习，预测分析，数据发现和分析

（2）数据湖的主要特点

① 数据湖与数据仓库的理念不同，数据仓库注重数据管控，数据湖更倾向于数据服务。

② 数据湖对数据从业人员的职业素质要求更高，对数据系统的要求更高。为防止数据湖变成数据沼泽，相关技术人员需要借助现代化的数据治理工具。

③ 数据湖与数据仓库不是互斥的。当前条件下，数据湖并不能完全代替数据仓库，已经使用数据仓库的公司可以将数据仓库作为数据湖的一个数据来源。

④ 与数据存储在文件和文件夹中的分层数据仓库不同，数据湖是扁平的存储架构。数据湖中的每个数据元素都被系统赋予唯一标识符，并标记了一组元数据信息。

⑤ 数据湖分为数据库等底层存储、元数据管理、跨不同数据源的 SQL 引擎。数据湖是数据仓库发展的高级阶段，数据湖有更多的扩展项目，可以解决更多的问题。

4. 数据湖的架构体系

数据、算法和算力三大因素正在全力推动数据湖应用快速发展。企业建立统一的数据湖平台，可完成数据的采集、存储、处理、治理。该平台可提供数据集成共享服务、高性能计算能力和大数据分析算法模型，支撑经营管理数据分析应用的全面开展，为规模化数据应用赋能。

数据湖技术架构涉及数据接入（移动）、数据治理、隐私与安全、数据存储、数据审计、数据资源目录、元数据、数据质量、数据计算、数据应用 10 个领域。数据湖技术架构如图 14-2 所示。

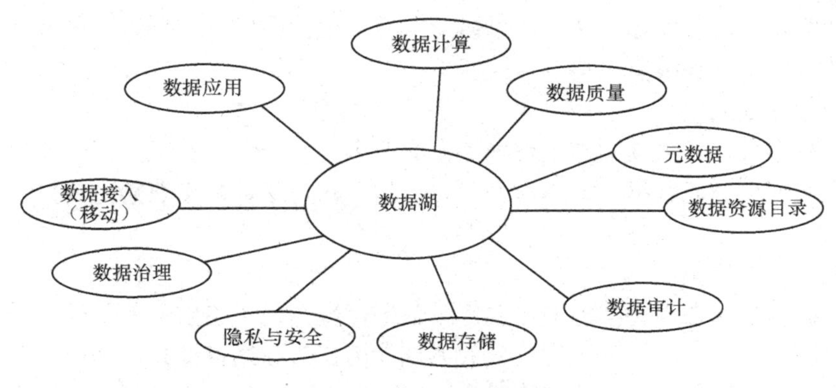

图 14-2　数据湖技术架构

（1）数据接入（移动）

数据提取允许连接器从不同的数据源获取数据并加载到数据湖中。数据提取支持所有类型的结构化、半结构化和非结构化数据，批量、实时、一次性负载等多次摄取。在数据接入方面，需提供适配的多源异构数据资源接入方式，为企业数据湖抽取汇集数据提供通道。

（2）数据治理

数据治理是管理数据湖中使用数据的可用性、安全性和完整性的过程。数据治理是一项持续性的工作，通过阐明战略、建立框架、制定方针及实现数据共享，指导和监督其他数据管理职能。

（3）隐私与安全

数据安全是安全政策和安全程序的规划、开发和执行，以提供对数据和信息资产的身份验证、授权、访问和审核。它始于存储、发掘和消耗，基本需求是停止未授权用户的访问。身份验证、审计、授权和数据保护是数据湖安全的一系列重要特性。

（4）数据存储

数据应存储于可扩展的空间，该空间可提供经济高效的存储并允许用户快速访问数据探索，应支持各种数据格式。

（5）数据审计

数据审计的任务是跟踪关键数据集的更改和获取，跟踪重要数据集元素的更改。数据审计有助于评估风险和合规性。

（6）数据资源目录

数据资源目录在初始构建时，通常会扫描大量数据以收集元数据。目录的数据范围可能包括全部数据湖中被确定为有价值和可共享的数据资产。数据资源目录使用机器学习算法自动完成查找和扫描数据集，提取元数据以支持数据集发现、数据冲突暴露，推断语义和业务术语，给数据贴标签以支持搜索，以及标识数据隐私性、安全性和敏感性的合规性。

（7）元数据

元数据管理是数据湖整个数据生命周期中的基础性工作，企业需要管理元数据的生命周期。元数据管理本身并不是目的，它是从数据中获得更多价值的一种手段。

（8）数据质量

数据质量是数据湖架构的重要组成部分，数据用于确定商业价值。数据质量重点关注需求、检查、分析和提升的实现能力，对数据在计划、获取、存储、共享、维护、应用、消亡等每个阶段里可能引发的各类数据质量问题进行识别、度量、监控、预警等，并通过改善和提高组织的管理水平使数据质量获得进一步的提升。

（9）数据计算

数据湖需要提供多种数据分析引擎，以满足数据计算需求，适用于批量、实时、流式等特定计算场景。另外，数据湖还需要提供海量数据的访问能力，以满足高并发读取需求，提高实时分析效率，并且需要兼容各种开源的数据格式，方便使用者直接访问以这些格式存储的数据。

（10）数据应用

数据应用是指统一管理、加工和应用数据湖的数据，对内支持业务运营、流程优化、营销推广、风险管理、渠道整合等活动，对外支持数据开放共享、数据服务等活动，从而在多个方面提升数据在组织运营管理过程中的支撑辅助作用，同时实现数据价值的变现。在基本的计算能力之上，数据湖需提供批量报表、即时查询、交互式分析、数据仓库等上层应用，还需要提供自助式数据探索技术。

14.1.2　大数据安全保护

大数据平台采用分布式编程框架，相关人员可以通过以下几个方面加强对大数据平台的安全防护工作。

1. 数据采集管理

数据采集过程是数据流入大数据平台的关键步骤，平台主要通过认证鉴权、关键数据源管控、采集数据传输安全、临时数据限制、日志记录和告警等多种措施来保障采集数据的安全性。

2. 数据存储

① 分布式文件存储采用 HDFS。

② 非关系型数据库：传统加密技术不适用于此数据库。

3. 数据处理

① 离线批处理：MapReduce（一种编程模型）、Impala（一种新型查询系统）、Pig（一个基于 Hadoop 的大规模数据分析平台）和 Tez（MapReduce 的改进模型）等离线批处理框架。

② 实时计算：Spark（一种与 Hadoop 相似的开源集群大规模数据分析平台）Streaming（一种数据传送技术）、Storm（Twitter 公司开源的分布式实时大数据处理框架）。

4. 数据存储加密

数据存储过程可根据数据敏感度等，分别对数据进行不加密、部分加密（脱敏）、完全加密等不同的存储方式。

① 利用开源产品 KMS，平台根据数据机密的不同级别，实现 HDFS、Hive 结构化和半结构化数据透明加密。

② 大数据安全管理平台采用数据脱敏中的掩码技术灵活配置脱敏字段，进行 Hive 表字段级脱敏，保证敏感数据的去隐私化。

5. 数据传输安全

① Hadoop 支持的加密方式是远程过程调用（Remote Procedure Call，RPC）协议加密、TCP/IP 加密和 HTTP 加密，分别支撑方法调用过程、数据传输过程和

页面显示过程的传输加密。

② HBase 支持 HTTP 加密保护 Web UI，支持 RPC 加密保护远程协议。

③ Hive 支持 SSL 加密协议对传输过程进行保护。

6. 统一认证

大数据平台没有统一的认证框架，基于 Hadoop 组件自有的认证方式，逐步发展出了 Kerberos 认证或者基于 AccessId 和 SecurityKey 的认证。

7. 细粒度的访问控制

大数据技术实现不了基于传统字段级、数字级的访问控制策略。大数据平台要想实现数据访问控制，需要对底层存储实现多租户隔离、对用户进行细粒度授权[通过访问控制列表（Access Control Lists，ACL）和基于角色的访问控制（Role-Based Access Control，RBAC）实现]、对访问进行认证和审计。

8. 隐私保护和数据挖掘分析

大数据平台要注意用户隐私信息的保护和数据挖掘过程中的衍生数据形成的敏感对象保护。

9. 细粒度审计

传统数据库审计基于流量和数据库 SQL 语法的解析，但是在大数据环境中，有更多的组件和应用程序可以控制数据，审计主体多样，大数据的审计也变得非常困难。

10. 数据溯源

数据溯源的理论研究主要包含基于数据操作记录的标注法和反向查询法这两类，目前尚未有成熟的应用模式。

11. 数字水印

数字水印在大数据平台上可分为数据库数字水印、图像数字水印、文件数字水印 3 种类型。

12. 基础平台安全

① 网络隔离：平台可以为受信任的客户端建立防火墙，定义 IP 地址范围。平台使用 IP 地址范围时，只有拥有定义范围内的 IP 地址的客户端才能连接。“云”中的虚拟专用网络及防火墙和其他机制使用户能够在基于“云”的解决方案上实施网络隔离。

② 云安全：部署在“云”上的集群需要更多地关注“云”，虚拟资源的安全主要包括虚拟化软件安全、虚拟机安全、虚拟化网络安全。

14.2 “互联网+”政务服务数据安全管理实践

根据我国完善大数据的战略要求，相关行业以数据集中和共享为途径，建设全国一体化的国家大数据中心，提供公共技术支撑，推动技术融合、业务融合、数据融合，实现跨层级、跨地域、跨系统、跨部门、跨业务的协同管理和服务，避免重复建设。

14.2.1 政务数据共享交换平台概述

从 2017 年开始，全国各地纷纷成立了大数据发展管理局，其工作本质上可简单描述为汇集各类数据进行共享交换。这里的共享，不仅是政府部门对内的共享，还包括对外部社会企业的共享，进而更好地为社会提供服务。政务共享数据交换平台如图 14-3 所示。

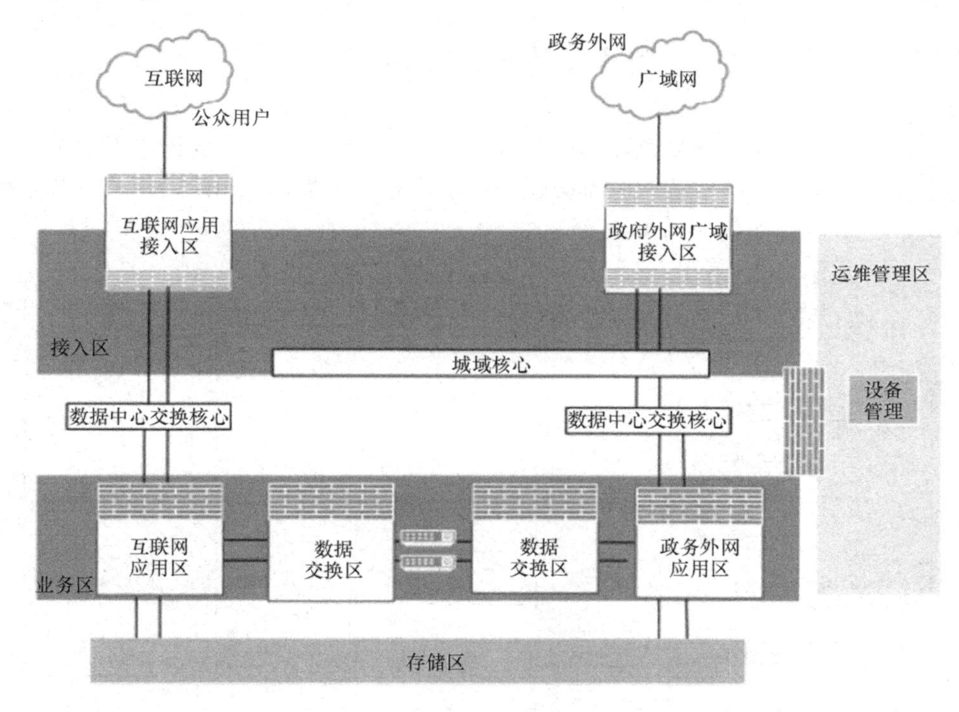

图 14-3 政务共享数据交换平台

数据安全是各大数据发展管理局共同面临的问题和要经历的考验，大到安全责任、小到应用场景和安全技术，都在整体考虑中。

以某省大数据中心为例，目前，该大数据中心依托该省政务信息统一网络平台，集约化建设了全省电子政务共享数据统一交换平台，实现了全省跨部门、跨地区、多业务、异构应用系统、异构数据库之间的数据交换共享，成为全省政务部门数据交换的“桥梁”。每个政务部门只需部署一台前置交换机便可实现多主题业务的分域交换与管理，为全省电子政务资源整合、应用集成、信息共享、业务协同、电子监察奠定了坚实的基础。

数据汇集方便了跨区域、跨层级、跨部门数据共享和应用，但同时也会导致数据暴露的途径、风险增多。为了防止数据泄露事件发生，平台维护人员需要在数据汇集、数据开发、数据共享、后台数据库运维等多个方面进行数据安全防护，数据脱敏也因此成为平台防护的重要能力和手段。

然而，在这场数据“大迁徙”的背后，由于对外接口较多，数据暴露的途径多、风险高，因此如何在保障数据安全的同时更好地服务各级政务和企事业单位，成为该省大数据中心必须攻克的难题。

14.2.2 政务数据共享安全防护方案

1. 政务信息共享交换业务模型

政务信息共享由共享数据提供方、共享交换服务方与共享数据使用方 3 方参与，由共享数据准备阶段、共享数据交换阶段和共享数据使用阶段组成。政务信息共享交换业务模型如图 14-4 所示。

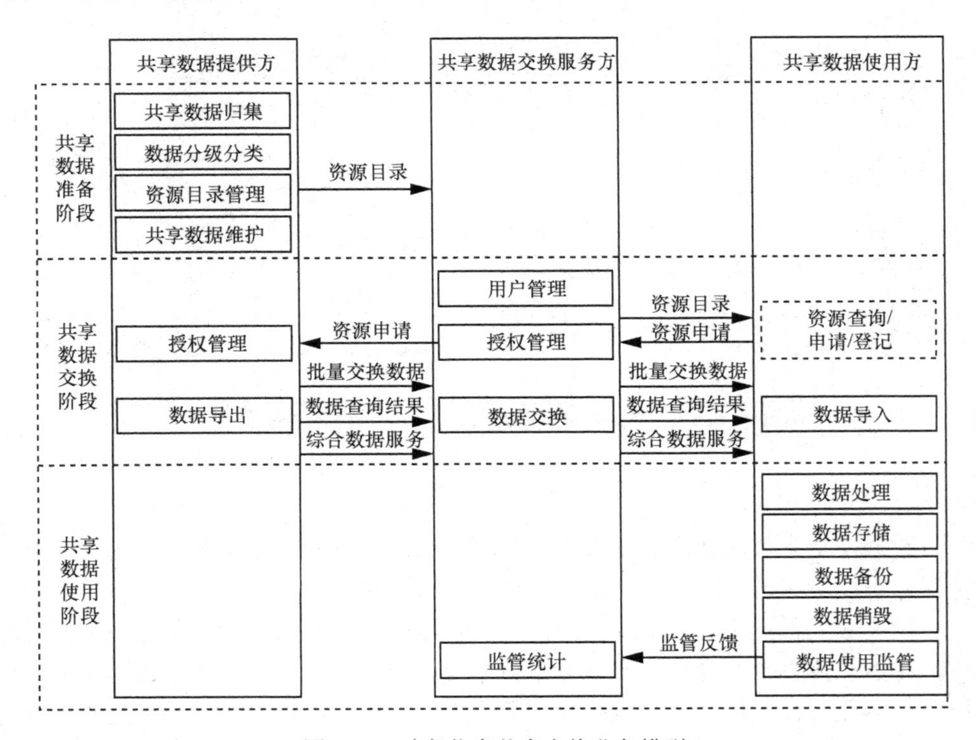

图 14-4　政务信息共享交换业务模型

共享数据提供方是共享资源数据权益主体，共享数据交换服务方是政务信息共享交换平台的建设和运维主体，共享数据使用方是共享资源数据使用的责任主体。

在共享数据准备阶段，共享数据提供方根据共享业务需求完成共享数据归集、数据分级分类后，通过资源目录管理形成资源清单并管理数据共享方式，持续进行共享数据维护，准备好以批量交换数据、提供数据查询服务、提供核验/统计/分析类综合数据服务等方式对外提供共享数据，构建共享数据更新和失效召回机制，及时召回和销毁已失效的数据。共享数据提供方采用数据源鉴别、数据分级分类、资源目录管理和共享数据维护等技术手段完成共享数据准备工作，确保共享数据的准确性、完整性、可用性和真实性。

在共享数据交换阶段，共享数据使用方利用政务信息共享交换平台进行共享资源查询，提出共享资源访问申请/登记。在共享数据交换服务方对资源访问申请进行审核并完成授权或者根据需要由共享数据提供方进行审核并完成授权后，共享数据提供方导出准备好的共享数据，共享数据交换服务方根据需要提供数据交换服务，共享数据使用方获取并导入数据。共享数据交换服务方采用身份鉴别、访问控制、安全传输、过程追溯等技术手段保障政务信息共享交换过程和交换实体可信、数据传输安全、交换行为可查。

在共享数据使用阶段，共享数据使用方在完成数据获取后，可进一步通过数据处理、数据存储、数据备份等数据服务机制构建政务信息资源，为其他部门提供综合数据共享服务，并根据管理要求对过期和召回的共享数据进行销毁，根据共享数据提供方的要求对数据使用过程进行数据使用监测和反馈。共享数据使用方根据共享数据的安全要求，采用访问控制、加密保护、安全存储、安全销毁等技术手段保障数据使用安全。共享数据交换服务方对经过政务信息共享交换平台开展的数据共享业务进行系统、业务、安全、数据使用监测反馈等方面的监管统计，保障共享交换服务的可持续、稳定、可靠运行。

2. 政务信息共享数据安全技术要求框架

政务信息共享数据安全技术要求框架由数据安全技术要求和基础设施安全技术要求两个部分组成。政务信息共享数据安全技术要求框架如图 14-5 所示。

政务信息共享数据安全技术要求框架涵盖共享数据准备、共享数据交换和共享数据使用 3 个阶段中各功能集合所需的安全技术要求。共享数据准备阶段的功能集合满足数据源鉴别、数据分级分类、资源目录安全、数据质量控制、数据存储加密、数据存储隔离、数据召回等安全技术要求，以保障共享数据在准备和维护过程中的安全可控。共享数据交换阶段的功能集合满足用户管理、授权管理、数据脱敏、数据加密、身份鉴别、访问控制、安全传输、操作抗抵赖和过程追溯等安全技术要求，以保障共享数据导出、交换传输、数据导入等过程中数据的保密性、完整性及操作的不可否认性和可追溯性。共享数据使用阶段的功能集合满足身份鉴别、访问控制、授权管理、数据脱敏、数据加密、数据防泄露、分布式处理安全、数据处理溯源、安全审计等安全技术要求，以实现共享数据使用过程的安全保护。

基础设施安全技术要求明确了该框架的基础网络环境、云平台、运行设备和开放网站等方面的安全防护要求，为政务信息共享交换业务提供了基础的安全保障支撑。

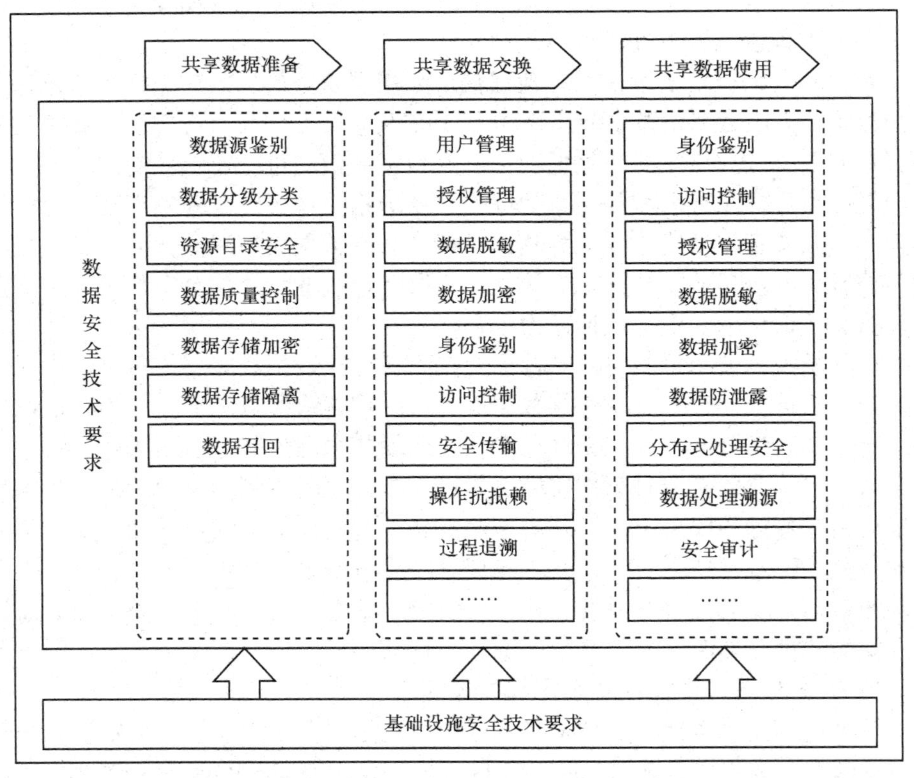

图 14-5　政务信息共享数据安全技术要求框架

3. 政务数据接入安全管理

接入云平台的各委办局系统要制定接入安全管理制度，符合制度规范的系统方可接入。

① 制定公共数据运营服务管理制度规范。

② 建立数据源单位数据提供机制。

③ 数据安全管理制度。

14.3　金融行业敏感数据保护

14.3.1　金融行业敏感数据概述

数据作为金融机构的核心资产，存在以下特性。这些特性在一定程度上导致金融行业数据安全防护工作面临较大挑战。

一是金融行业的数据量巨大且处于持续生产状态。信息系统在运行过程中不断产生海量数据，数据分类分级策略难以有效落实到具体的数据资产上。二是金融行业的数据形式多样、存储分散、数据流向复杂、访问渠道繁多。数据的复杂性增加了统一管理的难度，导致识别数据资产成为一项艰巨的任务。同时，一旦发生数据安全事件，溯源难度加大。三是数据以客户为中心，个人信息数据较多。数据面临泄露、篡改、丢失的风险。银行要针对个人信息进行保护，要依照国家法律法规进行合规性的管理及监管。

金融机构的数据库中存储着大量的重要信息，例如，身份证号码、手机号码、账户信息、资金信息、交易记录等，这些敏感数据可能在银行、保险、证券等金融机构的众多业务场景中被非法人员使用，例如，业务分析、开发测试、审计监管及各类外包业务等。一旦敏感数据以“真实状态”泄露或遭到恶意破坏，不仅会为客户带来一系列潜在的安全威胁，还有损相关金融机构的品牌声誉，最终将影响金融机构自身的正常经营和发展。

银行业除了国有商业银行、股份制商业银行，还有民营、城商、农商、政策性及外资银行等，虽然这些银行的类型和规模各不相同，但对数据在使用过程中的“安全防护”都是高标准、严要求的。银行一方面要充分利用数据价值推动自身经营发展，另一方面也要面对开发、测试、数据分析、技术外包等场景中的敏感数据泄露风险，想要兼顾数据的使用和安全并不容易。

1. *敏感数据类型*

敏感数据主要有以下 3 种。

① 姓名、地址、手机号码、身份证号码、军官证号等。

② 企业组织机构名称、统一社会信用代码、纳税人识别号、组织机构代码号、工商注册号等。

③ 银行卡号、信用卡安全码（Card Verification Value2，CVV2）、数字金额等。

2. *数据脱敏存在的难点*

数据脱敏存在的难点有以下 6 种。

① 数据量大，每日增量数据也较多。

② 数据库对象类型众多。

③ “杂”数据较多，数据格式不统一。

④ 网络安全防护严格，生产环境与开发测试环境互相隔离。

⑤ 非常见的操作系统种类较多，例如 AS400、Z/OS、SuSE。

⑥ 考验对国产数据库的支持能力。

3. *数据脱敏方法*

数据脱敏方法有以下 6 种。

① 更高的脱敏性能：金融行业是信息化进程较早、管理意识较先进的行业之一，历史存量数据庞大，因此，客户往往对数据脱敏系统的性能极为关注。

② 采用增量脱敏：银行的日新增数据量较大，无法定期对全量数据进行脱敏，因此，客户往往要求数据脱敏系统具备增量脱敏能力。

③ 更灵活的子集过滤功能：当明确要脱敏某个范围的数据时，系统可通过 where 条件筛选、表达式配置、支持白名单/黑名单过滤等方式脱敏，工作效率更高。

④ 处理“杂”数据：一些银行的早期数据未按规定保存，这就需要脱敏系统具备处理异常数据的能力，包括丢弃、置空、随机等。

⑤ 支持数据管理平台（Data Management Platform，DMP）文件脱敏：在无中间数据库的情况下，可直接对 DMP 文件进行脱敏。

⑥ 支持国产数据库及非常见操作系统：数据脱敏系统应支持对 GaussA、GaussT、GBase8A、GBase8T、达梦等国产数据库的脱敏，同时也支持 AS400、Z/OS、SuSE 等非常见操作系统。

14.3.2 银行敏感数据保护方案

1. *背景*

《中国银行业信息科技“十二五”发展规划监管指导意见》和《商业银行信息科技风险现场检查指南》明确要求各家商业银行对敏感数据采取必要的安全管理措施，包括对数据的脱敏变形处理、建立配套规范的数据生命周期管理、严格管理在测试环境中使用生产数据。

一方面，监管单位和银行自身都要求对敏感数据加强安全保密管理，谨防数据泄露。另一方面，银行很多业务系统在项目建设中需要大量高质量的生产数据，现有的人工脱敏存在两个主要问题：一是人工操作和纸质登记管理的模式已经无法满足数据安全的要求，企业迫切要求建立生产数据全生命周期的安全管理机制；二是人工脱敏后的数据表常常无法满足业务系统项目建设的需要，业务系统需要的是对业务条线或者整个业务数据库的数据脱敏。

基于以上情况，为规范生产数据的安全管理，同时也为了更好地支持业务系统的建设，我们特别提出建设分布式生产数据脱敏安全管控平台的方案。

2. 目标

分布式生产数据脱敏安全管控平台建设完成后，将成为金融机构生产数据进入开发测试环境的唯一发布数据源，可以防止生产数据中敏感信息的泄露，保障数据安全，规避数据风险。

项目实施对金融机构敏感信息进行梳理，明确敏感信息范围，统一屏蔽处理规范，实现生产数据全生命周期的管理。

系统规范数据调用操作可实现生产数据调用的自动化及有序性，满足内外部审计的需求。

3. 技术方案

分布式生产数据脱敏安全管控平台网络架构如图 14-6 所示。

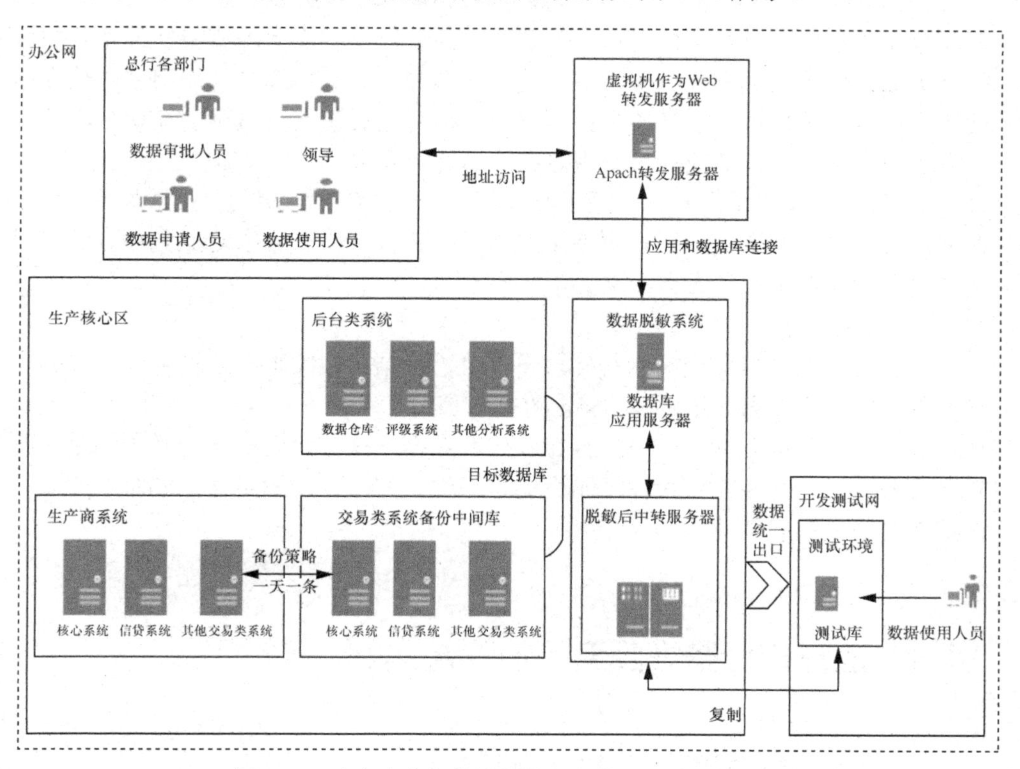

图 14-6　分布式生产数据脱敏安全管控平台网络架构

分布式生产数据脱敏安全管控平台明确了生产数据中敏感信息数据字典规范和生产数据申请、提取、安全预处理、使用、清理销毁等全生命周期的处理流程，相关人员根据生产数据中敏感信息数据的相关信息制定符合金融机构业务情况的脱敏规则，并明确在生产数据使用过程中所涉及部门的职责分工，提高生产数据使用管理规范化、制度化水平，防范生产数据泄露等安全隐患，完善信息科技风险管理体系，确保数据安全。

该平台可规范金融行业数据申请审批操作流程，实现跨部门审批与各部门内部审批业务的无缝连接，实现内部各部门的协同作业，提高办事效率，简化办公流程，降低办公成本；脱敏流程可记录、可保存、可重用；脱敏流程的运行过程可直观展现，每个环节应有详细的运行日志并可实时查看，脱敏流程执行失败等异常情况应有明确提示；实现数据的抽取、脱敏、装载的自动运行，减少不必要的人机交互过程。

4. 技术实现特点

① 该平台通过分布式脱敏把负载由单个节点转移到多个节点，从而提高效率。分布式技术可以避免由于单个节点失效而整个系统崩溃的风险，分布式脱敏降低了数据传输的成本及风险。该平台为每个分散的数据库提供作用域，数据存储于许多存储单元中，任何用户都可以对其进行全局访问，这种功能使故障的不利影响最小化，以较低的成本来满足银行的特定要求。

② 该平台实现了金融行业开发测试环境（包括数据仓库的海量数据）的脱敏使用，规范了生产数据对外提供使用的流程，拓宽了生产数据对业务领域的使用途径，有力支持了业务发展的需要。

5. 成效

该平台以业内成熟产品为基础技术平台，依据实际需求，通过专业化实施，建立独立的生产数据脱敏环境，实现数据管理的自动化及可视化，保障数据安全，加强调用管理，提升操作效率。分布式生产数据脱敏安全管控平台必须满足数据安全合规要求，在技术上保障了平台的可靠性、有效性和稳定性，同时，实现数据抽取、脱敏和装载的一体化。

14.4 医疗行业数据安全保护综合案例

14.4.1 医院数据概述

从数据的角度看医院的数据域分布和流动，医院数据域基本可以分为以患者服务为中心的生产数据域、以诊断治疗改善为中心的数据利用域、以运营管理和改善为中心的数据利用域、以测试开发为中心的数据利用域、以交换共享为中心的数据流动域，例如，医院资源规划、采购、库存、财务等。医院数据域如图 14-7 所示。

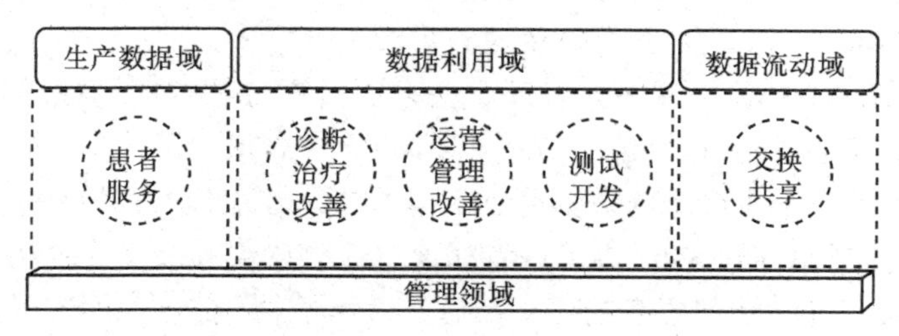

图 14-7　医院数据域

1. *以患者服务为中心的生产数据域*

生产数据域围绕患者的就诊过程展开，以 HIS 和电子病历系统为核心，对患者预约、挂号、入院、等号、检查、医嘱、领药、治疗、手术等过程在不同的医院业务系统上进行操作。每个系统管理患者就诊过程中的每一个环节，系统之间交互无障碍，这些系统都围绕患者生产各自的原始数据，患者信息在系统之间不断地实时交互和流动。患者就诊过程中产生的大部分数据都具有一经生成就不允许修改的基本特征，如果要修改，则需要患者充分授权。以患者服务为中心的生产数据域如图 14-8 所示。

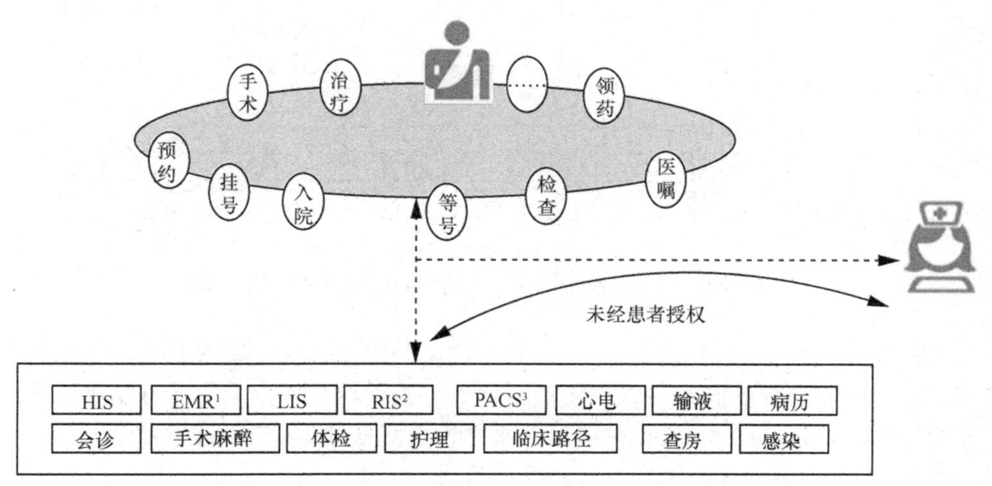

注：1. EMR （Electronic Medical Record，电子病历）。
2. RIS（Radiology Information System，放射信息系统）。
3. RACS（Picture Archiving and Communication System，影像存储与传输系统）。

图 14-8　以患者服务为中心的生产数据域

原则上，生产中的患者数据需要经过患者授权才可以访问。但是为了方便医生工作和患者体验，大部分生产系统事实上都没有完全遵循患者授权的原则，而是在某些已知的情况下可以查询和处理患者病例信息。这种处理方式在带来方便性的同时，也带来了巨大的数据访问越权风险。

2. *以诊断治疗改善为中心的数据利用域*

如何提高医生的诊疗水平，几乎是每家医院面临的核心问题。教育培训、科研平台和临床数据中心（Clinical Data Repository，CDR）等系统本质上都是为了提高医生的诊疗水平。生产域的数据通过不同的抽取方式集成到教育培训、科研平台和 CDR 中。这些数据已经脱离了患者就诊过程，在业务上已经脱离了患者控制，可以不经过患者允许访问患者的任意数据。另外，由于数据利用方式的灵活性，诊疗数据的访问更多的是采用各种灵活工具，使业务访问具备开放性和多边性，这将给数据安全带来负面影响，安全保护措施会变得异常艰难，保护成本也会快速增加。以诊断治疗改善为中心的数据利用域如图 14-9 所示。

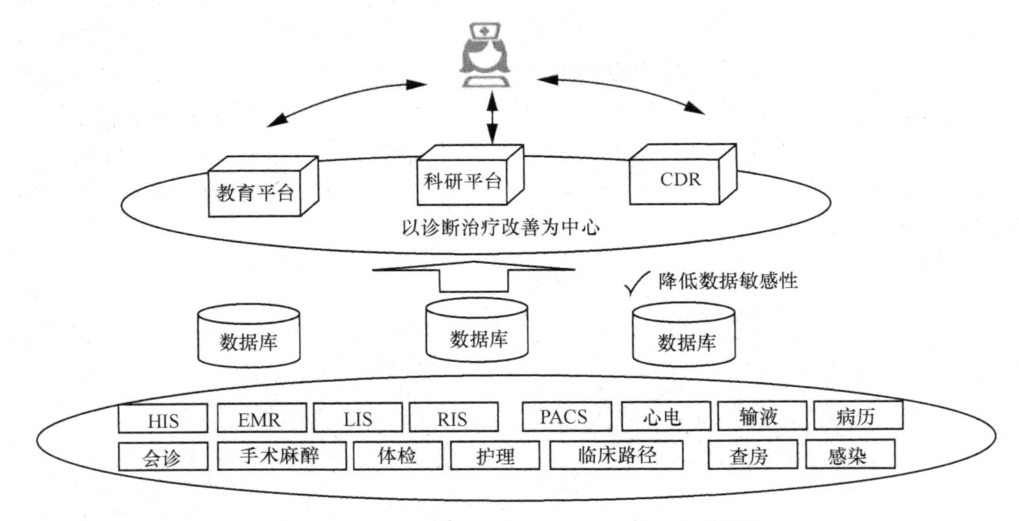

图 14-9　以诊断治疗改善为中心的数据利用域

在以诊断治疗改善为中心的数据利用域，医生不必关心患者是谁，仅仅关心疾病本身的相关信息和一些人口统计学信息。基于这个特点，我们可以通过降低教育培训、科研平台和 CDR 中的数据敏感性来降低数据安全保护的需求。

3. *以运营管理改善为中心的数据利用域*

医疗线的各级领导大部分不是管理专业科班出身。一般而言，员工知识越多，能力越强，其管理的难度就越大。向数据要管理收益是一个技术型领导的自然选择。运营中心和 CDR 一样，采用各种灵活工具进行访问，具有开放性和多边性，给数据安全带来很大的安全隐患。以运营管理改善为中心的数据利用域如图 14-10 所示。

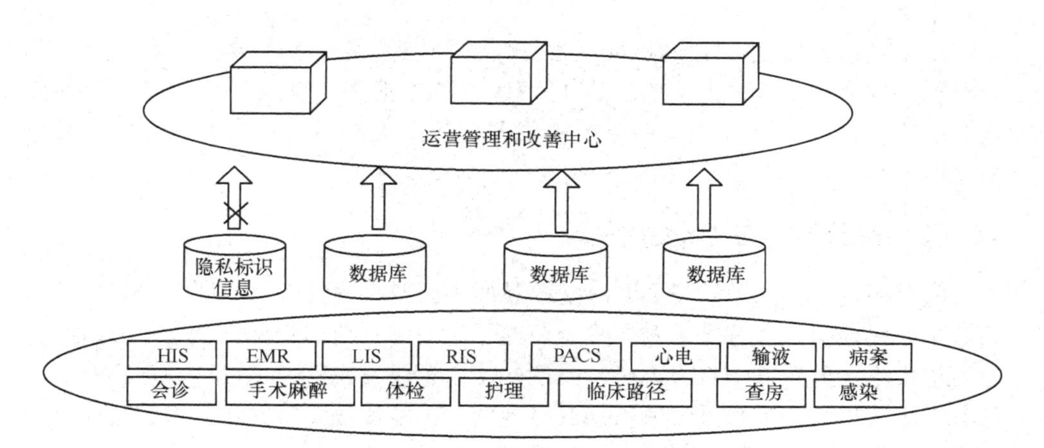

图 14-10　以运营管理改善为中心的数据利用域

运营管理改善中心的数据从生产域进入运营域，不需要患者个体化的隐私标识信息。我们可以通过源头控制来降低运营中心的安全需要，即禁止隐私标识信息进入运营管理中心，自然就可以让运营中心数据安全地被各级人员合理利用。

4. *以测试开发为中心的数据利用域*

近几年，医疗行业各种业务形态发展迅速，对业务上线速度和上线质量都提出很高的要求。真实数据测试和真实压力测试成为提高上线速度和上线质量的重要举措。测试开发系统显然需要极为高效和灵活的数据使用要求，任何安全措施的加载都会影响测试开发的效率和质量。真实敏感数据存在于测试开发系统中便成为医疗数据安全的最大黑洞，而且很多医疗机构经费有限而无法构建独立的测试开发系统，开发商需要把真实数据带回公司进行测试和开发。以测试开发为中心的数据利用域如图 14-11 所示。

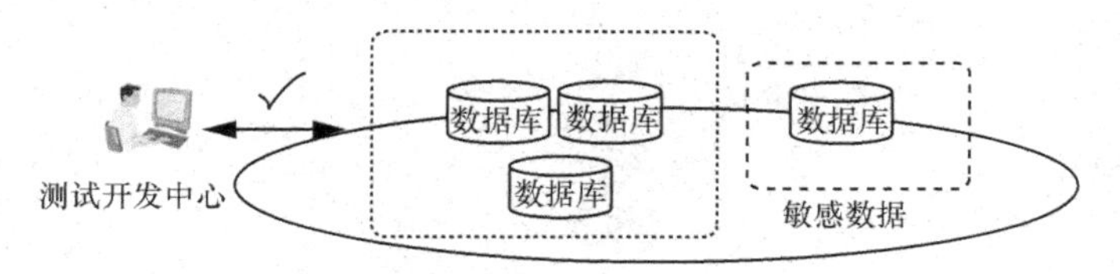

图 14-11　以测试开发为中心的数据利用域

基于测试开发数据的基本使用场景，安全不是在测试开发系统中增加多少安全措施，而是在本源上让测试开发系统脱离敏感数据，使其不需要安全措施的保护，这样才可以从本质上保证数据安全。

5. *以交换共享为中心的数据流动域*

医疗关系每个人的生活，医疗安全的渗透性和高度监管性必然会使其和各种机构产生紧密的联系，交换共享自然就成为医疗机构的基本诉求之一。

交换共享的本质是交换和共享数据，典型特点是失控。数据一旦离开了医疗机构，就处于完全失控状态。当任何医疗数据泄露事件发生后，源头数据提供者的责任是不可逃避的。医疗机构需要在数据失控中进行控制，使失控的数据风险最小化。

14.4.2 医疗数据安全保护方案

随着医院业务的不断拓展和医疗政策的不断发展，医院信息网络由封闭的网络和主要满足医院业务需求发展成为公共卫生信息系统的数据提供者，为政府及个人提供不同的医疗信息。同时，系统的使用者也发生着变化，针对这些特点，只有充分分析医院信息系统的数据安全现状，才能做好系统的运行维护工作，提供可靠的数据安全保障服务。

近年来，国家和各地方陆续出台了一系列医保政策，支持互联网医院的在线诊疗服务。众多医院搭建了面向家属和患者的互联网医疗服务平台，人们足不出户，就可“隔空”求医问药，互联网医院迎来了新的发展高潮。无论是一系列导向明确的扶持政策，还是传统医院自身业务的转型，互联网医院已经开始加速。但随着实体医院将诊疗活动延伸至互联网端，数据共享和流通成为刚性业务需求，静态的隔离保护措施难以控制数据在流动中的风险，关乎患者隐私、种类繁多的医疗数据也迎来愈加严峻的安全挑战。

互联网医院需要通过动态变化的视角来分析和判断数据安全风险。互联网医院数据安全风险如图 14-12 所示。

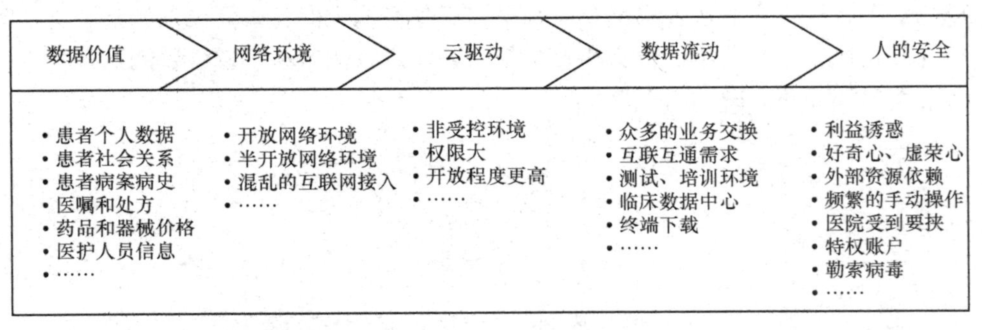

图 14-12　互联网医院数据安全风险

随着细化行业政策和标准的出台，保障医疗数据安全已成为医院不得不思考的严肃问题。针对互联网医院面临的安全挑战，通过整体的安全风险考虑，以数据为保护目标，建立了互联网医院数据安全解决方案总体架构。互联网医院数据安全解决方案总体架构如图 14-13 所示。

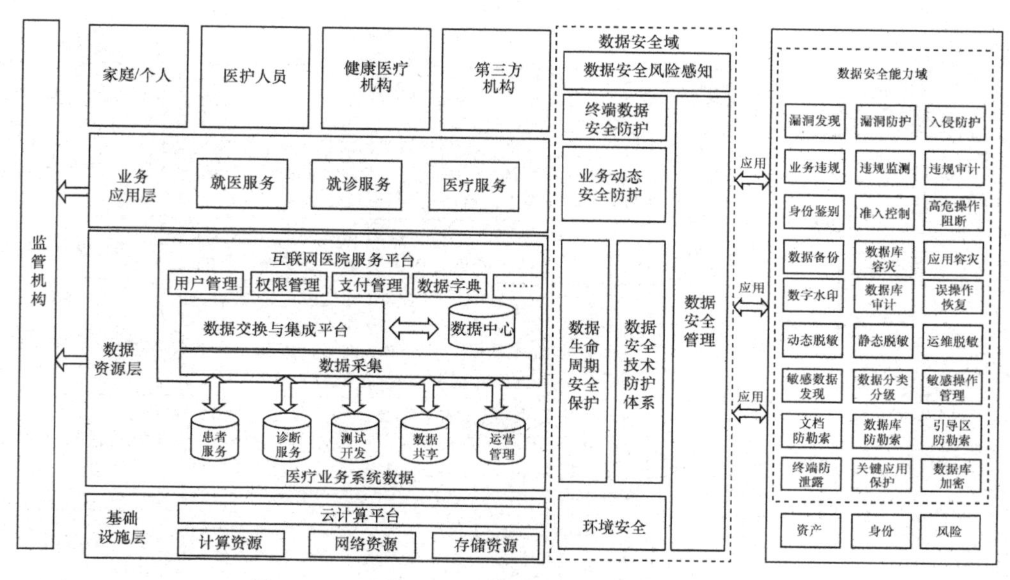

图 14-13 互联网医院数据安全解决方案总体架构

互联网医院数据安全解决方案总体架构有别于传统的数据安全方案，该方案专注的数据安全沉淀为各类数据安全能力，并将能力池化，为互联网医院用户打造一个快速迭代、将资源和能力更好地输出的安全能力域。该方案将互联网医院的业务体系进行多层划分，根据每层业务的不同特征，通过数据安全能力域持续应用到不同的场景之中。

1. 针对基础设施层

鉴于大多数互联网医院的原生环境为云环境，因此，应根据云环境下不同资源域的特点采用准入控制等多种安全技术手段，实现对云环境下数据的立体安全保护和对数据安全等状态的主动侦测和主动式运维服务，做到真正的云上数据安全可控。

2. 针对数据资源层

数据资源层是数据安全保护工作的重中之重，因此，根据数据业务和运维等特征，结合数据生命周期管理，以数据安全为核心，针对入侵、内控、合规等提供数据全生命周期的安全保护。数据生命周期安全管控中心见表 14-2。

表 14-2 数据生命周期安全管控中心

数据生命周期阶段	防护措施名称	防护措施内容	实施建议
数据产生/采集	采集最小化	通过入网协议或其他方式事先告知用户收集个人信息的使用目的、方式和范围，以及用户个人信息主体查询、更正、删除机制，对用户个人信息进行更正等操作前，应征得用户同意	应用开发

（续表）

数据生命周期阶段	防护措施名称	防护措施内容	实施建议
数据产生/采集	数据源鉴别	对收集或产生的数据源进行身份鉴别，防止采集到其他不被认可的或非法数据源（例如，机器人信息注册等）产生的数据，避免采集到错误的或失真的数据	用户统一身份认证设备接入认证
	数据清洗转换	对各种“杂”数据进行对应方式的处理，得到标准的、连续的数据提供给数据统计、数据挖掘等使用	应用标准
	元数据安全管理	以结构化数据为例，需要实现的功能包括数据表级的所属部门、开发人、安全责任人的设置和查询，表字段的资产等级、安全等级查询，表与上下游表的血缘关系查询，表访问操作权限和申请入口	元数据管理范围
	数据分级分类管理	自动化的数据类型、安全等级打标工具实现数据分级分类管理。打标工具根据数据分级分类管理制度中定义的数据类型、安全等级进行标识化，通过预设判定规则实现数据表字段级别的自动化识别和打标	数据进行定级和管理
	资源目录管理	按照数据类别或主题形成数据资源清单与目录，共享数据提供方使用共享交换服务方提供的服务对资源目录进行管理	资源目录管理范围
	数据主动发现与安全评估	可以与数据资产管理系统、元数据系统、数据库等对接，主动发现信息网络中的各类数据，对数据进行分级分类评估	数据资产安全评估系统
数据传输	数据加密传输	通过 https、VPN 等技术建立不同安全域间的加密传输链路，也可以直接对数据进行加密，以密文形式传输，保障数据在传输过程中的安全	计算机采集数据采用 https 传输；采集数据采用专线或 IPSec VPN 加密传输
	网络数据防泄露	对网络中的敏感数据进行内容识别、威胁监控与安全防护（阻断、提醒、告警、加密等），实现网络中敏感数据的泄露防护	数据防泄露系统
数据存储	数据加密存储	对涉及敏感数据采取加密措施存储于数据库、文件系统和存储介质上，采用符合国家相关标准规定的数据加密方式与密码算法，根据客户需求对数据库采取整库加密、表加密、字段加密等方式	敏感数据字段加密存储
	数据备份和恢复	根据数据重要性、量级、使用频率等因素，将数据分类、分域存储，对重要数据采取分布式存储方式，设置在线双活或多活存储机制，定期进行数据库备份，并确保备份设备的安全及定期进行备份有效性的检查、备份的恢复演练等	数据备份和恢复管理范围
	安全审计	对数据存储过程的身份鉴别、策略管理、备份作业、恢复作业等事件，以及管理员和用户的各类操作进行安全审计，审计日志至少保存 6 个月	数据库审计管理范围
数据处理	数据脱敏	对数据处理过程中产生的敏感数据进行数据脱敏，根据敏感数据的使用场景，对敏感数据整体进行脱敏（静态脱敏）或实时进行脱敏（动态脱敏）	根据数据使用场景，结合脱敏产品，设计脱敏策略

（续表）

数据生命周期阶段	防护措施名称	防护措施内容	实施建议
数据处理	大数据平台安全	通过安全认证和授权机制，保障大数据平台各组件、进程、接口、节点间的安全；通过细粒度的访问控制，实现对数据访问的权限最小化管理；通过统一的安全审计，实现对平台用户所有操作行为的安全审计；通过运用数据加密技术，实现对数据在存储和传输时的安全；通过部署数据安全态势集管平台跟踪和记录数据采集、处理、分析和挖掘等过程，实现数据使用、分发的溯源能力	数据所在大数据平台采取安全防护措施
数据使用/共享	网页防爬取	通过设置 robots.txt 文件，后台进行限制，针对单个 IP、单个 Session、单个 User-Agent 访问超过阈值进行封锁，对重要的页面内容进行保护，防止被批量爬取，前端的 html 页面根据用户点击情况进行动态加载，将关键数据中的文件文本转成图片并添加水印，对用户行为进行检测和分析，采用验证码验证的网站通行方式，有效防止恶意破解密码行为	应用开发
	网页防篡改	提供 Web 站点目录全方位保护，通过对防护目录文件进行实时监控，及时发现新增、修改、删除等非法操作，防止黑客、病毒等对网页进行非法篡改和破坏，提前阻断恶意篡改。可有效保障网页信息正确展示、政务服务正常可用。同时，可有效应对 SQL 注入、XSS 攻击、网站盗链等，对恶意请求及时拦截	数据的网页进行安全防护
	数据防泄露	通过对敏感数据的识别扩展到对数据的防控，实时监听通过不同网络协议外发的数据是否含有关键类别的数据，通过终端、网络、邮件等多重防护，对关键数据的流转和使用进行监控和操作控制，从而监控和审计关键数据的使用和外发，避免敏感数据泄露	数据作为防护对象纳入防泄露监控范围
	统一数据分发平台	针对向第三方提供数据、对外披露数据等不同业务场景，与数据安全域技术结合，是作为数据离开数据安全域的唯一出口，有效管理数据共享行为，防范数据遭窃取、泄露等安全风险	与公安、综合部分进行数据共享的接口平台
	电子签章	以电子化的签字代替传统的纸质签字盖章流程，对电子申办材料及电子批文等加盖电子签章。在现有电子签字系统的基础上，进一步集成签名验证服务器、时间戳服务器等产品	数据的使用实施电子签章，便于追溯
数据销毁	数据销毁	通过数据覆盖等软件方法进行数据销毁或数据擦除	
	介质销毁	采用物理破坏或化学腐蚀的方法把记录涉密数据的物理载体完全破坏掉，从而从根本上解决数据泄露问题	数据介质的集中销毁

3. 针对业务应用层

业务应用层的数据安全保障工作最容易被忽略，业务动态安全保护方案可实时监测分析业务数据，实时发现业务“僵尸”账号、账号复用等安全威胁，发现违规事件实时向相关人员告警，从而及时控制事件影响，消除安全隐患。

特别是针对医疗行业的“统方泄露”事件，事前构筑“统方”防御体系，事中授权和审批保障“统方”安全、及时通知可疑“统方”行为，事后审计溯源，形成全面的防“统方”安全管理体系，使防“统方”真正生效。

4. 针对终端应用层

提供终端安全漏洞发现和防护方案、终端数据防泄露方案和终端防勒索方案，这套终端安全保护方案实现了全面、精准地检测系统中存在的各种脆弱性问题，可发现、监控和保护敏感数据，有效避免了被勒索病毒威胁的风险。

数据安全运营通过风险可视化方案，实现数据安全的统一管理和数据安全风险的统一可视，帮助互联网医院用户从整体上把握数据安全态势，以进行安全决策分析，最后提供数据安全管理和数据安全运营。

另外，随着业务域的不断变化，数据安全新需求不断产生，可通过迭代循环链并将其不断地沉淀到数据安全能力池中，反向应用到各类保护场景中。